행복을 찾아가는
자기돌봄

Author: Christina Münk Title of the original edition: Philosofy Your Life.
Besser leben mit Philosophie
©Tectum Verlag Marburg, 2014
Korean language edition arranged through ICARIAS AGENCY,
Seoul & mundt agency, Düsseldorf

Korean Translation © Bookstory

행복을 찾아가는
자기돌봄

크리스티나 뮌크 지음
박규호 옮김

종은책
더좋은책

철학과 함께하는 더 나은 삶! 이런 과한 자신감의 배경은 무엇일까? 그것은 아마도 철학적 주제에 몰두하는 것이, 혹은 어떤 주제에 철학적으로 몰두하는 것이 그렇게 하지 않는 것보다 어쨌든 더 나으리라는 생각일 것이다. 철학은 개인이 삶을 살아가는 데 도움을 줄 수 있다. 어쩌면 더 나은 삶을 줄지도 모른다. 물론 여기서 '더 나은'이라는 단어가—성과와 속도에 대한 사회적 요구에 맞춰—'더 효율적인' '더 높고 더 빠르고 더 많은'으로 해석되어서는 곤란하다. 또한 철학하기는 반드시 '더 손쉬운' '더 단순한' '더 걱정 없는'이란 의미로 '더 나은' 삶을 만들어주는 것도 아니다. 그렇다면 철학적 사고는 어떤 식으로 우리 삶에 긍정적으로 작용할까? 다시 말해서 우리 삶을 어떻게 더 나은 것으로 만들어줄 수 있을까? 이 책에서는 2500년 철학의 역사에서 추린 열 개의 사례를 통해 그 대답을 제시해보려 한다. 더 나은 삶을 만들어가는 데 핵심적인 주제로는 자유의 획득, 자기결정성, 자기최적화, 성찰, 자기돌봄, 자의식, 의지, 관점과 사고의 새로운 지평을 꼽을 수 있다.

런던에 '인생학교The School of Life'를 연 철학자 알랭 드 보통Alain de Botton은 오늘날 대학이 "학생들을 인생에 대해 정서적으로, 또 윤리적으로 숙련시키는" 일에 너무 소홀하다고 지적한다. 철학 저작(과 다른 작품들)에 대한 학문적 연구는 인생에 대해 그런 책들이 말해주는 내용에는 별로 관심이 없고, 대학 커리큘럼에서도 학생들에게 시급한 실존적 물음들에 대한 답을 철학, 문학, 예술의 고전 작품들을 통해서 찾으려는 노력이 통 보이지 않는다고 알랭 드 보통은 말한다. 그가 원하는 대학은 전통적인 대학들과 마찬가지로 풍부한 문화적 기회를 제공하면서 동시에 "학생들에게 인생을 가르치는 일에도 주의를 기울이는" 대학이다. 이와 같은 학문의 테두리 안에서 철학 텍스트와 철학 이론은 삶을 영위하는 데 필요한 물음들과 관련해 자신들이 무슨 말을 할 것인지에 대해 연구하고, 철학 공부는 순수 지적인 활동이 아니라 직접 인생을 살아가는 활동으로서 간주될 것이다.

철학이 삶을 영위하고 가꾸는 일과 아주 밀접하게 연결되어 있다는 것은 사실 전혀 새로운 생각이 아니다. 예를 들면 에피쿠로스Epikuros가 그랬다. "어린 자는 철학하기를 주저하지 말 것이며, 늙은 자는 철학하기에 싫증 내지 말아야 한다. 영혼의 건강을 돌보는 일에는 너무 어린 자도 없고 너무 무르익은 자도 없다." 이에 따르면 철학은 영혼의 건강을 유지하거나 획득하기에 적합한 수단이다. 나중에 이 책에 등장하는 '철학적 치료제'라는 말은 이러한 '치료로서의 철학'이라는 생각에 기초한다. 철학의 치료는 의학의 치료와는 다르다. 그러므로 앞으로 소개될 텍스트에 고통의 원인을 제거한다는 의미에서의 치료법이 담겨 있지는 않다. 더욱이 그 고통이 실존적 삶의 조건들과 결부된 것이라면 그와 같은 치료법은 가능하지 않다. '오직' 주어진 조건들을 대하는 방식을 변화시킬 수 있을 뿐, 조건 자체는 변화될 수 없을 것이기 때문이다. 이는 의학의 진통제 시술에 비교될 수도 있겠지만, 철학적 '치료법'이 항상 안정과 위안을 주거나 고통을 덜어주는 것은 아니라는 점을 생각하면 이 비교 역시 오해를 일으킬 수 있다. 게다가 철학적 치료법은 의학적 치료법과 달리 환자가 자신의 치료에 '생각하기'를 통해 동참하도록 요구한다. 여기서는 수동적으로 치료 효과를 기다려서는 안 된다. 치료에 대한 철학의 언급이 병 자체를 가리키고 있다는 것을 분명히 알 필요가 있다. 그러나 앞으로 다루게 될 경험들이 모두 병과 관계된 것만은 아니다. 가령 필멸하는 인생의 덧없음과 무의미 같은 주제들에 대한 고통스러운 탐구는 병리학적 작업이라기보다는 실존적 작업이라고 불러야 할 것이다. 이 책에서 '치료제'라는 말에 따옴표가 붙는 것은 그 때문이다.

이 책에서는 사유를 통해 고통의 경험이나 실존적 도전에 맞섰던 열 명의 철학자가 소개된다. 안티폰은 삶의 근심과 걱정을 덜어주기 위해 철학상담을 제공한다. 소크라테스는 철학적 죽음의 기술과 더불어 삶의 기술을 가르쳐준다. 보이티우스는 철학이 어떻게 인간으로 하여금 극한의 상황 속에서도 지성을 유지할 수 있도록 도와주는지 보여준다. 존 로크는 나쁜 습관과 해로운 취향을 떨쳐버리게 해준다. 임마누엘 칸트는 세상이 우리에게 보이는 것처럼 그렇게 부당하지는 않으리라는 이성적 희망에 호소한다. 프리드리히 니체는 인생에서 그 의미와 방향을 상실했을 때 필요한 철학적 처방을 제시한다. 다만, 그의 처방이 효과가 있으려면 그에 걸맞은 배짱이 요구된다. 장 폴 사르트르는 타인이라는 지옥에서 빠져나오는 법을 알려준다. 시몬 드 보부아르는 성 이데올로기의 강요에서 벗어나는 길을 보여준다. 페터 비에리는 자유의 공정을 가르쳐주고 좀 더 많은 자기결정성을 손에 넣는 법을 설명한다. 페터 슬로터다이크는 삶(생존)의 호신술을 익히기 위한 철학적 트레이닝을 처방한다.

이 책은 교과서나 개괄서로 계획된 책이 아니다. 그러므로 '더 나은 삶에 대한 철학적 성찰'이라는 주제에 기여한 모든 철학자들을 전체적으로 고려할 필요는 없었다. 오히려 여기에 선택된 텍스트들은 기본적으로 필자의 개인적 관심에 따른 것이라고 할 수 있다. 읽는 이에 따라 각각의 장들이 관련 서적에 대한 안내서 역할을 할 수도 있다. 어쩌면 그로 인해 읽는 재미를 줄 수도 있다.

하지만 이 책의 본래 의도는 여기에 소개된 철학적 '치료제'들이 효능을 발휘할 수 있도록 만드는 데 있다. 물론 실제로 그런 효능을 지녔다는 전제하에 말이다. 철학적 치료제가 이런저런 방식으로 실제 도움을 줄 수 있는지 여부를 확인하기 위해서는 테스트를 해보아야 한다. 필자의 생각에 이때 중요한 것은 치료제를 올바른 방식으로 '투약'하는 일이다. 각 장은 이러한 생각에 따라 구성되었으며, 사유의 전개 과정은 최대한 자세히, 그리고 알기 쉽게 설명하려고 노력했다. 텍스트 인용은 대부분 원전(原典)에 의지했다. 연구문헌들에 관한 비평은 생략했다. 각각의 주장들에 대한 비판적 논의와 철학사적 고찰도 마찬가지로 생략했다. 이 두 가지는 관련 맥락에 따라 중요한 작업일 수 있겠지만 철학적 사고의 (가능한) 효용성 문제를 다룰 때는 오히려 방해가 될 수 있다. 왜냐하면 내부의 문제점과 비판거리에 너무 일찌감치 주목하는 태도나 순전히 역사적인 시각은 철학 텍스트 자체에 집중하는 것을 가로막을 수 있기 때문이다.

텍스트에 집중하지 못하면 철학적 치료제를 올바르게 받아들일 수 없게 되므로 치료제의 잠재적 효능이 제대로 발휘되지 못한다. 철학적 치료제가 잘 작용하려면 먼저 그것을 자신에게 허락해야 한다. 물론 그렇다고 아무 생각 없이 그냥 주는 대로 받아 삼켜야 한다는 뜻은 아니다. 철학적 치료제를 자기 자신에게 시험해보기 위해서는—비판적인—숙고와 검토가 필요하다. 아울러 시험적으로 치료적 사고를 받아들이는 개방적 태도 역시 필요하다. 철학사에 시각을 집중하고 사고의 오류나 이론적 허점에 성급히 매달리는 태도는 이와 같은 개방성을 가로막는다.

철학은 더 나은 삶을 가져다줄 수 있다. 철학은 심지어 일종의 치료제 역할도 할 수 있다. 에피쿠로스도 언급한 바 있는 이와 같은 생각이 이 책의 출발점이다. 에피쿠로스는 물론 한 걸음 더 나아간다. "고통을 치유하지 못하는 철학자의 말은 공허하다. 영혼의 고통을 덜어주지 못하는 철학은 육체의 질병을 물리치지 못하는 의술과 마찬가지로 아무 쓸모가 없다." 이것은 꽤 강력한 입장이다. 우리는 좀 더 완곡하게 이렇게 말할 수 있다. 철학은 치료제가 될 수 있다. 그러기 위해서는 먼저 그것의 효능을 받아들일 자세가 되어 있어야 한다.

CONTENTS

삶의 근심을 덜어주는 철학자 '안티폰' ————

일상의 골칫거리들로
머리가 아플 때

독일 일간지 베를리너 차이퉁 Berliner Zeitung은 1998년에 '소크라테스를 통한 삶의 위기 극복'이라는 제목으로 특이한 상담 프로그램을 소개한 적이 있다. "'철학 프락시스 Philosophical Praxis'는 심리치료의 대안을 제시하려 하지만 대안치료법은 아니다."[1] 철학과 실천 Praxis, 이 두 개념의 결합이 흥미롭기는 하지만 익히 알고 있듯이 철학은 이론 Theory에 대한 애착이 각별한 학문이다. 그렇다면 심리치료에 대한 철학적 대안은 무엇일까? "철학자와 일상생활의 근심 걱정에 대해 말을 나눌 수 있을까? 배우자의 외도나, 착한 아이지만 허구한 날 술에 빠져 사는 백수 아들의 문제에 대해서?"[2] 아마도 많은 이들이 이런 궁금증을 가질 것이다. 철학이 과연 인생 상담을 위해 어떤 전문성을 갖추었을까? 철학자들이 과연 삶의 문제에 대해 아는 게 있을까?

철학자 게르트 아헨바흐 Gerd Achenbach의 인터넷 홈페이지에 들어가면 상담 철학의 활동에 대한 많은 정보를 얻을 수 있다. 여기에는 철학 프락시스의 아이디어에 대해 다음과 같이 적혀 있다.

"철학 프락시스에서 이루어지는 인생 상담은 (…) 삶에 대한 근심과 걱정으로 고통받거나 자신이 궁지에 몰렸다고 생각하는 사람들, 해결할 수도 벗어날 수도 없는 문제에 직면한 사람들을 위한 것이다. (…) 철학 프락시스를 찾는 이들은 그냥 하루하루를 살아내는 것에 만족하지 못하고, 그보다는 자신의 삶에 대해 책임지려 하면서 인생의 윤곽에 대해, 그것이 어디서 와서 어디에 머물다 어디로 가는지를 좀 더 명확히 알고자 하는 사람들이다. 이들이 원하는 것은 자신들의 삶이 기이하게 꼬이거나 안개 속을 헤매게 되는 어떤 특별한 정황에 대해서 곰곰이 생각해보는 일이다. 간단히 말해서 사람들이 철학 프락시스를 찾는 이유는 이해하기를 원하고 또 이해받기를 원하기 때문이다. 이들이 궁금해하는 것은 '나는 마땅히 무엇을 행해야 하는가?'라는 칸트식 질문이 아니다. 그보다는 오히려 '나는 지금 도대체 무엇을 행하고 있는가?'[3] 라는 몽테뉴의 질문이다."

자신의 삶이 이런저런 이유에서 의문에 빠진 사람이 철학 프락시스의 문을 두드린다는 것이다. 그러나 철학자는 최종적인 답을 주는 사람이 아니라 질문을 던지는 사람이므로, 이는 언뜻 보기에 모순처럼 여겨지기도 한다. 의문에 빠진 사람이 위기에서 벗어나기 위해 찾아간 상대가 전문적으로 질문을 던지는 사람이니 말이다. 하지만 바로 이렇게 질문을 던지고 시험하는 철학자의 태도가 삶의 크고 작은 의문에 직면하게 된 사람들에게는 도움이 될 수도 있다.

(함께) 생각하기를 통한 도움, 이것이 철학 프락시스가 제시하는 대안이며, 이러한 대안은 최근 들어 점점 더 인기를 (아니면 적어도 인정을) 얻고 있다. 그렇기 때문에 철학 상담이 현대에 와서 생겨난 아이디어라고 생각할 수도 있지만, 철학사를 펼쳐보면 기원전 5세기에 이미 철학 프락시스를 운영한 철학자를 발견할 수 있다. 바로 아테네 출신의 소피스트 안티폰이다.

*　*　*

소피스트로서 안티폰Antiphon은 철학사에서 소피스트들에게 흔히 따라붙는 의심을 피해가지 못한다. 소피스트를 언급할 때면 사람들은 거의 자동으로 정직하지 못하고 품위 없는 철학적 태도를 연상하게 된다. 소피스트들이 이렇게 부정적인 이미지를 얻게 된 것은 누구보다도 플라톤Plato — 혹은 그를 통해 기록을 남긴 그의 스승 소크라테스Socrates — 덕분이다. (오늘날에도 누가 지나치게 자구[字句]에 집착하며 꼬치꼬치 따지면 흔히 소피스트에 비유된다.)

플라톤은 소피스트 철학의 대표자들을 합리적 논증을 통해 납득시키기보다는 수사적 잔꾀를 부려 설복시키는 질 나쁜 궤변가로 묘사했다. 그에 따르면 소피스트를 움직이는 힘은 진리에 대한 사랑과 덕성의 추구가 아니라 권력과 돈에 대한 탐욕이다. 크세노폰Xenophon 역시 플라톤과 같은 생각이었으며, 심지어 철학자와 소피스트를 엄격히 구별해야 한다는 의견을 피력하기도 했다. 그는 소피스트라는 말을 욕으로 여겼다. 이렇게 해서 원래 긍정적인 의미를 담고 있던 '소피스트'(그리스어 sophia =지혜)의 개념은 시작부터 교활, 이윤 추구, 협잡 등과 관련된 부정적 어조를 띠게 되었다.

그렇다면 플라톤 등이 그토록 의심의 눈길로 바라보았던 이 사내들은 대체 어떤 사람들이었을까? 그에 앞서 먼저 분명히 해야 할 것이 있다. 사실 소피스트들은 단일한 집단으로 보기도 힘들다. 소피스트 철학에 관해서 말할 때도 마찬가지다. 하지만 모든 차이에도 불구하고 소피스트들의 사유와 작용에는 그들을 일반화해 말하는 것을 가능케 하는 몇 가지 공통 요소가 있다.

고대 문헌에는 소피스트들이 유랑 생활을 하며 지혜를 가르치는 사람들로 묘사되어 있다. 그들은 기원전 4~5세기에 그리스에서, 특히 문화의 중심지였던 아테네에서 사람들에게 돈을 받고 강의를 했다. 이 무렵 아테네에는 정치와 연설의 기술을 배우려는 수요가 많았는데, 이는 귀족 계급이 몰락하고 아테네 민주정치가 발전하면서 정치 행위의 조건들이 바뀌었기 때문이다. 소피스트들의 전문적인 교습 활동은 이러한 요구에 부응한 것으로 주로 '정치적 덕목Politike Arete'들을 전수했다. 소피스트들의 수업은 대개 요즘의 세미나와 비슷한 방식이었다. 먼저 강의를 하고 질문을 받고 토론을 유도했다. 수업의 목표는 학생들에게 정치 참여를 준비시키는 것이었다.

소피스트들의 활동은 일상생활에 당장 적용할 수 있는 유용한 전문 지식의 성격을 띤 것이었다. 이와 더불어 그들은 그리스 철학의 새로운 시대를 열었다. 이전까지 그리스 철학이 일차적으로 세계의 근본 원리와 만물을 생성하는 궁극의 실체에 관한 물음에 몰두해왔다면, 소피스트들은 인간을 철학적 사유의 중심에 두었다. 우주론과 자연철학의 자리에 윤리학적 문제 제기가 들어선 것이다. 소피스트들은 세계를 구성하고 유지하는 가장 핵심적인 요소가 무엇인지를 묻는 질문보다는 사회, 정치, 법률, 도덕의 문제에 더 관심이 있었다. 이들의 철학적 입장은 실용적 상대주의와 인식론적 회의론을 특징으로 한다. 바꾸어 말하면, 이들은 인간과 무관한 절대적 진리에 관한 언급에는 회의적 태도로 거리를 두었을 뿐만 아니라, 그와 같은 절대적 진리의 문제는 실용적 지식에 비해 부차적이라고 여겼다. 이렇게 볼 때 소위 '호모 멘수라*homo mensura*' 명제—"인간은 만물의 척도다. 그에게 현존하는 것은 있는 것이고, 그에게 현존하지 않는 것은 없는 것이다"—는 소피스트 철학의 전형을 보여주는 진술이 된다.

이미 말했듯이 소피스트들은 그리스 시민들에게 구체적인 정치 행위에 필요한 소양을 전수하는 일을 자신들의 업으로 여겼다. 그래서 그들은 학생들에게 주로 웅변술과 변론술을 가르쳤다. 구체적 적용 상황에 대비한 수사학은 소피스트의 교습 플랜에서 핵심적인 위치를 차지했다. 소피스트 철학과 수사학은 플라톤의 글에서 동의어로 간주되기도 했다. "소피스트와 웅변가는 똑같거나 거의 비슷한 사람이다."[4]

플라톤의 비판을 이끌어낸 것은 상대주의, 회의론, 실용주의, 사업 감각 등이 혼합된 이런 특성이었다. 플라톤은 '순수 철학'에 대한 요구, 덕성과 직접 결합된 논증적 지식의 추구 등을 내세우며 돈과 권력을 탐하는 (혹은 그렇다고 여겨지는) 소피스트들과 거리를 두었다.

심리치료사로서의 철학자?

소피스트를 연구하면서 우리는 인간의 영역에 집중된, 그리고 실천과 실생활 적용에 맞춰진 사유와 만나게 된다. 이 장에서 다룰 소피스트 안티폰은 특히 심리적 고통의 완화라는 매우 특수한 분야에서 활동했다. 안티폰에 관해서는 다음과 같은 기록이 전해진다.

"안티폰은 고통을 피하는 방법을 고안했는데, 이는 육체적 질병을 의학적으로 치료하는 일과 비교될 만했다. 그는 코린토스의 시장 근처에 건물을 마련하고 말로써 고통을 치료할 수 있다고 선전했다. 그는 질문을 통해 근심 걱정의 원인을 알아낸 다음 언변으로 환자의 기운을 돋워주었다."[5] 또 이런 기록도 있다. "안티폰은 (…) 마음의 근심 걱정을 없애주려는 목적으로 면담 시간을 정해서 사람들에게 고시했다. 아무리 심한 고통을 겪는 사람이 찾아오더라도 그는 자신이 그 사람의 마음을 고통에서 벗어나게 해줄 수 있다고 여겼다."[6]

심리치료사로서의 철학자, 현대 독자에게는 다소 기이하게 여겨질 수도 있는 조합이다. 왜냐하면 오늘날 정신적 고통은 전혀 다른 곳에서 다루어지기 때문이다. 우리 시대에 정신적 문제를 겪는 사람은 대개 의사나 심리학자를 찾아간다. 요즘에 철학자가 자신의 고통을 덜어주거나 없애줄 수 있다고 생각하는 사람은 거의 없다. 서문에서도 말했듯이 최근 들어 철학자에게 그런 역할을 기대하는 생각이 차츰 복권되고 있기는 하지만 말이다.

그러나 오늘날 완전히 심리학이나 정신병학의 영역으로 치부되는 많은 일들이 실제로 고대에는 철학의 대상이었다. 요즘 대학에서 가르치는 심리학은 19세기에 들어서 생겨난 비교적 신생 학문이다. 그 이전까지 심리적 사안에 대한 이론적 연구는 철학의 활동 영역이었다. 고대의 사유에서는 (인생)상담과 심적 고통의 완화 같은 내면 생활에 대한 '실천적practical' 탐구도 당연히 철학의 과제로—심지어 주된 과제로—여겼다. 가령 에피쿠로스Epikuros는 영혼의 고통을 없애주지 못한다면 철학은 아무짝에도 쓸모가 없다고 생각했다. 그에 따르면 철학은 삶을 병적인 측면으로부터 해방시켜주는 치료적 작용력을 지닌다. 이와 비슷한 생각은 다른 고대 사상가들에게서도 쉽게 찾아볼 수 있으므로 다음과 같은 추론이 가능하다. "고대에는 (…) 철학이 삶을 가꾸는 일에서 단지 부수적인 역할이 아니라 중심적인 역할을 담당했던 것으로 보인다."[7] 중세에 교회 대표자들이 영혼을 돌보는 과제(사목직)를 떠맡기 전까지, 그리고 현대의 의사들과 심리학자들이 영혼을 치유하는 지식(심리학)을 자신들의 관할 영역으로 요구하기 이미 오래전부터 정신 생활의 유지, 정신적 건강, 삶에 대한 실천적 조언 등을 고민하는 일은 철학자들 소관이었다.

최근 들어 인생에 대한 조언과 상담이 철학의 참된 활동 영역이고 또 과제라는 생각은 다시 중요해지고 있다. 이를 위해서는 먼저 철학자 자신이 자기 직업의 이러한 측면을 다시 발견할 필요가 있는데, 독일에서는 게르트 아헨바흐가 1981년에 베르기시 글라트바흐Bergisch Gladbach 시에 철학상담소를 열면서 중요한 기여를 했다.

일반 요소와 특이 요소

이 글의 주인공에게로 다시 돌아가보자. 앞서 인용한 문헌에 따르면, 안티폰은 코린토스의 시내에 건물을 마련하고, 그곳에서 정신적으로 고통받는 사람들에게 조언과 위안을 주었다고 한다. 요즘 말로 바꾸면 병원을 개원했다는 뜻이다. 하지만 기원전 5세기에는 상담병원, 심리치료병원, 정신병원, 대안치료병원 등의 구분이나 건강보험이 적용되는 치료와 적용되지 않는 치료의 구분 같은 것은 없었다. 안티폰은 이런 것들과 완전히 무관하게 활동할 수 있었다. (이에 편승해 필자도 여기서는 '치료 요법' '상담' '카운슬링' 등의 개념을 구분 없이 사용하겠다.) 엄밀히 말해서 안티폰은 서양 문화권에서 활동한 (우리에게 알려진) 최초의 전문적 '심리치료사'이며, 오늘날 전체적으로 조망하기조차 힘들 정도로 스펙트럼이 넓어진 상담과 치료 분야의 직업적 선구자라고 할 수 있다. 안티폰은—전승된 문헌을 신뢰할 수 있다면—프로이트 Sigmund Freud와 아헨바흐의 공동 조상이며, 심리치료적 의사소통의 창시자이자 최초의 철학적 인생상담사였다.

안티폰이 행한 철학적·심리치료적 상담 활동을 좀 더 잘 이해하기 위해서 우리는 두 가지 질문을 던질 필요가 있다. 그의 행위에서 치료가 되고 도움이 되는 것은 무엇인가? 어떤 철학자가 '철학자'로서 상담사 내지는 치료사로 활동할 수 있는 근거는 무엇인가? 무엇이 그에게 그런 능력을 주는가? 현대 심리치료 연구에서 사용하는 용어를 빌리자면 이렇게 물을 수 있다. 안티폰의 치료 활동이 지닌 일반적인 (특정 이론이나 학문 분야와 무관한) 작용요소와 특이적인 (여기서는 특히 철학적인) 작용요소는 무엇인가?

안티폰의 치료적 행위에 대해 앞서 인용한 구절들은 비록 많은 양의 정보를 담고 있지는 않아도 우리에게 여러 가지 사실을 알려준다.

가령 앞의 인용문을 통해 우리는 이 소피스트가 그와 같은 목적으로 마련한 건물에서 일정한 시간(면담 시간)에 사람들을 맞이했다는 걸 알 수 있다. 그들은 육체적이지 않은 원인에 의해 생겨난 근심 걱정, 양심의 가책, 비애 같은 고통으로 힘들어하는 사람들이었는데, 안티폰은 말로써 그러한 고통을 완화시켜주고자 했다. 다시 말해서 안티폰은 여기서 하나의 치료적 상황을 만들어내고 있다. 그는 찾아온 내방자에게 (말 그대로) 하나의 공간을 제공하는데, 그 공간은 오로지 내방자 자신의 고통을 이야기하고, 문제와 고민거리 해결에 집중하기 위해 마련된 장소이다. 이때 철학자는 전문적인 경청자이자 상담자로서 기능한다. 다시 말해서 그는 조언을 구하러 찾아온 내방자가 주변에서 흔히 접하는 사람들과 달리, 자기 자신의 요구나 근심거리를 완전히 배제한 채 상대방(내방자)의 용무에만 전적으로 몰두하는 인물이다. 하지만 그는 또한 완전히 낯선 타인과도 다른 인물이다. 그는 타인들 간에 일반적으로 행해지는 격식을 갖춘 공손함, 일정한 거리두기, 행동의 금기사항 따위에 구애받지 않고 내밀하고 노골적인 이야기도 솔직하고 거침없이 입에 올린다. '적절한 거리'와 '허심탄회한 열림'이 혼합된 이와 같은 상황은 치료적 관계에 전형적이며, 치료자의 이론적 성향이나 소속을 떠나 치료와 상담이 효과를 거두기 위한 필요조건에 속한다.

안티폰이 코린토스에 연 자신의 상담소에서 만들어낸 이와 같은 치료적 상황은 거기에 참여하는 것만으로도 내방자에게 명백히 도움이 된다. 이미 결정적인 첫걸음을 내딛은 셈이기 때문이다. 무의식적으로 억압되었거나 고통받는 일을 터놓고 말함으로써 문제에 대한 공격은 시작된다.

치료에 더없이 중요한 또 다른 일반적 작용요소로는 대개 치료사의 인격이 꼽힌다. 이를 요즘 말로 바꾸면, 치료사의 '소프트 스킬 soft skills'이다. 안티폰의 인격에 대해 무언가를 말하려면 그 자신이 직접 말한 내용이 기록된 문헌을 참고할 필요가 있다. 단편적으로 전해지고 있는 관련 문헌에는 결혼해 가정을 꾸리고 싶어하는 젊은 남자의 고민과 걱정이 고스란히 담겨 있는데, 여기서 안티폰은 자신이 내리는 결정이 가져올지도 모를 부정적인 결과를 두려워하고 있다. 안티폰의 말을 들어보자.

"인생이 계속 앞으로 나아가려면 결혼과 아내가 필요하다. 그러므로 오늘 하루의 낮과 밤은 새로운 운명, 새로운 행운의 시작이다. 결혼은 인간에게 너무나도 결정적인 싸움이기 때문이다. 하지만 아내가 아무런 쓸모가 없는 것으로 드러난다면 이 불행을 어찌 감당한단 말인가? 이혼은 힘들다. 친지들을, 자신이 인정하고 또 자신을 인정해준 같은 의견과 같은 경험을 지닌 사람들을 적으로 만들게 된다. 하지만 그러한 소유를 계속 유지하는 것도 힘들긴 마찬가지다. 기쁨을 얻는다고 믿지만 돌아오는 건 고통뿐이다."[8]

코린토스에 있는 안티폰의 상담소를 한번 머릿속에 떠올려보자. 결혼에 대한 그의 이와 같은 고민은 구체적인 상담 상황에서 어떻게 표현될까? 이 소피스트에게 어떤 젊은 남자가 찾아와서 자기 고민을 털어놓은 뒤 그의 조언을 경청하는 경우를 가정해보자. 안티폰은 자신이 내방자의 망설임과 걱정을 정말로 잘 이해하고 있음을 보여주었을 것이다. 그는 흔히 말하는 미사여구나 공손한 격식, 단순히 마음을 달래주기 위한 문제의 일반화—"누구나 다 그래요!"—로 나아가지 않고 조언을 구하는 사람의 생각과 감정에 진정으로 자신을 이입할 수 있었을 것이다. 그는 젊은 남자의 고민을 진지하게 받아들이는 데서 그치지 않고 그것이 마치 자신의 고민인 양 이해해주었을 것이다. 타인의 생각과 감정을 충분히 이해하면서 여기에 자신의 생각과 감정을 이입하는 능력을 우리는 '공감Empathy'이라고 부른다.

공감하는 사람은 타인이 취하는 관점과 그것에서 느끼는 감정을 잘 이해할 수 있다. 상대방의 입장에 자신을 대입시킬 줄 알기 때문이다. 공감을 바탕으로 한 이해는 타인의 내부를 들여다보려는 게 아니라 타인의 내부로부터 바깥을 바라보려는, 그의 눈으로 세상을 보려는 시도라고 말할 수 있다. 대화 치료의 창시자 칼 로저스Carl Rogers는 공감을 치료의 강력한 원동력으로 보았다. 공감은 그의 치료 개념에서 핵심적인 역할을 담당한다. 진정으로 이해받기란 결코 쉬운 일이 아니다. 그렇기 때문에 그것은 많은 사람들에게 비할 바 없이 기분 좋은, 그리고 위안을 주는 경험이 된다. 안티폰은 공감하는 경청자로서의 재능을 타고난 사람으로 보이며, 또한 상담에서 이 재능을 십분 발휘할 줄도 알았던 것 같다.

인용된 글에 묘사된 소피스트 안티폰의 행위들은 상담술에서 중요한 역할을 하는 그의 또 다른 인격적 특징을 엿보게 해준다. 결혼에 관한 단편적 글에서 그는 곧 있을 결혼에 대한 불안을 긍정적으로 전환하고 있다. 이와 같은 접근 방식이 코린토스 상담소의 내방자에게 어떻게 작용했을지 다시 상상해보자. 안티폰은 내방자의 고민을 이해하는 데서 그치지 않고, 건강한 낙관주의와 더불어 결혼의 또 다른—즐거운—측면을 조명하면서 상대방에게 긍정적인 영향을 주려고 했을 것이다. "하지만 불쾌한 이야기는 하고 싶지 않다. 기분 좋은 이야기를 해보자. 젊은 사람에게 자기 마음에 드는 여자보다 더 즐거운 일이 무엇이 있겠는가?[9] 젊은 남자에게 그보다 더 달콤한 것이 과연 있을까?" 남자들이 품는, 타당하지만 너무 일면적인 두려움에 맞서기 위해 안티폰은 결혼이 가져다줄 행복에 대한 조망도 제시하고 있다. 이로써 내방자의 부정적 관점은 다른 긍정적 시각을 통해 보완된다. 이는 신중하고 합리적인 결정을 내리기 위해 중요한 과정이다. 왜냐하면 사물에 대한 일면적 시각은—그것이 낙관적 시각이든 비관적 시각이든—인생의 풍부함을 제대로 보기에 적합하지 않기 때문이다. 철학자 빌헬름 슈미트Wihelm Schmid에 따르면 "긍정이든 부정이든 일차원성은 인생의 다차원성을 올바르게 판단할 수 없다".[10] 안티폰의 보완은 새로운 생각을 열어주고, 장래에 대한 더 세분화되고 더 완벽한 이미지를 머릿속에 떠올릴 수 있게 해주었을 것이다.

둘이 함께하는 삶의 긍정적 면과 부정적 면이 모두 이야기되고 난 뒤 안티폰은 그가 건네는 위안의 핵심이라고 할 내방자의 책임과 자기 주도적 태도를 강조한다.

"하지만 안락이 있는 곳에는 가까이에 고통도 있기 마련이다. 쾌적함은 저절로 얻어지는 것이 아니라 항상 고통과 노력을 동반하기 때문이다. 올림피아나 델포이에서 펼쳐진 경기에서의 승리도, 온갖 종류의 이득과 견문도 모두 커다란 고통으로부터 생겨나는 법이다. 명예, 승리의 전리품, 향락은 모두 (…) 엄청난 노력과 많은 땀을 지불해야만 얻을 수 있는 것들이다."[11]

철학상담가 안티폰은 여기서 삶의 지혜와 건강한 지성을 증명해 보이며 내방자를 그러한 지혜와 지성에 참여하도록 이끈다. 간단히 말해서 안티폰은 자신을 찾아온 젊은이에게 인생은 결코 손쉬운 놀이터가 아니라는 통찰과 대면하도록 만든다. (물론 그가 접근한 방식은 훨씬 섬세하고 세밀했을 것이다.) 안티폰은 공감하면서도 단호하게 근심, 불안, 위기가 삶의 떼어낼 수 없는 일부이며, 그러므로 인생에 대한 지나치게 순진한 생각에서 벗어나야 한다는 점을 내방자에게 주지시킨다. 좋은 결정을 내리기 위해서는 장점과 단점을 모두 저울질할 필요가 있지만, 또 한편으로는 쾌와 불쾌가 늘 명확히 구분되지는 않는다는 점을 분명히 알아야 한다. 승리는 고된 훈련을 요구하고, 성공은 포기와 함께 얻어진다. 둘이 함께하는 삶은 반드시 걱정거리와 문제들을 동반한다. 그러므로 어떠한 인생 설계가 '전체적'으로 더 많은 쾌와 더 적은 고통을 가져다주는 것일지 잘 생각해볼 필요가 있다. 안티폰의 설명은 인간의 실존적 삶에 대한—그 오르막과 내리막을 모두 아우르는—현실적인 태도와 경험에서 나온 것이다. 여기에는 성공적인 파트너십을 이루어가기 위한 아주 구체적인 조언이 담겨 있다. 그는 두 사람의 행복한 생활은 거저 얻어지는 게 아니라 반드시 노력이 따라야 하며, 행과 불행은 단지 운명의 문제가 아니라 적어도 일부는 우리 자신의 손에 달려 있다고 말한다. 여기서 우리의 몫은 심사숙고를 거쳐 합리적인 결정을 내리는 일이다.

요약해보자. 안티폰은 그가 코린토스에 연 상담소에서 치료적 상황을 만들어냈다. 즉, 내방자에게 마음의 고통을 털어놓고 말할 수 있는 외적인 틀을 제공한 것이다. 상담에서 소피스트 안티폰은 공감하는 경청자이자 지혜로운 조언자의 역할을 수행했다. 여기서 흥미로운 점은 감수성과 이해심이 내방자의 요구 및 건강한 지성과 적절히 뒤섞이는 상황이다. 상담이 성공을 거두려면 질타하는 식의 충고와 훈계는 곤란하다. 상담자는 안티폰이 그런 것처럼 감정 이입 능력을 통해 고민의 원인을 탐색해 고통받는 내방자가 새로운 통찰에 이르도록 도와주고, 궁극적으로는 그에게 자기 책임을 일깨워주어야 한다.

지금까지 살펴본 치료의 일반적 작용요소들은 안티폰의 직업인 철학보다는 오히려 그의 인격과 더 관련이 있다고 하겠다. 그러면 이제부터는 무엇이 철학자에게 특별히 상담사 혹은 치료사로서의 능력을 부여하는지에 대해 알아보기로 하자.

철학자가 다른 사람들보다 더 잘하는 일은 무엇인가? 이 질문은 곧바로 다음 질문으로 이어진다. 철학자가 하는 일은 대체 무엇인가? 단순히 대답하자면, 그들은 사색을 한다. 물론 이것은 다른 사람들도 한다. 하지만 철학자는 일상생활에서 흔히 이루어지는 것보다 더 체계적으로, 그리고 더 집요하게 사색을 한다. 철학자는 간단히 대답할 수 없는 물음들을 물고 늘어지면서 논증을 시도하고, 논리적 추론을 이끌어내고, 개념들을 규명하고, 타당한 근거를 탐색하고, 사유를 끝까지 일관되게 전개하고, 다양한 가능성들을 머릿속에 펼쳐낸다. 필자의 생각으로는 마지막으로 언급한 사유 활동이 철학적 상담의 핵심이다. 철학자라면 익숙한 틀을 벗어난 사유를 할 수 있어야 하고, 얼핏 생각할 수 없어 보이는 것과도 과감히 씨름할 줄 알아야 하기 때문에 기이한 관점에 대해서도 열린 시각을 가질 수 있다. 그러므로 유능한 사색가로서 철학자는 다른 사람들이 틀에 갇힌 생각 패턴에서 벗어나도록 도와줄 수 있다. 이제껏 생각하지 못한 새로운 가능성을 열어주고 또 다른 해석을 대안으로 제시할 수 있다. 따라서 바람직한 경우, 조언을 구하는 사람은 철학자를 통해 이제까지 가질 수 없었던 새로운 생각으로 나아갈 수 있다. 철학상담가 아헨바흐가 강조했듯이 철학자는 정체 상태에 빠진, 혹은 해법을 찾지 못한 채 계속해서 같은 궤도를 돌고 있는 생각에 새로운 동력을 부여해줄 수 있다.

안티폰의 활동을 기록한 어느 고대 문헌에는 이 철학자의 인습에 얽매이지 않는 사유 능력을 잘 보여주는 작은 일화가 있다.

어떤 남자가 원래 투자에 쓰려고 했던 많은 돈을 잃어버렸는데, 그렇지 않아도 몹시 상심한 이 남자는 안티폰으로부터 어처구니없는 '조언'을 듣게 된다. 잃어버린 돈이 있던 자리에 대신 돌멩이를 놓아두라는 것이다. "왜냐하면 돈이 그대의 소유였을 때도 그대는 그것을 전혀 사용하지 않았으니, 지금도 그것을 잃어버렸다고 여기지 않으면 된다"[12]는 게 이유였다.

물론 이 같은 조언은 당사자에게 아무런 직접적인 위안도 주지 못한다. 하지만 이를 통해서 열린 새로운 시각은 비판적 자기검토와 사색의 과정을 촉발해 당사자로 하여금 자기 삶에 대한 새로운 통찰을 얻게 해줄 수도 있다. 어쩌면 그는 그동안 아무 생각 없이 살았던 것에 유감을 표하면서 덕분에 이제껏 생각하지 못했던 삶을 생각할 수 있게 되었다고 고백할지도 모른다. 얼핏 당연해 보이는 가치관과 틀에 박힌 우선순위가 도발적으로 물구나무를 서면서 내방자는 세계에 대한 자신의 시각을 다시 생각해보도록 (그리고 타당한 근거를 제시하거나 교정하도록) 요구받는 것이다.

철학적 상담의 특수성은 간단히 말해서 사유를 촉발하고 성찰을 자극한다는 점이다. 철학자는 이론이나 철학사적 지식을 통해서 '치료'하는 게 아니라, 사유라는 그의 전문적인 도구를 사용해 내방자로 하여금 생각이 순환에 빠져 맴돌거나 막다른 골목에 갇힌 상황에서 벗어날 수 있도록 도움을 준다. 사고의 개방성 그리고 무비판적 의견과 태도에 대한 비판적 검토, 이 두 가지가 철학적 상담의 결정적인 요소이다.

조금 다른 꿈 해석

앞에서 우리는 안티폰을 프로이트의 선조라고 말한 바 있다. 이는 그에게서 이미 치료적 의사소통의 단초를 발견할 수 있기 때문이다. 심지어 우리는 안티폰을 '대화 치료Talking Cure'의 창시자로도 인정할 수 있다. 하지만 아테네 출신의 소피스트 안티폰을 빈 출신의 심층심리학자 프로이트와 연결시키는 요소는 비단 말을 통한 정신적 갈등의 치료만이 아니다. 두 사람은 확실히 또 한 가지의 열정을 공유한 것으로 보이는데, 바로 꿈에 대한 관심이다.

해몽가로서 안티폰의 활동은 고대의 다양한 기록에 등장하고 있으며 그중 몇 가지 해몽은 구체적으로 전해진다. 소피스트 안티폰이 해몽의 기술을 어떻게 이해했는지를 보여주는 한 가지 일화가 있다.

누가 예언에 대한 그의 의견을 묻자 안티폰은 "영리한 자의 평가 능력"[13]이라고 대답했다고 한다. 예언은 미래를 내다보는 실제 능력이나 초감각적 권능과는 아무 관계가 없으며, 문제를 이성적으로 헤아리고 평가하는 능력에 기초한다는 것이다. 고대 그리스에서 해몽은 예언술이 자주 사용하는 수단이었다. 그러나 우리는 안티폰이 자신의 해몽을 신들의 메시지를 전달하는 행위로 이해하지는 않았으리라고 가정해볼 수 있다. 오히려 그의 해몽은 자신이 행하던 철학적 상담 활동의 보완으로서 이해될 수 있겠다. 그의 해몽술에 관한 전승은 이와 같은 추측을 뒷받침해준다.

문헌에 따르면 안티폰의 해몽은 어떤 신비나 신탁으로 치장되지 않고 지극히 현실적이고 실용적이며 뻔뻔스러우리만치 솔직하다. 예를 들어 육상 경기에 참가한 어떤 선수가 독수리로 변해 날아가는 꿈을 꾸었다고 하자. 다른 해몽가는 경기에서 승리하게 될 거라고 풀이했지만 안티폰의 해석은 전혀 달랐다.

"이런 멍청이 같으니, 자네가 패한 걸 모르겠나? 독수리는 다른 새들을 사냥하며 뒤쫓는 새잖아. 그렇다면 제일 뒤에서 날아가는 새가 아니겠어?"[14]

다른 운동선수와 안티폰의 만남도 비슷했다. 올림픽 경기에 참가하려는 어떤 달리기 선수가 말 네 마리가 끄는 사두마차를 타고 달리는 꿈을 꾸었다. 다음 날 그는 어느 예언자를 찾아갔고, 예언자는 그에게 이렇게 말했다. "자네는 승리하게 될 걸세. 말의 강한 힘과 빠른 속도가 그걸 말해주고 있으니까 말일세." 나중에 그 달리기 선수는 다시 안티폰을 찾아갔다. 하지만 안티폰의 설명은 달랐다. "자네는 패배를 피할 수 없을 거야. 자네보다 앞서서 달리는 놈들이 넷이나 있지 않은가 말이야."[15]

철학상담가로서 안티폰은 달리기 선수의 기를 꺾으려 한다거나, 그의 패배가 이미 불가피하다는 해몽을 진지하게 전해주려는 것이 아니다. 그렇다면 그는 왜 그런 해몽을 내놓았을까? 일단 안티폰은 인습의 척도에 맞춰진 기존의 해몽 방식을 다소 거칠게 반박하려 했던 것으로 보인다. 그는 내방자가 다른 곳에서 들은 내용(그리고 안티폰의 극단적인 반박과 달리 사람들이 해몽가로부터 듣고 싶어하는 내용)과는 완전히 정반대의 해몽을 제시하고 있다. 안티폰의 해몽이 앞으로 일어날 사건에 대한 예언이 아니라 꿈을 매개로 한 자기인식이라고 가정한다면, 여기서 우리는 안티폰의 상담 행위에서 특징적이라고 할 수 있는 요소와 다시 만날 수 있다. 이 소피스트는 또다시 지극히 현실적인 태도에 입각해서 두 달리기 선수에게 이미 승리를 성취한 듯한 착각에 빠지지 않도록 주의를 주고 있는 것이다. 그에 앞서 내려진 해몽에 대한 다소 퉁명스럽지만 합리적인 비판을 통해 안티폰은 내방자를 다시 객관적 사실의 토대 위에 세운다. 내방자에게 그는 비합리성에 기대지 말고 자기 자신의 이성을 사용하라고 가르친다. 여기에는 자신을 단순한 운명의 노리개로 보지 말고 삶을 스스로 책임지라는 조언도 내포되어 있다. 달리기 선수가 승리하기 위해 필요한 것은 고된 훈련이지 듣기 좋은 해몽이 아니라는 뜻이다.

간단히 말해서 안티폰은 내방자들을 (긍정적인 의미로) 정신 차리게 해준다. "안티폰은 인간이 지닌 지적 능력을 인간 정신의 결정적인 요소로 만들고자 노력했다. (전통적 사고방식에 따르면 정신의 영역은 신들과 정령들의 관할권하에 있다.) 이는 심리적 고통과 관련해서도 마찬가지다."[16] 고통의 경험과 대결하기 위한 수단으로서의 지적 능력 또는 이성적 사고력, 이것이 이 책이 다양한 사례들을 통해서 제시하고자 하는 내용의 핵심이다. 철학이 그 자체로 '치유적 능력'을 지닐 수 있다는 생각이다.

철학은 실제적인 도움을 줄 수 있다. 해박한 철학사 지식을 습득하거나 복잡한 사고 유희를 실행함으로써가 아니라 독자적이고 비판적인 사유를 행함으로써 말이다. 그와 같은 사유는 힘겹고 절망적인 상황에서 해법을 찾을 수 있게 해주고, (새로운) 방향 설정을 해준다. 단순히 일반적이고 습관적인 방향으로 나아가지 않는 독자적이고 비판적인 사유는 충분한 근거에 의거한 책임 있는 결정을 내리기 위해 반드시 필요한 전제조건이다. 이렇게 볼 때 철학은 성찰적이고 자기결정적인 삶을 살아가는 데 중요하게 기여한다.

안티폰 특유의 인습에 얽매이지 않는 다소 거칠고 무례한 해석 방식을 잘 보여주는 또 다른 일화 한 편을 소개하며 이 장을 마치기로 하겠다.

한 남자가 안티폰을 찾아와서 그의 돼지가 새끼들을 먹어치우는 일이 벌어졌는데 이것이 어떤 징조인지 알려달라고 청했다. 안티폰은 인색한 주인이 돼지에게 먹이를 제대로 주지 않았음을 알아채고는 이렇게 말했다. "돼지가 아무리 배가 고파도 자네 자식들을 먹어치우지는 않을 거라는 징조이니 다행일세."[17]

기원전 480년 무렵	안티폰은 아테네 인근 람누스에서 태어난다. 강대국 페르시아의 왕들이 그리스를 자신들의 왕국에 편입시키기 위해 침공하던 일련의 '페르시아 전쟁'이 벌어진 시기이다. 기원전 480년에는 살라미스 해전과 테르모필레 전투가 벌어진다.
기원전 470년	소크라테스가 태어난다.
기원전 431~404년	아테네와 스파르타 사이에 펠로폰네소스 전쟁이 발발한다.
기원전 423년	극작가 아리스토파네스가 희극 「구름」에서 소피스트를 강하게 비판한다.
기원전 411년	안티폰은 아테네의 과두정치 세력이 혁명을 일으켰을 때 정치 무대에 등장한다. 그는 스파르타와의 평화협정 체결을 옹호하는 입장을 취했으나, 이는 과두정치 세력이 몰락한 뒤 그에게 치명적인 결과로 돌아왔다. 안티폰은 반역죄로 고발당해서 처형되었다.

- 상담자가 나와 나의 문제를 잘 이해한다는 느낌이 드는가?
- 생각과 행동에 새로운 자극을 얻는가?
- 상담을 통해 내 상황에 대한 더 나은 통찰을 얻는가?
- 상담에서의 경험이 나에게 용기를 주는가?
- 당면한 어려움을 더 잘 극복하는 데 상담이 도움이 되는가?
- 나 자신의 길을 발견하고 그것이 가져올 결과를 곰곰이 생각해볼 수 있는 충분한 시간과 공간을 제공받는가?

죽음이 두렵게 느껴질 때

이탈리아 출신 작가 겸 저널리스트 티치아노 테르차니 Tiziano Terzani는 앞으로 살날이 몇 달밖에 남지 않았다는 것을 알았을 때 토스카나 산골 오르시냐에 있는 자신의 오두막으로 아들 폴코를 초대했다. "아버지는 내게 당신의 삶을 말해주고 싶어 하셨어요"라고 폴코 테르차니 Folco Terzani는 말했다. 아버지는 한 달 동안 이야기를 했고, 아들은 아버지의 말을 녹음한 뒤 타이핑해 책으로 만들었다. 『그 끝은 나의 시작. 아버지, 아들 그리고 삶의 위대한 여정』(우리나라에서는 『네 마음껏 살아라』라는 제목으로 번역 출간되었다―옮긴이). 2004년 7월 28일, 아버지는 위암으로 생을 마쳤다.

시한부 판정을 받은 티치아노 테르차니는 남은 시간을 자신의 삶에 대해, 그리고 그가 지극히 차분하게 맞이했던 죽음에 대해 이야기하는 데 썼다. "아들아, 나는 무척 기쁘다. 나는 이제 예순여섯 살이고, 내 삶은, 이 위대한 여정은 그 끝에 다다르고 있구나. 그래, 나는 종착역에 도착했다. 하지만 슬프진 않다. 아니, 오히려 좋아서 웃음이 다 나올 지경이다. 며칠 전에 네 어머니가 묻더구나. '누가 당신이 10년쯤 더 살 수 있는 약이 있다고 알려주면 먹을래요?' 하고 말이다. 나는 당장 '아니요'라고 대답했다. 나는 정말 그럴 생각이 없다. 10년을 더 살아서 무엇을 하겠니? 이미 할 일을 다 했는데. (…) 몇 달 전부터 나는 내 안에 응집된 기쁨이 사방으로 발산되는 걸 느끼고 있다. 이렇게 가볍고 행복한 느낌은 이제껏 한 번도 맛본 적이 없다. 어떠시냐고 네가 묻는다면 더없이 좋다고밖에는 대답할 수 없겠구나. 머리는 자유롭고 마음은 상쾌하다. 단지 몸뚱이만이 썩어가면서 사방에 균열이 생기고 있을 뿐이다. 유일하게 남는 무언가가 이제 몸에서 벗어나 몸을 제 운명에 맡기려 한다. 허물어져서 다시 티끌로 돌아가는 물질의 운명에 말이다. 두려움은 없다. 이것은 세상에서 가장 자연스러운 일이니까."[1]

이는 두말할 필요도 없이 피할 수 없는 것과 화해하고 이승의 삶을 내려놓는 감탄할 만한 방식이지만, 아마도 일반적이라기보다는 예외적인 경우에 속할 것이다. 적어도 삶의 종말을 한사코 금기시하는 서양 문화권에서는 그렇다. 모든 인간이 언젠가는 죽는다는 사실은 우리가 어릴 때부터 이미 분명히 알게 되는 지극히 당연한 배경지식이다. 그럼에도 불구하고 자신의 죽음은 ─ 그리고 사랑하는 사람의 죽음도 ─ 도무지 받아들일 수 없는 충격적인 사건이며, 우리는 그것을 머릿속에서 지워버리고자 안간힘을 쓰게 된다. "죽음은 이 세상에서 가장 잔인한 사건이다."[2] '멋진 마무리'라는 제목이 달린 2012년 5월판 『슈피겔』지에 나오는 말이다.

죽음이 "세상에서 가장 자연스러운 일"이라는 테르차니의 말을 부정할 사람은 별로 없을 것이다. 하지만 보통 사람들은 이 통찰 하나만으로는 죽음의 공포에서 벗어나기 어렵다. "죽음은 엄청난 두려움을 준다. 그렇게 때문에 대부분의 사람들은 죽음에 대해 말하기를 꺼리게 된다. 하지만 그렇게 하는 것이 절실하다. '죽음에 대해 말하자.' 이것은 새로운 생각이다."[3] (『슈피겔』) 그래야만 마음의 준비를 하고 두려움을 떨칠 수 있으며, 더 이상 죽음을 싸워 물리쳐야 하는 적으로 여기지 않게 된다. "마음의 준비를 하고 두려움에서 벗어나면 더 나은 죽음을 맞이할 수 있다."[4] 물론 이것은 '새로운' 생각이 전혀 아니다. (하지만 다시 새롭게 발견될 필요가 있기는 하다.) 철학사에서 가장 유명한 사건으로 손꼽히는 '죽음의 대화'는 기원전 399년에 일어난다. 그해에 아테네의 철학자 소크라테스는 임박한 자기 삶의 종말과 대면하게 된다. 티치아노 테르차니와 마찬가지로 소크라테스는 남은 시간을 삶과 죽음에 관한 대화에 할애하고자 했다. 그리고 테르차니가 그랬듯이 소크라테스도 죽음을 차분하게 맞이했다.

* * *

흔히들 철학자는 직업상 고차원의 영역에서 활동하기 때문에 세속에서 벗어난 태도를 견지할 거라는 선입견을 갖는다. 그들이 하는 일은 실제 삶이나 힘겨운 현실과는 거의 관계가 없는 듯이 보이기도 한다. 그렇기 때문에 철학자라는 직업의 가장 큰 위기래야 책에 대한 평이 좋지 않다거나 강의가 인기가 없는 정도라고 생각할 수도 있다. 하지만 철학자가 직업적으로 수행하는 사유 행위에 동반되는 위험들을 과소평가해서는 곤란하다. 철학이 결코 위험과 무관한 직업 분야가 아니라는 사실을 그 대표자들 중 몇몇은 몸소 고통스럽게 겪기도 했다.

예를 들어 스피노자Baruch de Spinoza는 그의 "끔찍한 이단" 행위로 인해 같은 신앙을 지닌 사람들로부터 집단적인 공격을 받았다. 암스테르담 유대교 공동체는 이 유대인 학자를 '파문'했다. 스피노자의 글은 읽어서는 안 되었고, 누구도 그와 교류하거나 그에게 4엘레(2미터 혹은 4미터의 거리) 이상 가까이 다가가서는 안 되었다.

칸트는 「순수한 이성의 한계 내에서의 종교」라는 글을 발표하고 나서 1794년에 정부 당국의 분노를 경험했다. 칸트는 "기독교에 대한 비방"을 질책받았고, 국왕 프리드리히 빌헬름 2세의 "심한 불쾌감에서 나온" 지시에 따라 그와 같은 글을 다시는 감히 쓰지 않도록 요구받았다. 정치적 참여에 적극적이었던 사르트르는 파리의 자기 집에서 1961년과 1962년에 두 번이나 폭발물 테러를 당했다. 이때 만약 집에 있었더라면 그는 죽음을 면치 못했을 것이다. 범인들은 호전적인 알제리계 프랑스인으로, 알제리 독립을 지지하는 유명인사인 사르트르를 테러 대상으로 삼았다.

이 장의 주인공인 소크라테스는 그러나 앞서 언급한 철학자들처럼 무사히 넘어가지 못했다. 기원전 399년에 이 철학자는 신성모독과 젊은이들을 타락시켰다는 이유로 재판에 회부되어 유죄판결을 받았다. 하지만 유죄판결이 내려졌다고 모든 게 끝난 것은 아니었다. 소크라테스에게는 고발자들이 요구한 사형이 아닌 다른 형량을 부여받을 기회가 있었다. 그러나 참회의 태도를 보이고 용서를 구하는 대신 그는 도발적인 발언을 선택했다. 소크라테스는 아테네 광장에서 자신을 위한 향연을 베풀어주는 '처벌'을 법정에 요구했다. 예상대로 이 같은 발언은 상황을 악화시켰고 소크라테스에게는 사형이 선고되었다. 그리고 이 철학자는 용서를 구걸하기를 거부했던 것처럼 도주를 권한 친구 크리톤Kriton의 제안도 거절했다. 소크라테스는 결국 독배를 들고 70세를 일기로 생을 마감했다.

귀찮고 성가신 철학자

"소크라테스는 부당한 행동을 했습니다. 아테네 시에서 숭배하는 신들을 믿지 않고 오히려 새로운 신적 존재를 끌어들였기 때문입니다. 그의 또 다른 부당한 행동은 젊은이들을 타락시켰다는 것입니다. 신청: 사형."

고대의 역사가 디오게네스 라에르티오스Diogenes Laertius가 기록한 고소장 내용이다. 소크라테스에게 가해진 비난들은 당시 아테네의 사회 상황을 배경으로 살펴볼 필요가 있다. 펠로폰네소스 전쟁에서의 패배는 아테네 민주주의를 뒤흔들었고, 민주주의 정권을 일시적으로 붕괴시켰다. 민주주의 정권이 다시 들어선 뒤에도 사회 분위기는 여전히 팽팽하게 긴장되어 있었다. 이렇게 불안정한 시기에는 시민들에게 특히 고분고분한 처신이 요구됐다. (불편하고 비판적인 문제 제기는 자제되어야 했다.) 하지만 소크라테스는 그렇게 고분고분하게 처신하는 손쉬운 시민과는 거리가 먼 인물이었다. 『변명』에서도 볼 수 있듯이 이 점은 누구보다도 소크라테스 자신이 잘 알고 있었다. 『변명』은 소크라테스가 법정에서 자신을 변호한 내용을 플라톤이 기술해놓은 책이다. 여기서 피고인 소크라테스는 자신에게 가해진 비난들에 대해 의견을 표명한다. 그는 아테네인들이 자신에 대해 갖고 있던 그릇된 이미지를 바로잡으려고 애쓰면서 자신의 철학적 행위와 인물에 대한 기이한 평판이 실제로 어디서 기인하는 것인지를 설명한다.

"나는 내게 이와 같은 평판과 비방이 붙게 된 까닭이 무엇인지를 여러분에게 설명하려 합니다. 그러니 잘 들어주시기 바랍니다! (…) 아테네인 여러분, 내가 이런 평판을 얻은 것은 다름이 아니라 내게 어떤 지혜가 있기 때문입니다."[5] 소크라테스는 "어떤 사람도 소크라테스보다 지혜롭지 않다"는 델포이의 신탁을 법정에서 언급한다. "신탁을 듣고 나서 나는 '내가 가장 지혜로운 자라고 하는 신의 말씀은 무슨 의미일까?' 하고 생각해보았습니다."[6] 신탁을 접하고 당혹감에 빠져 오랜 시간 숙고한 끝에 소크라테스는 문제를 근본적으로 규명해보기로 결심한다. "그러고는 신탁이 틀렸다는 것을 증명하기 위해 (…) 지혜롭다는 평판을 듣는 사람들 중 한 명을 찾아가보았습니다."[7] 그러니까 소크라테스는 자신의 지혜가 보잘것없음을 확인하려는 의도에서 현자로 간주되는 사람을 찾아간 것이다. 하지만 결과는 예상과는 전혀 딴판이었다. 소크라테스는 지혜롭다고 여긴 상대에게 질문을 던져보고 그가 실은 지혜롭지 않다는 사실을 깨닫는다. "떠나오면서 그래도 내가 이 사람보다는 지혜롭다고 생각했습니다. 왜냐하면 우리 두 사람 중 누구도 무언가 의미 있는 것을 알지 못하는 듯했는데, 이 사람은 실제로는 아무것도 모르면서도 자신이 무언가를 알고 있다고 생각했습니다. 반면에 나는 모르는 것을 안다고 믿지 않습니다. 그러니 나는 이 사람보다 조금은 지혜롭다고 할 수 있습니다. 알지 못하는 것을 안다고 여기지는 않으니까요."⁸⁾ 소크라테스는 이런 방식으로 자신이 지닌 지혜의 본질—자신이 알지 못한다는 것을 아는 것—을 밝혀낸 뒤 일련의 체계적인 작업에 착수한다. 그것은 자신이 지혜롭다고 여기는 사람들을 찾아가 대화를 통해 그들의 무지를 드러내는 일이었다. 이와 같은 대화적 검증을 '엘렝코스^{Elenchos}', 즉 '논박'이라고 부른다. 논박은 상대방의 자기모순을 증명하는 방식으로 이루어진다. 가령 소크라테스의 고소인 중 한 명인 멜레토스는 소크라테스의 죄목으로 무신론과 또 다른 신적 존재에 대한 믿음을 동시에 내세우는 모순에 빠져 있음이 '논박'을 통해 드러난다.

소크라테스는 철학을 문답 놀이의 형태로 수행하는데, 이를 통해서 상대방으로 하여금 자기 말에 담긴 불합리와 내적 모순을 발견하게 하는 것이다. 이때 소크라테스는 일단 명망 높은 아테네 시민들의 지혜에 못 미치는 무지한 자로서 행동한다. 하지만 대화가 진행되는 동안 그는 노련한 질문을 통해 상대방의 부족함을 드러내면서 다음과 같은 통찰을 제시한다. "신의 뜻에 따라 시험해보았을 때 가장 명망 높은 사람들은 내게 제일 부족한 사람으로 여겨졌습니다."⁹⁾ 소크라테스가 그의 시험 방식 때문에 많은 동시대인들에게 미움을 샀으리라는 추측은 아마 전혀 틀린 생각은 아닐 것이다. 소크라테스는 귀찮고 짜증 나는 철학자였다. 그는 부지런히 일하며 삶에 별다른 물음을 제기하지 않고 자기만족 속에 살아가는 사람들을 불편하고 혼란스럽게 만들었다. 그뿐만이 아니다. 그는 함께 대화하는 상대방에게 무지를 일깨우고 그 사람이 누리는 명망이 지극히 의심스러운 것임을 밝히는 일에 심혈을 기울였다. 그것도 수많은 사람들이 모인 광장에서 공개적으로! 그러니 "내가 미움을 사고 있다는 걸 깨닫고 두렵고 서글펐다"[10]는 소크라테스의 말은 당연한 귀결이다.

소크라테스는 자신의 철학적 활동에 대해 스스로 적절한 비유를 찾아내어 이렇게 말한다. "나를 죽인다면 여러분은 나와 같은 사람을 또다시 쉽게 발견하지는 못할 것입니다. 크고 혈통 좋은, 하지만 큰 덩치 때문에 조금 굼뜬 말을 등에가 따끔하게 일깨워줘야 하는 것처럼 (⋯) 신이 국가를 일깨우기 위해 붙여준 그런 사람 말입니다."[11] 그러니까 철학자는 아테네라는 굼뜨고 게으른 말의 목덜미에 달라붙어 있는 등에와도 같은 존재인 것이다. 하지만 이런 괴롭힘 그 자체가 목적은 아니다. 소크라테스에게 철학자라는 존재는 지혜의 '소유자'가 아니라 지혜의 '탐구자'였다. 그러므로 그는 함께 대화하는 사람들로 하여금 자신들의 충분히 성찰되지 않은 의견을 의심해보거나 무지를 인정하게 만든 것만으로도 이미 매우 중요한 성취를 이룬 것이다. 소크라테스는 사람들에게 다가가 그들이 실제로는 그 본질을 제대로 파악하지 못한 어떤 대상에 대해 전혀 성찰되지 않은 말들을 늘어놓고 있음을 일깨워주었다. 그는 대화 상대가 스스로 알고 있다고 여기는 지식을 의심스러운 것으로 만들어 그들을 속수무책의 당혹감에 빠뜨렸는데, 실제로 이것은 철학을 하기 위한 이상적인 출발점이다. 귀찮고 성가신 철학자였던 소크라테스는 사람들을 불안에 빠뜨려 문제에 대해 깊이 숙고하고 자신을 비판적으로 검토하도록, 그리고 더 나아가서 진리의 탐구자로 만들고자 했다. 하지만 진리 탐구에 나설 수 있으려면—소크라테스는 이를 참된 '덕(德)'으로 보았다—먼저 자신이 아직 진리를 소유하지 못했음을 깨달아야 한다.

이 점을 생각해보면 소크라테스가 법정에서 자신의 고발자들에게 다음과 같은 다소 엉뚱한 부탁을 한 이유도 이해가 된다.

"여러분, 내 아들들이 자라면 내가 여러분을 괴롭혔듯이 그들을 괴롭히는 것으로 복수하세요. 그들이 덕(德)보다 부(富)나 다른 것을 더 얻으려 애쓴다고 생각된다면 말입니다. 그리고 그들이 아무것도 아닌 주제에 스스로 무언가가 된 양 여긴다면 내가 여러분에게 하듯 그들을 꾸짖어주세요. 그들이 마땅히 해야 할 바는 하지 않고, 아무 가치도 없는 사람이면서 무언가가 된 양 착각한다면 말입니다. 그렇게 한다면 여러분은 내게 공정한 일을 하는 겁니다. 나와 내 아들들에게 말입니다."[12]

차분하게 맞이하는 죽음

플라톤은 대화편 『파이돈』에서 사형선고를 받은 스승의 마지막 순간을 묘사한다. 정확히 말하면, 책 첫머리에서 밝히고 있듯이 플라톤은 그날 하필 병이 나서 그 자리에 없었다. 그러니까 대화편의 저자는 자신이 직접 화자로 등장하지 않고 마지막 날 소크라테스와 함께 있었던 인물 중 한 명인 파이돈의 입을 통해 소크라테스가 죽기 직전 감옥에서 무슨 일이 있었는지를 전했다. 파이돈은 먼저 사형을 앞둔 이와 함께한 마지막 순간의 기이한 분위기를 이야기한다.

"사실 저는 그때 무척 놀라운 느낌이었습니다. (…) 그분은 제게 행복해 보였으니까요. (…) 태도와 말 모두 얼마나 의연하고 고결하게 최후를 맞으시던지 (…). 그렇기 때문에 제게는 그런 슬픈 자리에 어울리는 울적한 마음도 들지 않았고, 철학을 논할 때 늘 느꼈던 즐거운 마음도 들지 않았습니다. (…) 오히려 저는 뭐라고 단정 지을 수 없는 상태에 빠져 있었습니다. 즐거움과 비애가 한데 섞인 익숙지 않은 혼합이었죠."13)

소크라테스가 감옥에서 독배를 들던 날은 그 자리에 있던 파이돈과 다른 사람들에게 기쁨과 슬픔이 섞인 독특한 체험이었던 것 같다. 눈물을 흘리기도 했지만 웃음도 터져 나왔다고 파이돈은 말한다. 소크라테스는 마지막으로 제자들과 친구들을 철학적 대화의 즐거움에 빠뜨렸고, 사람들은 그 자리에 모인 이유를 잊을 지경이었다. 대화 주제는 지극히 그 이유에 적절했는데도 말이다. 하지만 시간이 다 되어 소크라테스가 독배를 마시자 그들은 크나큰 슬픔에 사로잡힌다. 플라톤은 파이돈의 입을 빌어 이렇게 말했다.

"그때까지 우리들 중 대부분은 어느 정도 울음을 참을 수 있었습니다. 하지만 그분이 그것을 마시는 것을, 그리고 다 마신 것을 보자 우리는 더 이상 그럴 수 없었습니다. 저도 눈물이 마구 쏟아져서 얼굴을 가리고 펑펑 울어야 했습니다. (…) 크리톤은 눈물을 주체하지 못해 저보다 먼저 일어나 나가버렸습니다. 아폴로도로스는 눈물을 참지 못하고 일찌감치 울음을 터뜨렸습니다. 슬픔과 분노로 울부짖는 그를 보며 가슴이 미어지지 않은 사람은 그 자리에 소크라테스 자신밖에 없었습니다."14)

정작 사형선고를 받은 소크라테스는 전혀 절망감에 사로잡히지 않았다고 한다. 오히려 아주 침착하고 태연했던 것으로 묘사되고 있다. 곧 맞이할 죽음은 그에게 별로 대단치 않은 듯했다.

소크라테스는 친구들에게 차분한 모습을 보였다. 격한 감정을 내보이거나 극적인 이별의 장면을 연출하면서 마지막 날을 보낼 생각은 없었던 게 분명하다. 파이돈의 설명에 따르면 그는 아무런 감정의 동요 없이 아주 담담하게 대화를 철학적 토론으로 이끌어갔다고 한다. 토론의 주제는 자연스럽게 죽음과 사후의 삶에 관한 것이 되었다. 소크라테스에 따르면 "이제 곧 저세상으로 떠나려는 사람에게 가장 잘 어울리는 태도는 그곳으로의 여행을 우리가 어떻게 보아야 할 것인가에 대해 깊이 숙고하고 의견을 말해보는 일"[15]이다. 그러면서 그는 진정한 철학자는 누구나 "죽은 사람을 따르기를 원한다"[16]는 조금은 당혹스러운 주장을 펼친다. 의아해하는 친구들에게 소크라테스는 죽음이 몸과 영혼의 분리에 지나지 않으며, "영혼의 몸으로부터의 해방과 분리, 바로 이것이 철학자들이 하는 일"[17]이라고 설명한다.

그렇다고 철학하기가 육체적 죽음에 대한 열망과 동일하다거나 모든 훌륭한 철학자들에게는 자살의 위험이 따른다고 말해서는 곤란하다. 죽음과의 닮은꼴은 그게 아니라 철학자가 진리를 탐구하는 중에 '몸으로부터' (다시 말해서 관능적 유혹, 물질적 구속, 육체적 욕망으로부터) 풀려나는 과정이다. 이 같은 설명을 듣고 나서 친구들은 철학을 죽음에 가까이 다가가는 것으로 보는 소크라테스의 독특한 견해를 받아들인다. 그러나 그의 또 다른 주장이 사람들의 의구심을 불러일으켰다. 소크라테스가 "진정으로 철학 속에서 삶을 보낸 사람이라면 죽게 되었을 때 두려워하지 않을 텐데, 죽었을 때 저승에서 최고로 좋은 것을 얻게 되리라는 즐거운 희망을 가질 수 있기 때문"[18]이라고 했던 것이다. 그는 죽은 뒤의 삶을 믿었고, "죽은 사람들에게 무언가가 있으리라는, (…) 나쁜 사람들보다는 훌륭한 사람들에게 훨씬 더 좋은 일들이 있으리라는 즐거운 희망"[19]을 품고 있었다. 하지만 소크라테스의 친구들 중 한 명인 케베스는 이런 생각에 동의하지 않았다. "영혼에 관한 이야기는 사람들에게 많은 의심을 불러일으킬 것입니다. 몸으로부터 분리되면 영혼은 더 이상 어디에도 없는 것 아니냐고, 사람이 죽은 그날로 소멸되지 않느냐고 말입니다."[20]

영혼 불멸에 관하여

육체가 죽으면 영혼은 사라지는가, 아니면 육체의 죽음을 넘어서 존재하는가? 플라톤의 대화편 『파이돈』에서 가장 유명하고 또 가장 많이 인용되는 부분은 이 물음과 더불어 시작되어 영혼 불멸에 대한 논증으로 이어진다. 플라톤이 기술한 시나리오 속 소크라테스는 "그것(영혼이 사후에도 계속 존재한다는 것)이 과연 있을 법한 일인지 그렇지 않은지 함께 이야기해보자"[21]고 제안한다. 명망 높은 아테네 시민들에게 자주 그들의 의견을 변호하게 만들었던 소크라테스는 죽은 뒤의 삶에 대한 자기확신을 변호하는 과제를 생의 마지막 날에 스스로에게 부과했던 것이다. "자, 그러면 자네들 앞에서는 내가 재판관들 앞에서보다 나를 더 잘 변호할 수 있는지 보세."[22]

영혼이 사후에도 계속 존재한다는 것에 대한 첫 번째 논증을 소크라테스는 다음과 같이 전개한다.

"이것이 우리에게 알려주는 바는, 단 하나의 반대되는 것을 가진 어떤 것은 오직 그 반대되는 것으로부터 필연적으로 생겨난다는 사실이네. 가령 무언가가 더 큰 어떤 것이 된다면, 그것은 반드시 이전에 더 작았던 어떤 것이 더 크게 되는 거란 말일세. (…) 마찬가지로 더 강한 것에서 더 약한 것이 생겨나고, 더 느린 것에서 더 빠른 것이 생겨난다네."[23]

그런데 반대되는 것 사이에는 "어떤 것이 다른 것이 되고, 역으로 이것이 다시 앞서의 것이 되는 이중의 생겨남"[24]이 존재한다. 예를 들면 뜨거운 것과 차가운 것 사이에는 냉각과 가열의 과정이 존재하고, 자고 있음과 깨어 있음 사이에는 잠듦과 깨어남의 과정이 존재한다. 소크라테스는 이런 예들의 기저에 어떤 일반적인 원칙이 깔려 있으며, 이 원칙은 삶과 죽음의 대립쌍에도 적용될 수 있다고 생각했다. 그렇다면 앞서 말한 '이중의 생겨남'은 죽어감과 살아남의 과정에도 존재하리라는 것이다. 그리고 죽어감과 살아남의 순환이 존재한다면 "죽은 자들이 산 자들로부터 생겨나는 것 못지않게 산 자들이 죽은 자들로부터 생겨난다고 할 수 있겠군. 정말 그렇다면 이는 우리에게 죽은 자들의 영혼이 필연적으로 어딘가에 있으며, 그곳에서 그들이 다시 삶을 얻게 된다는 충분한 증거로 보일 수 있겠지."[25] 소크라테스는 여기서

한 걸음 더 나아가 "삶에 참여한 모든 것이 죽게 되는데, 죽고 난 뒤에 죽은 것이 언제나 그와 같은 형태로 머물면서 다시 살아나지 않는다면 결국 모두가 필연적으로 죽어 있을 뿐 아무것도 살아 있지 않게 되지 않을까?"[26]라고 반문한다.

케베스와의 대화에서 소크라테스는 순환 이론에 이어 육체로부터의 영혼의 독립성에 대한 또 다른 논증을 제시한다. 여기서 그는 '상기(想起, anamnesis)'의 문제를 언급한다.

"우리가 무언가를 알게 되는 것은 다름 아닌 상기에 불과하다네. 그러므로 우리는 필연적으로 이전의 어떤 시간에 살았어야 하며, 바로 그 시간을 상기하는 것일세. 만약 우리의 영혼이 지금의 사람 모습을 얻기 전에 이미 있지 않았다면 이것은 불가능할 테지."[27]

지식의 습득은 영혼이 태어나기 전에 이미 알고 있던 것을 다시 기억해내는 일이라는 것이다. 소크라테스는 어떻게 이런 희한한 주장을 하게 된 걸까? 누가 당신에게 정원이나 강가에서 똑같이 생긴 조약돌 두 개를 찾아내라는 요구를 했다고 가정해보자. 아마도 당신은 잠시 여기저기를 살펴보다 똑같아야 한다는 조건에 어느 정도 부합하는 돌 두 개를 찾아낼 것이다. 하지만 동시에 당신에게는 조약돌 사이에 실제로 완벽한 동일성이 존재할 수 없다는 점도 분명해질 것이다. 이 예에서 동일성은 구체적인 사물을 평가하는 척도이지만 구체적인 사물은 이 척도에 완벽하게 부합될 수 없다. 다시 말해서 완벽한 동일성의 관념 혹은 '이데아'는 거의 닮았지만 완벽하게 똑같지는 않은 조약돌들을 통해서 얻어진 것이 아니다. 소크라테스는 여기서 다음과 같은 추론을 끌어낸다.

"그렇다면 우리는 닮은꼴을 보면서 그런 모든 것들이 똑같음을 추구하지만 그에 못 미친다는 사실을 처음으로 알아차리기 이전에 이미 필연적으로 똑같음을 알고 있어야 한다는 말일세."[28]

소크라테스에 따르면 우리는 어떤 인식을 우리의 지각을 통해 습득하지 않고도 소유할 수 있다. 우리는 그러한 인식을 감각적 경험 '이전'에 이미 가지고 있으며, 계기가 주어지면 그것을 기억해내는 것이다. 동일함, 아름다움, 선함 등과 같은 이데아들에 대한 지식의 획득은 모든 감각적 경험 '이전'에, 즉 우리가 태어나기 '이전'에 이미 이루어졌으므로 우리의 영혼은 우리가 태어나기 이전에 이미 존재하면서 이러한 이데아들을 '보았다'고 소크라테스는 말한다.

친구들은 소크라테스의 논증에 쉽게 수긍하고 있다. (오늘날의 독자들에게 이것은 확실히 좀 더 어려운 일일 것이다.) 그들은 "우리가 태어나기 전에 우리의 영혼이 있었다는 것에 대해 충분히 납득"[29]한다. "하지만 우리가 죽은 다음에도 여전히 영혼이 있을지는, 소크라테스여, (…) 아직 증명되지 않은 것으로 보입니다."[30] 실제로 상기설에 관한 논증은 죽음 '이후'의 삶에 대해 아무것도 말해주지 않는다. 그것은 단지 우리의 영혼이 태어나기 이전에 이미 있다는 것에만 관여한다. 이와 같은 반론에 대해 소크라테스는 삶과 죽음의 순환에 대한 앞서의 논증을 다시 언급하면서 영혼의 특성에 관한 세 번째 논증을 제시한다. 여기서는 "신적이고 불사이고 이성적이며 단일한 모습이고 해체되지 않는 것"[31]에 대한 영혼의 유사성이 언급된다. 사람이 죽을 때 그의 영혼이 바람처럼 흩어지지 않을까 걱정된다면 다음과 같은 질문을 던져보라고 소크라테스는 말한다.

"과연 어떤 종류의 것이 그 일, 즉 흩날려짐을 겪게 되는지, 어떤 것에 대해 그런 일이 발생할지 걱정해야 하고 어떤 것에 대해 그럴 필요가 없는지 (…). 그리고 영혼이 둘 중 어떤 것에 속하는지 우리는 검토해보아야 한다네."[32]

그런 다음 소크라테스는 해체되고 소멸되는 것과 그렇지 않은 것을 구별하게 해주는 특징들을 열거한다. 소크라테스에 따르면 해체 가능성은 결합에서 나온다. 결합되어 있는 것은 개별적인 부분들로 해체될 수도 있기 때문이다. 결합된 것은 가변적이고, 가시적인 것도 가변적이다. 반대로 우리가 이미 상기설 논증에서 살펴보았던 선함이나 아름다움 등의 이데아는 비가시적이고 비가변적이다. 이런 식으로 소크라테스는 있음의 범주를 둘로 구분한다. 한쪽에는 가변적이고 해체 가능한 것이 있고, 다른 쪽에는 항구적이고 불사적인 것이 있다. 이때 영혼은 이데아의 해체 불가능한 있음과 '동일시'되지는 않지만 유사성은 갖는다. 이와 같은 구분에는 한 가지 요구가 담겨 있다. 비가변적인 것에 대한 정신의 유사성에 주목하고 진리의 인식, 즉 이데아에 종사해야 한다는 요구이다.

소크라테스가 영혼의 본성과 운명에 관한 이 같은 견해를 밝혔을 때 옆에 있던 그의 두 친구는 서로 나지막이 모종의 이야기를 주고받는다. 케베스와 심미아스다. 두 사람은 지금까지 토론한 내용이 완전히 납득되지 않는 눈치다. 소크라테스는 두 사람에게 용기를 북돋우며 자신도 함께 이야기할 수 있도록 의심스러운 점을 큰 소리로 말해달라고 부탁한다. 그러자 케베스는 자신이 미심쩍어하는 점을 소크라테스에게 털어놓았다. 그에 따르면 영혼이 육체보다 더 오래간다는 가정을 뒷받침하는 몇몇 사실들이 있다고 해도 그것이 곧 영혼의 '불멸성'으로 이어지는 것은 아니다. 그러므로 영혼이 여러 차례 다시 태어나는 과정에서 점점 소모되어 언젠가는 자신의 몸과 함께 소멸되리라고 생각할 수도 있지 않느냐는 것이다. 하지만 각각의 개인에게 이것은 그에게 있는 현재의 영혼이 마지막일지도 모른다는 불안을 안고 살아갈 수밖에 없다는 뜻이기도 하다. "곧 죽게 될 사람은 이번에 자신의 영혼이 몸으로부터 벗어나면 완전히 소멸해버리는 것은 아닐지 두려워해야만 합니다."[33]

케베스의 근심을 듣고 난 소크라테스는 영혼 불멸에 대한 네 번째 논증을 전개한다. 그는 어떤 것들에 본질적으로 주어지는 특성에 대해 언급한다. 예를 들어 눈(雪)에는 필연적으로 차가움이 포함된다. 눈이 스프레이 깡통 안에 담겨져 있을 수도 있다는 사실은 소크라테스로서는 당연히 알 수가 없다. 눈은 차가움과 동일하지 않다. 하지만 눈은 언제나 차가우며, 차가움 자체와 마찬가지로 온기를 가질 수 없다. 차가움은 본질적으로 눈의 한 속성이므로 따뜻해지면 눈은 소멸된다. "말하자면 이렇다네. 저 반대되는 것들(예를 들어 차가움과 따뜻함)만이 서로를 못 받아들이는 게 아니라 서로 반대되지는 않지만 (눈이 차가움을 지니고 있듯이) 항상 반대되는 것을 자기 안에 지니고 있는 모든 것들이 다 그렇다는 말일세. 이것들도 자기 안에 있는 것과 반대되는 이데아

(눈의 경우 따뜻함)는 받아들이려 하지 않고 그것이 오면 소멸되거나 피하는 것처럼 보인다네."[34] 이와 같은 원칙은 영혼에도 적용된다고 소크라테스는 말한다. "그러므로 영혼은 자신이 항상 지니고 있는 것과 반대되는 것은 절대로 받아들이지 않는다네."[35] 그런데 영혼이 본질적 속성으로 늘 지니고 있는 것은 살아 있음이다. 소크라테스에 따르면 영혼은 필연적으로 항상 생명과 결합되어 있다. 이는 눈이 차가움과 결합되어 있는 것과 마찬가지다. 그러므로 영혼은 생명에 반대되는 것, 즉 죽음을 결코 받아들일 수 없다. "죽음을 받아들이지 않는 것을 우리는 무엇이라 부르는가? ― 불사입니다."[36] 영혼이 불사인 까닭은 죽음을 받아들이지 못하고 거부하기 때문이다. 그러므로 사람이 죽으면 영혼은 "소멸하지 않은 채 죽음으로부터 온전히 물러나 떠나간다".[37]

이성에서 신화로

소크라테스는 영혼의 항구성과 독립성, 또는 영혼의 사후 존속을 주장하기 위해 무려 네 가지 논증을 제시했다. 이러한 노력은 소기의 성과를 거두었다고 할 수 있다. 우리는 소크라테스의 친구들과 마찬가지로 몸이 죽은 뒤에도 영혼은 계속 살아 있을 수도 있다고 믿게 되었으며, 이로써 대부분의 사람들이 삶의 막바지에 이르러 품게 되는 두려움도 어느 정도 해소되었다고 하겠다. 아니면, 우리는 아직도 의심을 품고 있는 것은 아닐까? 저 위대한 철학자의 헌신적인 노력에도 불구하고 자기 자신의 죽음에 대한 생각은 우리에게 여전히 공포의 대상이지 않을까? 아마도 그럴 것이다.

　실제로 소크라테스의 논증에 대해서는 몇 가지 반론이 가능하다. 우선 소크라테스의 모든 진술에 깔려 있는 죽음이 영혼과 몸의 분리와 같은 의미라는 생각은 전적으로 의심스럽다. 모든 것이 그 반대로부터 생겨난다는 원칙과, 지식의 습득이 태어나기 전에 알고 있던 내용을 다시 기억해내는 것(상기)이라는 주장도 마찬가지로 의심스럽다. 그리고 영혼은 생명의 원칙이며, 그렇기 때문에 불사라는 주장도 무조건 받아들이기는 어렵다. 게다가 소크라테스는 증명되어야 할 것을 증명 과정에서 이미 전제하는 순환논증을 펴기도 한다. 영혼은 속성상 항상 생명과 결합되어 있기 때문에 죽음을 배제한다는 진술이 그렇다. 또 설사 『파이돈』에서 언급한 영혼에 관한 진술들이 모두 충분한 근거를 지녔다 하더라도 합리적 근거가 실제로 죽음에 대한 공포를 없애줄 수 있을지는 정말 의문이다. 소크라테스의 친구들은 이러한 의문의 타당함을 그들의 태도를 통해 몸소 보여주고 있다. 그들은 자신들의 문제 제기에 대한 소크라테스의 답변과 논증에 완전히 설득된 것처럼 보이지만 얼마 후 스승이 독배를 비우자 절망감에 몸부림친다. 감정이 철학적 통찰에 순순히 따르려 하지 않는 것이다. 그래서 소크라테스도 죽음의 두려움과 슬픔을 극복하기 위해서는 '위로'가 필요하다는 점을 인정한다. 우리 안에 있는 겁먹은 아이는 철학적 논증만으로는 달래지지 않는다. 이 내면의 아이는 인내심을 갖고 진정시키고 설득해야 한다. 그렇기 때문에 (그리고 철학적 논증은 죽은 뒤에 무엇이 영혼을 기다리는지 우리에게 알려주지 않기 때문에) 소크라테스는 이성적 논증에 이어 신화의 묘사를 언급한다.

영혼의 사후 행적에 대한 신화적 설명은 우리가 기독교 전통에서 익히 들어온 것처럼 천상의 어느 공간이 아니라 이 땅(물론 여기에는 지하 세계도 포함된다)을 무대로 삼고 있다. 소크라테스는 우선 하계로 가는 영혼의 여정을 간단히 묘사한다. 몸에서 분리된 죽은 자들의 영혼은 심판을 통해 자신들에게 주어질 운명을 배정받는다. 그러고 나면 영혼의 안내자가 "여러 번의 커다란 시간 주기를 거친 뒤 그들을 다시 그곳에서 이승으로"[38) 데려온다. 소크라테스는 영혼들에게 배정되는 운명 자체에 대해서는 많은 이야기를 하지 않는다. 우리는 단지 영혼이 어떤 상태에 있는지—분별력 있고 이성적인지 아니면 "육체에 대한 욕망에 집착하고"[39) 막무가내로 저항하는지—에 따라 그 여정이 좀 더 힘겹거나 덜 힘겨울 수도 있다는 정도의 이야기만 들을 수 있다. 소크라테스는 영혼의 여정과 사후의 상벌에 대한 암시를 간단히 언급한 뒤에 "지구의 모습"[40)을 자세히 서술하기 시작한다. 지상과 지하 세계를 모두 포함하는 지리적 묘사가 길게 이어지는데, 조금 뜬금없다는 생각이 들기도 하지만 소크라테스의 신화적 설명에서 죽은 자들의 운명이—그들의 공로와 죄과에 따라—특정한 장소와 결합되어 있다는 점을 이해하면 충분히 의미 있는 언급이다. 이에 따르면 모든 영혼들은 각자에게 맞는 '거처'가 있다. 좋은 영혼은 조화로운 질서가 지배하는 상부세계에 들게 되는데 이곳은 질병도 없고 쇠락도 없다. 반면 나쁜 영혼에게는 황량한 하계의 거칠고 폭력적인 자연이 기다리고 있다.

이곳을 흐르는 여러 개의 강은 죄의 경중에 따라 상이한 처벌을 가능하게 한다. 오직 "지혜에 대한 사랑(철학)을 통해 정화된"[41] 영혼들만이 죽음과 재생의 순환에서 벗어날 수 있다. 이들은 윤회의 과정을 면한다. 이런 철학적 영혼들이 어디로 가는지, 그리고 그곳에서 무엇을 하는지 소크라테스는 더 이상 설명하지 않는다. 하지만 "그 보상은 아름답고 희망은 크나크다".[42]

소크라테스는 영혼이 죽은 뒤에 겪게 될 운명에 대한 설명을 끝마치고 나서는 이 같은 묘사가 사변적인 것임을 다시 강조했다. 철학적 논증, 비판적 문제 제기와 반박에 이어 소망스러운 믿음으로 넘어가는 것이다.

"이 모든 것이 내가 설명한 그대로라고 주장한다면 지성적인 사람에게는 어울리지 않는 일이겠지. 그러나 영혼이 확실히 불사의 존재라면 우리들의 영혼과 그 거처가 실제로 이 같은, 혹은 이와 비슷한 상황일 거라는 생각은 지극히 적절하며, 정말 그럴 거라고 과감히 믿어봄직할 걸세. 이는 멋진 시도이며, 우리는 그렇게 과감하게 자기 자신을 설득할 필요가 있다네."[43]

철학은 삶을 배우는 일이다

죽음을 넘어서는 영혼의 항구성에 대한 이성적 근거들은 죽음의 공포를 없애주기에 충분치 못하다. 인간은 소크라테스가 설명하듯이 이성적 논증을 뛰어넘어 "자기 자신을 설득"하고 납득시켜야 한다. 소크라테스가 그토록 차분하게 죽음을 맞을 수 있었던 것은 영혼 불사에 대한 '증명'이 타당하게 이루어진 덕분은 아니다. 그렇다면 무엇일까? 전체의 핵심이라고 할 영혼의 사후 존속에 대한 논증이 충분한 설득력 내지는 효력을 갖지 못한다면 우리가—특히 철학적 '치료제' 탐구와 관련해—플라톤의 이 텍스트와 씨름해야 할 이유가 대체 무엇이란 말인가?

『파이돈』의 핵심 주제는 죽음이다. 죽음의 실체, 죽음 이후 영혼의 운명, 죽음에 관한 철학, 죽음에 직면한 철학자 등등. 하지만 소크라테스의 마지막 대화는 또한 삶에 관한 것이기도 하다. 좀 더 정확히 말하면 '철학적 삶'에 관한 것이다. 대화는 철학자의 삶이 어떤 의미에서 죽음을 소망하는, 혹은 죽음과 친해지는 일이라는 주장과 더불어 시작된다. 이 주장은 죽음이 육체와 영혼의 분리를 뜻한다는 (소크라테스의) 생각이 전제될 경우에만 의미를 갖는다. 육체와 영혼의 분리는 철학적 삶과 죽음의 유사성을 이야기할 때 중요하다. 이 주제를 좀 더 명료하게 표현하면, 철학적 삶은 육체적 욕망, 물질적 속박, 감각적 향락으로부터 최대한 벗어나는 삶이라는 것이다. 소크라테스에 따르면 철학자는 육체와 결합된 탐욕과 향락으로부터 영혼(혹은 정신)을 해방시키려 노력해야 한다.

"몸은 필요한 영양 공급 때문에 우리에게 수많은 수고거리를 가져다줄 뿐만 아니라 병이라도 생기면 우리의 진리 사냥을 가로막기 때문일세. 또한 몸은 욕망, 탐욕, 두려움 그리고 온갖 환상들과 유치한 바보

짓거리들로 우리를 채운다네. (…) 그리하여 이런 것들에 매달리느라 지혜를 좇아 정진할 틈이 없어지네."[44]

소크라테스에게 사물의 진리는 오로지 사유를 통해서만 드러날 뿐이며, 보거나 듣거나 느낌으로 알 수 있는 것이 아니다. 그의 생각에 철학은 불명료함을 다루는 학문이다. 진리가 직접 감각을 통해서, 가령 단순히 눈으로 봄으로써 획득될 수 있다고 믿는다면 착각이다. 생텍쥐페리는 유명한 소설 『어린 왕자』에서 "중요한 것은 눈에 보이지 않는다"고 했다. 소크라테스는 본질적인 것에 다가가려면 오직 감각기관만으로는 안 되며 철학적 대화와 사유를 통해야 한다고 가르친다. 구체적이고 감각적인 경험(예를 들어 아름다운 장미를 눈으로 보는 것)은 사물의 실체(즉 아름다움 그 자체)를 탐구하기 위한 계기를 마련해주기는 한다. 그러나 사물의 실체가 감각을 통해서 파악되는 것은 아니다.

본질적인 것, 참된 것은 단지 이론적 관심의 대상에만 머물지 않는다. 세상과 동떨어진 비현실적 사색은 철학적 삶을 살아가는 일과 무관하다. 그보다는 오히려 실용적 지식이 더 요구된다. 사람들은 어떤 행동을 하거나 대화를 할 때 대부분 아무 생각 없이 받아들인 가치판단을 따르는 경향이 있다. 그렇기 때문에 소크라테스는 철학적 대화를 나눌 때 사람들에게 그들 자신의 의견과 가치판단에 따라 말할 것을 요구한다. 심지어 "스스로 검토하지 않은 삶은 살 가치가 없다"[45]고도 말한다. 자신의 가치 척도를 비판적으로 검토하고, 참된 덕을 단지 외견상의 덕과 구별할 줄 아는 것은 철학적 삶에 필수적이다. 소크라테스는 정확히 들여다보면 대부분의 사람들이 지닌 덕성이 지극히 의심스러운 것이라는 사실을 알 수 있다고 말한다. 겉으로만 보아서는 참된 덕과 거짓된 덕을 구별하기가 쉽지 않다. 상응하는 행동이 모두 자기규율을 통해 이루어지기 때문이다. 그러나 참된 덕은 이성적 통찰에 기반을 둔 반면, 거짓된 덕의 핵심은 (더 큰) 고통을 피하는 데 있다. 예를 들어 용기를 내게 하는 동기가 여기서는 치욕에 대한 두려움이다. 소크라테스에 따르면 "이것은 덕을 위한 올바른 교환이 아니라네. 즐거움을 즐거움으로 고통을 고통으로 교환하는 것은 말일세. (…) 이 모든 것들과 교환되어야 할 단 하나의 올바른 재화는 합리성이라네".[46] 합리성을 척도로 삼지 않고 즐거움과 고통의 계량 및 교환으로 얻어진 덕은 "언제나 하나의 허상에 불과할 테며, 건강한 것도 참된 것도 아닌 실로 노예와도 같은 덕이라네".[47] 반면에 철학적으로 참된 덕을 지닌 삶을 살아가는 사람은 "삶에서 몸과 관련된 다른 즐거움이나 몸을 가꾸고 치장하는 따위의 일을 그 자신과 무관한 것으로 멀리한다네. (…) 그리고 그의 영혼을 이질적인 것이 아니라 자신의 속성에 맞는 장식인 분별, 정의, 용기, 아량, 진실로 치장한다네."[48]

철학적 삶은 진리의 인식에 맞춰져 있다. 소크라테스에 따르면 진리에 가까이 다가가는 것은 순수하게 정신적인 활동이지만 반대로 "눈을 통한 모든 관찰은 기만투성이이며, 귀나 다른 감각을 통한 관찰도 마찬가지"[49]다. 그러므로 중요한 것은 감각의 독재에서 벗어나 정신이 피상적 욕망에 사로잡히지 않도록 하는 일이다. 세속적 영향으로부터의 정화는 진리 탐구를 위해서는 불가피하다. 그러므로 금욕적 삶은 철학자에게 걸맞은 생활방식이다. 이를 단순히 몸에 대한 반감으로 이해해서는 안 된다. 육체적인 것을 무시하는 소크라테스의 태도는 그 자체가 목적이 아니다. 군에서 중장보병으로 복무한 전력이 있고, 전문적인 석공 기술자로 일하기도 한 소크라테스를 세상 물정 모르는 은둔 기인으로 여겨서는 곤란하다. 플라톤이 묘사하는 스승 소크라테스의 모습도 분위기 망치는 금욕주의자와는 거리가 멀다. 『향연』의 대화에서도 그는 "누구보다도 술을 잘 마시는"[50] 사람으로 나온다. 다시 말해서 소크라테스는 육체적 향락이 낯설지 않은 사람이다. 다만 삶에서 육체적 향락을 추구하지 않을 뿐이다. 그리고 이것이 결정적인 사실이다. 흔히 '좋은 삶'으로 불리는 쾌적하고 향락적인 삶은 그에게 아무런 특별한 매력을 갖지 못한다. 소크라테스는 "많은 사람들이 중요하게 여기는 돈벌이, 집안 살림, 군 복무, 대중 연설, 관직 따위에 개의치 않았다".[51] 물질적 소유에는 관심이 없었다. 심지어 신발도 꼭 신어야 할 필요가 없다고 여겼다. 철학적 삶을 가장 중요시하는 영혼 혹은 정신에게 이와 같은 무욕(無慾)은 곧 해방이다. 왜냐하면 인간이 오직 쾌락, 탐욕, 고통, 두려움 따위에 이끌리고 사로잡힌다면 "이와 같은 상태에서 (…) 영혼은 몸에 의해 최대한 결박되는 것"이기 때문이다. "모든 즐거움이나 고통은 못과 같아서 영혼을 몸에 못질해 붙여 육체적으로"[52] 만들어버린다. 이와 같은 육체적 영혼은 몸의 쾌락과 탐욕에 미혹되어 "육체적인 것, 즉 잡을 수 있고 볼 수 있고 마실 수 있고 먹을 수 있고 성욕을 채울 수 있는 것 이외에 다른 어떤 것도 참되지 않다고 여기게 된다. 왜냐하면 그 영혼은 눈에는 어두컴컴하고 보이지 않지만 이성에는 잘 알려진, 철학을 통해 포착할 수 있는 것"[53]을 몹시 싫어하고 두려워하기 때문이다. 그러므로 자신을 "성공한 원숭이"로 여기는 사람, 오직 육체적 욕구를 충족시키는 일에만 몰두하며 인간은 동물에 불과하다고 여기는 사람에게 소크라테스는 전혀 모범이 될 수 없다.

소크라테스는 철학적 삶을 일종의 '영혼 돌봄^{Soul Care}'으로 기술하고 있다. 그는 영혼의 정화와 해방을 거듭 언급하면서 이를 인간의 고유한 특성으로 이해한다. 말하자면 인간은 영혼을 통해서 더 고귀한 존재가 될 수 있으며, 따라서 이와 같은 자질을 사용해야 한다는 것이다. 소크라테스의 영혼 불멸에 관한 언급과 영혼의 사후 운명에 대한 신화적 기술이 무엇보다도 '교육적인' 목적을 지닌다는 점은 이제 분명해 보인다. "하지만 여보게들, 이 점은 유념해둘 만하다네. 영혼이 불사라면 영혼을 돌보는 일은 단지 우리가 삶이라고 부르는 시간만이 아니라 전(全) 시간에 걸쳐 필요할 거야. 그러니 누가 영혼을 소홀히 한다면 그것은 이제 정말 끔찍한 짓이 아닐 수 없네."[54]

무신론자나 불가지론자도 스스로에게 다음과 같은 질문을 던질 필요가 있다. 나의 영혼 혹은 정신은 소크라테스의 신화에 묘사된 것처럼 저승에서의 삶을 충분히 준비하고 있는 걸까? 나는 '영혼 돌봄'에, 나의 내면과 인격을 보살피는 일에 충실한가? 내 영혼은 좋은 상태에 있는가? 혹시 영혼은 황폐해지도록 방치하고 물질적이고 감각적인 관심에 내 모든 에너지를 쏟고 있는 것은 아닐까? 우리는 "마치 영혼이 영원히 죽어 없어지지 않는 듯이" 우리의 영혼을 가꾸고 돌볼 필요가 있다. 사후의 삶에 관해서 소크라테스만큼 확신하지 않더라도 말이다.

『파이돈』에 언급된 철학적 삶은 우리가 생각하는 요즘 철학도의 삶과는 상당히 거리가 있다. 소크라테스에 따르면 철학 텍스트를 읽고 쓰는 것만으로는 철학적 삶을 산다고 말할 수 없다. 소크라테스 자신은 한 줄의 글도 남기지 않았다. 철학 서적을 연구하는 일도 철학적 삶의 전제조건이 되지 않는다. 중요한 것은 오히려 철학적 대상, 즉 참되고 본질적인 것에 다가가기 위해 인간이 취해야 하는 특정한 태도와 (정신적) 상태를 받아들이는 일이다. 중요한 것은 육체의 피상적 향락과 탐욕을 포기하는 (아니면 최소한 상대적인 것으로 여기는) 일이다. 중요한 것은 아무런 의심 없이 무조건 진리로 여겨지는 것들과 대중의 입에 오르내리는 말들에 대해 비판적 거리를 두는 일이다. 하지만 자기 자신을 검토하고 자신의 생각이나 가치관에 스스로 의문을 제기하는 일도 그에 못지않게 중요하다. 철학적 삶에서 이론과 실천, 생각과 행동은 서로 명확히 분리되지 않는다. 진리에 대한 탐구로서의 철학은 한 인간을 온전히 다 요구한다. 철학을 나머지 삶과 분리될 수 있는 한시적 활동으로 이해해서는 안 된다.

소크라테스가 『파이돈』에서 던지고 있는 질문이 단지 죽음에 관한 것이 아니라 올바른 삶에 관한 것이기도 하고, 그가 생각하기에 올바른 삶이란 바로 철학적 삶이라면, 그가 죽기 전에 마지막으로 친구들과 다름 아닌 철학적 대화를 나누고자 했던 것은 지극히 당연한 일이다. 소크라테스는 추억에 잠기거나 삶을 되돌아보면서 자신의 마지막 하루를 보내려 하지 않았다. 또한 친구들에게 단순히 개인적인 인생철학을 늘어놓으려 하지도 않았다. 그는 친구들과 함께 철학을 했다. 물론 소크라테스는 대화에서 다른 친구들보다 훨씬 많은 말을 했다. 친구들의 역할도, 가끔씩 반론을 제기하기는 했지만 주로 되묻는 질문과 동의하는 발언에 국한된다. 그럼에도 불구하고 소크라테스가 자기 생각을 다른 친구들에게 일방적으로 설득하지 않고 그들을 철학하는 삶으로 이끌고자 했다는 것은 분명해 보인다. 그러므로 소크라테스가 마지막 날에 제자들과 친구들을 모아놓고 감상적인 이별 대신 철학적 대화를 나누고자 한 것은 사후의 삶에 대한 자기 생각을 (단지) 변호하려던 것이 아니라 그들의 안녕(과 영혼 구제)을 위해서였다고 하겠다. "하지만 자네들, 내 말을 따르고 싶다면 소크라테스보다는 진리에 더 많은 관심을 갖도록 하게나."[55]

소크라테스의 유언

플라톤은 제자들의 영혼을 걱정하는 철학자의 마음을 다시 한번 강조하려는 듯 크리톤의 입을 빌어 소크라테스에게 마지막으로 그 자리에 모인 이들에게 바라고 당부하고 싶은 말을 물었다. 그러자 소크라테스가 대답했다.

"내가 늘 이야기하는 (⋯) 특별할 것도 없는 말이네. 자네들이 자기 자신에게 올바르게 주의를 기울인다면, 자네들은 나와 내 가족 그리고 자네들 자신에게 기쁜 일을 하는 것이네. (⋯) 하지만 자네들이 자기 자신을 소홀히 하고, 살아가면서 지금 그리고 앞서도 이미 말한 것들의 자취를 충실히 따라가고자 하지 않는다면, 설령 지금 아무리 여러 번

굳게 약속한다 하더라도 더 이상 아무 일도 하지 않는 것이 될 걸세."⁵⁶⁾

소크라테스가 친구들에게 그리고 친구들을 위해 바란 것은 결국 자신들의 삶을 충실히 보살피는 것이었다. 그래서 그들도 그들의 스승처럼 죽음을 차분하게 바라볼 수 있기를 바랐을 것이다.

날이 저물어가자 소크라테스는 독배를 마실 준비를 했다. 플라톤은 스승의 마지막 행동을 하나하나 자세히 묘사하는데, 그 건조한 설명이 오히려 더욱 뭉클하다. 소크라테스가 목욕을 하고 가족에게 작별을 고한 뒤에 간수와의 감동적인 이별 장면이 나온다. 그는 소크라테스의 죽음을 진심으로 애도하면서 사형수로서 그가 보여준 침착함과 훌륭한 태도에 정중하게 감사를 표했다. "소크라테스여, 내가 다른 사람들에 대해 불평하는 바로 그 일로 그대에 대해 불평하는 일은 없겠군요. 다른 사람들은 내가 독배를 마시라고 말하면 내게 화를 내며 저주를 퍼붓거든요."⁵⁷⁾ 실제로 소크라테스는 절망이나 분노에 사로잡혀 간수에게 화를 내거나 하지 않았다. 그는 간수의 호의 어린 말에 답한 뒤 친구들에게 이렇게 말한다. "얼마나 훌륭한 사람인가. 그는 줄곧 나를 이렇게 대했다네. 가끔씩 이야기도 나누었는데 더없이 좋은 사람이었지."⁵⁸⁾ 플라톤은 이 장면을 통해서 소크라테스가 체현하는 철학적 삶이 이기적이고 세상과 동떨어진 기인들의 삶과 무관함을 다시 한번 분명하게 보여준다. 철학자 소크라테스는 친절하고 공정하고 배려 깊은 사람으로 묘사된다. 말에는 항상 상응하는 행위가 뒤따르고, 가장 극한의 상황에서도 결코 분별력을 잃지 않는다.

결국 더 이상 아무 할 말도, 할 일도 남지 않게 된다. 소크라테스는 마지막 순간에도 죽음을 미루자는 제의를 거절했다. "조금 늦게 마셔봤자 삶에 연연하며 나 자신에게 비웃음을 사는 것 말고는 얻을 게 아무것도 없다네."[59] 친구들이 마음을 가라앉히지 못하고 안절부절 어쩔 줄을 모르는 동안 소크라테스는 차분히 간수의 지시에 따랐다. 독은 차츰 온몸을 마비시켜 철학자를 죽음에 이르게 했다.

소크라테스는 사후의 삶(과 보상)에 대한 희망 속에서—물론 포스트모던 독자에게는 별로 위안이 되지 않는다—그리고 삶의 시간을 훌륭하고 올바르게 사용했다는 자의식 속에서 죽음을 맞았다. 그에게 죽음이 이토록 가볍게 느껴지도록 만드는 것은 무엇보다도 자기 자신과의 깊은 일치이다. 이는 독선이나 오만과 무관하며, 자신의 합리적인 확신들에 대한 믿음에서 우러난다. 소크라테스는 자신이 살아온 삶에 아무런 후회도 없었다. 동향인들이 내린 사형선고조차도 소크라테스의 확신에는 아무런 영향을 주지 못했다.

"내가 돌아다니면서 하는 일은 바로 이것입니다. 몸이나 재산 돌보는 일을 영혼이 가장 훌륭해지도록 힘쓰는 일보다 더 열심히 해서는 안 된다는 걸 여러분 가운데 젊은이에게나 늙은이에게나 설득하는 일입니다. 부에서 덕이 생기는 게 아니라 덕에서 부와 인간의 다른 모든 재화가, 자기 것이든 공동의 것이든, 생겨난다는 걸 보여주면서 말입니다. (…) 그러므로 이제 말하렵니다. (…) 아무리 여러 번 죽는다고 해도 결코 다르게 행동하지는 않을 거라고 말이죠."[60]

기원전 470년	소크라테스는 이 해에 산파와 석공의 아들로 아테네에서 태어난 것으로 추정된다.
기원전 431년	펠로폰네소스 전쟁 발발. 아티카 해상 동맹(일명 델로스 동맹)은 몇 차례 휴전을 포함해 약 27년에 걸쳐 스파르타와 전쟁을 치른다. 소크라테스는 중장보병으로 여러 차례 전투에 나선다.
기원전 423년	아리스토파네스의 희극 「구름」 초연. 이 극에서 소크라테스는 '소피스트의 우두머리'로 조롱받는다.
기원전 407년	플라톤이 스무 살의 나이로 소크라테스의 제자가 된다.
기원전 404년	아테네의 항복으로 펠로폰네소스 전쟁이 끝난다. 그 여파로 민주정이 붕괴되고 8개월간의 '30인 과두 체제'도 몰락한다. 혁신 이후 민주정이 다시 권력을 잡는다.
기원전 399년	소크라테스가 사형선고를 받고 독배를 마신다.

죽음에 대한 생각

- 57%의 독일인은 다른 사람들의 죽음을 생각할 때 공포를 느낀다.
- 36%의 독일인은 성공적인 삶을 살아가는 사람들은 죽음에 대한 두려움을 갖지 않는다고 믿는다.
- 32%의 독일인은 죽음에 대해 생각하지 않는 것이 좋다고 여긴다.
- 28%의 독일인은 죽음에 대해 자주 생각한다.
- 10%의 독일인은 죽음을 받아들이지 못한다.
- 30%의 독일인은 인간의 영혼 불멸을 믿는다.
- 6%의 독일인은 죽은 뒤에 영혼이 계속 떠돌아다닌다고 믿는다.
- 16%의 독일인은 죽음이 하나의 중간 단계에 불과하다고 믿는다.

극한의 불운이 찾아왔을 때

"소크라테스적 대화가 없었다면 나는 이 백치 양성소에서 비참하게 돼 져가고 있었을 것"[1]이라고 하우케 부르마이스터 Hauke Burmeister는 말한 다. 부르마이스터는 거의 10년 동안 베를린의 테겔 형무소에 수감 중 이다. 그가 말하는 '소크라테스적 대화'는 테겔 형무소가 베를린 자유 대학과 협력해 추진하는 '파이오니아 프로젝트'의 일환이다. 2000년대 에 들어서면서부터 수감자들에게는 대학 연구원들이 진행하는 철학 적 대화에 참여할 기회가 주어지고 있다. 여기서는 가치, 우정, 관용, 존중과 같은 주제들에 대한 토론이 이루어진다.

2012년 『철학 매거진 Das Philosophie Magazin』은 형무소에 소크라테스적 대 화를 도입한 창시자로 꼽히는 철학 트레이너 옌스 페터 브루네 Jens Peter Brune와의 인터뷰를 실었다. 브루네는 소크라테스적 대화의 기본 아이 디어가 "철학적 물음들에 대해 이성과 논증을 토대로 개인적 경험에 비추어 탐구하는 것"[2]이라고 설명한다. 철학적 대화는 수감자들과 이 야기를 나누기에 특히 적합한 대화 방식이다. 철학적 대화에서는 다소 엉뚱하게 들리는 의견이나 생각도 충분히 고려할 가치가 있는 것으로 서 진지하게 받아들이기 때문이다. "참가자들이 이것을 알아차리고 금 방 마음을 여는데, 심리치료사들이 무척이나 부러워하더군요."[3] 이런 개방성에 기초해 불신과 증오심을 떨쳐내고 수감자들 사이에는 좋은 교류가 생겨나게 된다. 브루네에 따르면 실제로 수감자들은 소크라테스적 대화를 통해 예기치 못한 인식과 통찰에 이르기도 한다. 가령 살인방조죄로 처벌받은 한 수감자는 몇 달간의 철학하기를 통해 인권에 대한 생각이 근본적으로 바뀌었다고 한다.

형무소 안의 상황은 여러 면에서 제한적이고 힘겨운 것이지만 소크라테스적 대화와 관련해서는 긍정적인 측면도 없지 않다고 브루네는 말한다. "여기는, 비록 편안하지는 않지만, 일상의 수많은 번거로운 문제들로부터 벗어나 생각에 몰두하기 좋은 곳입니다. 소크라테스도 감옥에 있을 때 도망칠 궁리를 하는 대신 인간의 근본 가치에 대해 추종자들과 함께 사색했죠."[4] 테겔 형무소의 철학 대화 참여자들에게 모범이 되는 철학적 수감자는 물론 소크라테스 한 사람만이 아니다. 또 한 명의 명망 높은 수감자에게도 감옥은 사색을 위한 (비자발적) 계기가 되었는데, 바로 고대 후기의 정치가이자 학자인 보이티우스Ancius Manlius Severinus Boethius다. 하지만 소크라테스나 부르마이스터와 달리 보이티우스는 감옥에 있는 동안 친구들이나 철학 트레이너와 대화를 나눈 것이 아니라, 자기 자신과의 대화를 통해 마음의 평정을 찾고 삶에 대한 새로운 시각을 얻으려 했다.

* * *

형이상학자 아우구스티누스Aurelius Augustinus보다 약 백 년 후의 시대를 살았던 보이티우스는 로마의 몰락 이후 시대를 살았음에도 불구하고 '마지막 로마인'으로 알려져 있다. 그는 정신적으로나 문화적으로 로마인이었지만, 동고트족의 왕 테오도리쿠스Theodoricus의 상담자요, 기독교라는 새로운 종교의 신봉자였다. 서기 525년, 로마의 고위 관리 보이티우스는 테오도리쿠스의 명령에 따라 체포되었다. 체포 사유는 반역이었다. 보이티우스는 동로마 황제 추종자들이 동고트족의 통치에 반대하여 일으킨 모반을 지원했다는 의혹을 샀다. 비잔틴 제국과의 은밀한 접촉을 비난받고 있던 알비누스Albinus를 변호한 것이 그에게 치명적인 결과를 초래한 것이다. 보이티우스는 알비누스의 무죄를 주장하다가 그 자신이 고발당하는 지경에 처하고 말았다. 적들은 보이티우스를 고발하기 위해 거짓 증인까지 내세웠다.

체포되었을 때 보이티우스의 나이는 45세였다. 이 무렵 그는 적극적으로 정치에 가담했을 뿐만 아니라 철학자와 역사가로서도 활동했다. 그는 그리스 고전 문헌을 라틴어로 번역하고 주석을 다는 일에 특히 노력을 기울였는데, 이는 고대의 유산을 보존하기 위한 실로 야심찬 교양 프로젝트였다. 그 밖에도 그는 저술가로도 활동해 음악과 수학 그리고 신학적 주제―보이티우스는 기독교인이었다―에 관한 몇 편의 논문을 남기기도 했다.

체포될 당시 '최고행정관'으로서 인생의 정점에 서 있던 보이티우스는 순식간에 마지막 종착역으로 추락하고 말았다. 그에게는 사형 판결이 내려졌다. 갑자기 운명의 여신에게서 버림받은 보이티우스는 감옥에서『철학의 위안 Consolatio philosophiae』을 집필한다. 고대의 마지막 철학서로 꼽히는『철학의 위안』은 중세에 가장 많은 사랑을 받은 책 중 하나다.

철학적 치료법

감옥에 갇혔을 때 보이티우스는 극도의 분노와 절망으로 넋이 나갈 지경이었다. 자신의 운명에 대해 미친 듯이 넋두리를 해대던 보이티우스는 문득 감옥에 동반자가 있음을 알아차린다.

"내 머리맡에 웬 여인이 나타났다. 인간의 비천한 능력을 훤히 꿰뚫어 보는 불길처럼 강렬한 눈과 생기 넘치는 혈색과 마르지 않는 싱싱함을 지닌 고귀한 모습이었다. 그녀는 또한 아주 나이가 많아 도무지 동시대인으로 보이지 않았으며, 몸집은 가늠할 수조차 없이 컸다."[5]

보이티우스에게로 다가온 여인은 거의 천상의 분위기를 풍기는 기이한 인물이다. 인간으로 보기 힘든 나이와 몸집이다. 그녀는 부드럽지만 절대로 찢어지지 않는 천으로 만든 옷을 걸치고 한 손에는 왕홀을, 다른 손에는 책을 들고 있다. 다름 아닌 철학이 절망에 빠져 있는 자신의 친구이자 제자 보이티우스를 돕기 위해 몸소 나타난 것이다. 이때부터 철학과 감옥에 갇힌 자의 길고도 유익한 대화가 펼쳐진다.

『철학의 위안』은 보이티우스와 의인화된 철학이 나누는 대화의 형식을 취하고 있지만 실제로는 보이티우스의 독백이다. 감옥에 갇혀 절망하고 낙담한 보이티우스가 철학자 보이티우스와 이야기하는 대화적 독백이다.

앞에 서술된 장면에서 의인화된 철학은 감옥에 갇힌 보이티우스에게 다가가 "슬픔과 비탄에 빠져 고개를 떨구고 있는"[6] 얼굴을 보며 그에게 자신의 도움이 필요함을 알아차린다. 철학은 보이티우스에게 수

사적 질문의 형태로 말을 건넨다. "내 어찌 그대와 고통을 (…) 함께 나누지 않고 이대로 떠날 수 있으리?"[7] 철학은 더없이 암담한 시간을 보내고 있는 보이티우스에게 철학 특유의 방법으로 도움을 주려고 온 것이다. 철학은 보이티우스의 관심을 운명에 대한 신세 한탄에서 자신이 처한 상황에 대한 철학적 관찰로 돌려놓는다. 대개 무엇을 "철학적으로 관찰하라"는 말은 일상생활에서 힘들고 짜증 나는 일을 정신적 기교를 통해 긍정적으로 받아들이도록 하라는 뜻인데, 사실 이런 식의 조언은 아무에게도 진지하게 받아들여지지 않는다. 오히려 이런 경우 실제로 위안을 주는 것은 철학적 관찰 방식이 아니라 그런 조언에 대해 터뜨리게 되는 웃음일 것이다. 하지만 보이티우스와 철학의 경우는 다르다. 철학은 현 상황에서 보이티우스에게 긴히 필요한 것은 철학적 사색이라고 아주 진지하게 말하고 있다. 철학은 감옥에 갇힌 보이티우스에게 확신에 찬 어조로 철학하기를 권한다. "지금은 비탄의 노래를 부를 때가 아니라 약이 필요한 시간이라오."[8]

필요한 약을 가져다주는 철학, 즉 치료사로서의 철학은 보이티우스가 자기 머리맡에 의인화된 철학을 나타나게 하여 보여주고자 했던 『철학의 위안』에 담긴 중심 사상이다. 그리고 철학은 의사답게 일단 잠정적 진단을 내리며 환자를 안심시킨다. "내가 보니 그대는 풍을 맞은 것 같군. 하지만 위험하지는 않아. 환자는 무기력에 빠질 테지만, 넋이 나간 정신에게 흔한 병이니까." 그런 다음 철학은 그에게 우선적으로 해야 할 일을 말해준다. 그것은 "덧없는 것들이 덕지덕지 달라붙어 흐려진 눈을 깨끗이 씻어내는"[9] 일이었다. 하지만 의학적 치료와 달리 환자는 장애가 밝혀진 뒤 수동적으로 (가령 처방된 약을 고분고분 잘 먹는다든가 하는 식으로) 의사의 치료에 몸을 맡길 수 없다. 그에게는 진료 과정에 능동적으로 참여할 것이 요구된다. "도대체 왜 우는 것인가? 눈물 속에서 헤엄치는 게 무슨 소용이 있다고? (…) 의사의 도움이 필요하면 먼저 상처를 보여줘야지!"[10] 이 말에 보이티우스가 당혹스러워하는 건 당연하다. 그가 우는 이유는 온 세상이 다 아는 사실이기 때문이다. "제게 닥친 운명의 시련은 다 아는 사실 아닌가요?"[11] 그럼에도 불구하고 보이티우스는 자신의 치료사에게 "끊임없는 고통에 신음하며"[12] 그가 비탄에 빠진 이유를 설명한다. 보이티우스를 특히 괴롭히는 것은 그가 겪은 부당함이었다. "참된 덕에 대한 보상은 없고 그 대신 우리는 저지르지도 않은 거짓 범죄로 처벌을 받습니다."[13] 반면에 "모든 범죄자는 신에게 자기가 계획하는 바에 대해 무죄를 주장할 수 있습니다".[14] 어째서 악한 사람은 악행을 저지르고도 손쉽게 고통에서 벗어날 수 있는 걸까? 반대로 보이티우스처럼 정의를 추구하는 정직한 시민은 어째서 그처럼 빠져나갈 길 없는 상황에 처하게 되는 걸까? 보이티우스를 절망에 빠뜨리는 의문은 바로 이것이다.

철학은 보이티우스가 늘어놓는 불평을 무표정한 얼굴로 듣는다. 그러고는 당장 그를 위로하는 대신 그의 감정을 앞으로 진행될 치료에 필요한 객관적인 상태로 유도한다. "하지만 강력한 감정의 소용돌이가 그대를 사로잡은 데다 고통과 분노와 슬픔이 각기 서로 다른 쪽으로 그대를 잡아끌고 있으니, 지금 그대가 처한 정신 상태에서는 아무리 강한 치료제라도 그대의 마음을 움직이지 못하겠군. 그러니 얼마간은 약한 치료제를 써야겠어."[15] 격한 감정에 사로잡힌 보이티우스에게 우선 가벼운 '치료제'를 써서 마음을 가라앉히고 이성을 되찾게 하려는 것이다. 이런 방식으로 그가 진정되고 나면 비로소 강한 약을 투입할 수 있다. 환자에게 철학적 질문을 던지는 것은 이와 같은 가벼운 '치료제'에 속한다. 치료사는 보이티우스에게 이 세상이 합리적 질서의 지배를 받는다고 여기는지, 아니면 우연들의 집합에 불과하다고 생각하는지 의견을 말해보라고 한다. 또한 만물의 기원은 무엇이며, "인간이란 무엇인지"[16]도 묻는다. 특히 마지막 질문은 그의 급소를 찌른 듯이 보인다. 보이티우스는 "이성적 생물이라느니, 덧없는 존재"[17]라느니 하는 지극히 일반적인 답변을 늘어놓다가 결국 말문이 막히고 만다. 그러자 철학은 이렇게 설명한다. "이제 그대가 병에 걸린 가장 중요한 원인을 알겠군. 그대는 자기 자신이 무엇인지 알기를 그만둔 거야."[18] 결국 철학이라는 의사가 내린 최종적인 진단은 '자기망각'이었다.

자기망각

자신을 잊어버린다는 말은 일상 언어에서 그다지 부정적 상태를 뜻하지 않는다. 이는 누가 생각에 골몰하느라 주변에서 벌어지는 일을 알아차리지 못할 때 주로 쓰이는 표현이다. 이처럼 특정한 일에 완전히 몰두하는 것을 우리는 '자기망각'이라고 부른다. 사람은 생각이 어떤 일에 온통 집중되어 있을 때는 자기 자신을 의식하지 못하기 때문이다. 그런데 철학이 보이티우스에게 내린 자기망각이라는 진단은 조금 다른 뜻이다. "그대는 자기 자신이 무엇인지 알기를 그만둔 거야"라는 말은 일단 보이티우스에게 철학을 다시 성찰해보라는 요구로 이해될 수 있다. 이렇게 볼 때 철학의 진단은 다음과 같이 바꾸어 말할 수 있다.

"너는 네 근심에 사로잡혀 네 자신이 철학자 혹은 철학을 공부하는 자라는 사실을 망각하고 있다. 그러니 이 사실을 다시 떠올리고, 얼빠진 사람처럼 한탄과 눈물을 쏟아내는 대신 정신 똑바로 차리고 이성적으로 사고해라!"

이런 의미로 이해된 자기망각은 철학이 감옥에 갇힌 보이티우스에게 누구보다도 먼저 찾아온 이유일 것이다.

철학이 자기망각에 관한 설명을 계속해나가자 문제가 더욱 뿌리 깊은 곳에 있으며 훨씬 광범위한 영향을 미치고 있다는 사실이 분명해진다. "그대는 지금 자기망각에 빠져 있으므로 틀림없이 자신이 추방당하고 재산도 빼앗겼다고 애통해하고 있을 것이다."[19] 이에 따르면 자기망각은 보이티우스가 재산의 손실을 슬퍼하며 망연자실하고 쫓겨난 감정을 느끼는 원인이다. 그러므로 상실과 추방의 감정은 객관적으로 입증된 감정이라기보다는 (적어도 부분적으로는) 보이티우스의 마음 상태에서 비롯된 것이다. 이렇게 볼 때 그는 자신이 무엇 혹은 누구인지만 잊은 것이 아니라 참된 재산이 무엇이며 진정한 대접이 어떤 것인지도 망각한 셈이다. 보이티우스는 (당연한 일이지만) 자신이 모든 것을 빼앗겼으며 완전히 패배했다고 느끼고 있다. 반면에 철학은 그의 완전한 절망이 자기망각과 관련이 있음을 암시한다. 따라서 보이티우스에게 필요한 약은 일종의 '자기회상' 혹은 '자기발견'이 된다.

오, 포르투나여!

철학은 보이티우스의 상태를 전반적으로 진단한 다음 그가 겪는 정신의 혼란을 치료하기 시작한다. 철학적 치료는 보이티우스의 상실감에 대한 성찰에서 시작된다. 성찰은 "고통을 덜어주는 진통제"[20] 역할을 한다. 철학은 감옥에 간힌 보이티우스가 "과거에 누린 행복에 대한 갈망과 그리움"[21]을 강하게 느끼고 있음을 확인한다. 여기서 말하는 행복은 '외적인' 운, 즉 행운을 뜻한다. 독일어에서는 서로 다른 두 종류의 행복, 즉 '소유'하는 행복과 감정으로 '느끼는' 행복이 모두 'Glück'이라는 하나의 개념으로 표현된다. 그래서 행복을 주제로 말할 때 오해가 발생할 수 있다. 반면에 영어와 프랑스어에서는 'luck(행운)'과 'happiness(행복)', 'chance(행운)'과 'bonheur(행복)'으로 각각 구분된다. 보이티우스가 사용한 라틴어도 마찬가지로 'fortuna(행운)'과 'beatitudo(행복)'을 구분한다. 라틴어 '포르투나 fortuna'는 또한 '유리한' 운이나 '행복한' 우연만이 아니라 운명 일반 혹은 그것을 관장하는 여신을 가리키는 말이기도 하다. 보이티우스는 바로 이러한 포르투나와 씨름한다.

오랜 세월 보이티우스는 자신이 포르투나의 총애를 받는 자라고 느끼며 살았다. 그래서 현재의 돌변한 운명은 그를 더욱 아프게 가격한다. 하지만 철학은 여기에 오해가 있음을 그에게 주지시킨다. "그대는 자신의 운명이 바뀌었다고 믿는가? 착각이다! 운명은 늘 그러하니까. 이것이 운명의 방식이지. 운명은 변화하는 가운데도 그대에게 특유의 불변성을 유지하거든."[22) 운명은 본성적으로 변덕스럽다. 운명이 변한다고 비난해서는 곤란하다. 우연적이고 변화무쌍하고 무상한 것이바로 운명의 본질이기 때문이다. "가만히 서 있기 시작하면 운명이기를 포기하는 것이다!"[23) 운명의 여신 포르투나가 직접 보이티우스에게자신을 변호한다면 아마도 이렇게 말할 것이다. "내가 하는 일은 언제나 변함이 없어. 나는 아주 빠르게 회전하는 수레바퀴를 돌리지. 꼴찌를 첫째와 바꾸고 첫째를 꼴찌와 바꾸는 것은 무척 즐거운 일이야. 원한다면 위로 올라가도 좋아. 하지만 조건이 있지. 아래로 추락하더라도부당하다고 불평하지 말라는 거야. 그것이 내가 하는 일이 굴러가는방식이니까."[24) 그러므로 우연히 행복이 굴러들어온 사람은 운명의 수레바퀴가 회전하는 법칙을 한시도 간과해서는 안 된다. 록그룹 '블러드 스웨트 앤드 티어스 Blood Sweat & Tears'의 노래 가사에도 있듯이 "What goes up, must come down", 즉 오르막이 있으면 내리막이 있기 마련이다.

결정적인 물음을 던지려면 먼저 이와 같은 사실을 성찰해보아야한다고 철학은 보이티우스에게 말한다.

"그대는 언제고 달아나버릴 행복을 가치 있는 것으로 여기려는가? 아무런 항구성을 갖고 있지 않은데도 지금 곁에 있는 유리한 우연이 과연 소중한 것일까? 가버리면 금세 슬픔이 찾아올 텐데도?"[25]

이것은 물론 수사적인 물음에 불과하다. 철학은 고통받는 보이티우스에게 그런 행복은 덧없는 것이므로 너무 높이 평가해서는 안 된다고 말하려는 것이다. 그렇게 변하기 쉽고 잡아둘 수 없는 행복은 눈먼 운명에 의해 좌우될 뿐 그 자체로 참된 것이 될 수 없다. 자신의 행복을 돈, 권력, 명예 같은 외적인 재화의 소유에서 찾는 사람은 정말로 좋은 것, 참된 행복 *beatitudo*과는 무관한 변화무쌍하고 불안정한 행운을 좇을 뿐이다. 왜냐하면 "행복이 이성적으로 살아가는 존재의 최고선이라면, 그리고 어떤 식으로든 빼앗길 수 있는 것은 빼앗김을 허용하지 않는 것보다 못하므로 최고선이 될 수 없다면, 우연의 변화무쌍함은 행복을 자기 것으로 요구할 수 없음이 당연"[26]하기 때문이다. 참되고 능가될 수 없는 선, 즉 철학에서 말하는 '최고선'은 가변적일 수 없다. 그렇지 않으면 변하지 않는 무언가에 의해 능가될 테니까 말이다.

그러나 보이티우스가 그리워하는 우연적 행복을 참된 행복이 되지 못하게 만드는 것은 비단 그 덧없음과 불안정성만이 아니다. 우연적 행복이 '외적' 재화와 결부된다는 사실도 철학은 강하게 비판한다. 행복을 부와 물질적 보물 같은 외적 재화에 고정시키면서 인간 특유의 재능을 도외시하는 것은 우리 인간과 같은 이성적 존재의 격에 맞지 않는다는 것이다. "다른 존재는 있는 그대로 족하다. 그러나 정신이 신과 닮은 그대들은 그대들의 우수한 본질을 가장 비천한 장식물로 치장하면서 이것이 그대들의 창조주에게 얼마나 부당한 짓인 줄을 깨달지 못한다."[27] 여기서 철학은 다시 앞서 진단한 자기망각을 언급한다. 보이티우스처럼 자기 행복을 오직 돈이나 명예 같은 외적 재화에 고정시키는 자는 자신이 누구인지를 망각한 상태라는 것이다. 이는 "인간의 고유한 본성"에 비추어 볼 때 치명적이다. 왜냐하면 인간은 "자기 자신을 알 때에만 비로소 다른 동물들보다 우월하며, 반대로 자기 자신을 알기를 포기할 때는 동물들보다 더 비천한 존재로 추락하고 말기 때문이다. 다른 동물들에게 자신을 모르는 것은 본성이지만 인간에게 그것은 죄악이다."[28]

참된 행복

철학은 운명의 시련에 대한 보이티우스의 불평을 행복에 대한 통념을 비판하는 기회로 삼는다. 철학의 비판은 통렬하다.

"불운은 사람들에게 행운보다 더 유용한 법. 행운은 언제나 호감을 품은 듯이 보이는 행복의 가면으로 기만하지만, 불운은 변화무쌍한 모습으로 언제나 진실하다. 행운은 미혹하고 불운은 가르침을 준다."[29]

그렇다면 불운의 가르침을 받은 보이티우스는 어땠을까? 그는 철학적 진통제가 점차 효력을 발휘하기 시작하는 것을 느낀다.

"당신은 생각의 무게와 기분 좋은 노래로 저를 다시 뜨겁게 달구시는군요! 이제 저는 운명의 타격을 감당할 수 있으리라고 믿어 의심치 않습니다. 저는 더 이상 당신의 그 쓰디쓴 약을 무서워하지 않으며, 오히려 귀담아 듣기를 열망합니다. 당신의 약을 열렬히 청합니다."[30]

철학은 기뻐하며 대답한다. "내가 그대를 어디로 이끄는지 알고 나면 그대는 더욱 열망으로 불타오르리라! (…) 그대의 정신 또한 꿈꾸는 참된 행복이 있는 곳으로!"[31]

이제 진정한 행복이 이야기된다. 보이티우스가 자기망각에 빠져 도외시한 참된 행복이다. 철학은 먼저 보이티우스를 안심시킨다. 외적 재화를 좇다가 참된 행복에서 벗어난 사람이 보이티우스 한 명만은 아니기 때문이다. 오히려 대부분의 사람들이 엉뚱한 곳에서 행복을 찾는다. 권력, 명예, 부, 아름다움 등 결코 완전하지도 지속적이지도 않은 것들을 손에 넣으려 애쓰는 것이다. 반면에 사람들이 '마땅히' 얻고자 노력해야 하는 것은 오직 하나의 재화, 더 이상 바랄 것이 없는 완전하고 완벽한 선(善)이다. 이 최고의 선이 바로 참된 행복이다. 참된 행복은 "자족적이고, 강력하고, 존귀하고, 고명하고, 기쁨을 주는"[32] 것이다. 보이티우스는 철학이 말하는 완벽한 선과 참된 행복을 어디서 찾아야 하는지를 서서히 깨달아간다. "우리는 만물의 아버지에게 간구해야 한다."[33] 행복을 얻으려는 노력은 가장 높고 완벽한 선을 향한 노력이라고 철학은 말한다. 그리고 그와 같은 최고선은 바로 신이다. 따라서 참된 행복은 오직 신에 의해 결정된다. 다시 말해서 참된 행복을 향한 인간의 노력은 덕을 가꾸고, 악덕과 맞서 싸우고, 신에게로 나아가려는 노력이어야 한다.

보이티우스는 철학이 설명하는 행복과 완벽한 선과 신의 연관관계에 대해 아무런 이의도 제기하지 않는다. 또한 그는 최고선으로서 신이 세계를 "강력한 섭리와 부드러운 질서"[34]로 다스린다는 철학의 이야기도 기꺼이 받아들인다. 하지만 신과 참된 행복과 선한 섭리에 대한 이야기는 보이티우스에게 감옥에 갇힌 이후 집중적으로 몰두하고 또 탄식했던 한 가지 주제를 떠올리게 한다.

"이것이 제 슬픔의 가장 깊은 이유인데, 선한 섭리가 세상을 지배하는데도 악이 생겨나고 또 아무런 처벌도 받지 않고 물러간다는 것입니다. (…) 게다가 더 심각한 문제가 있습니다. 악이 군림하고 명망을 누리는 동안 덕은 아무런 보상을 받지 못할 뿐만 아니라 악당들의 발길에 짓밟히고 범죄를 저지른 자 대신 처벌까지 받습니다. 이런 일이 전지전능하고 오로지 선만을 원하는 신의 왕국에서 버젓이 일어나고 있는 것입니다. 정말 놀랍고 한탄스럽기 짝이 없는 일입니다."[35]

신의 질서와 섭리가 지배하는 세상에서 악한 사람들은 수치스러운 범죄를 저지르고도 처벌을 피하거나 심지어 악행의 덕을 보고, 선한 사람들은 선행에 대한 아무런 보상도 받지 못하는 일이 어떻게 있을 수 있단 말인가? 정말 그렇다면 실제로 좋지 않은 일일 테지만 "실은 그렇지 않다"[36]고 철학은 말한다. 행복과 불행에 대한 인간의 평가는 경솔하고 불충분하다는 게 철학의 설명이다. 악한 자는 참된 선, 즉 신과 관계하지 못하기 때문에 실제로는 불행한 자이다. "선이 곧 행복이니 모든 선한 자들은 그 선함을 통해서 행복하게 되는 것이다."[37] 그리고 "올바른 자들이 그 올바름을 보상으로 받았듯이, 무도한 자들에게는 그들의 사악함이 최고의 형벌이다".[38] 덕이 있는 사람들이 완벽한 선인 신과의 관계를 통해서 이미 어느 정도 신적인 존재가 된다면,

"올바름에서 벗어난 자와 인간이기를 포기한 자는 신적인 지위로 올라가지 못하고 짐승으로 탈바꿈하게 된다".[39] 그 밖에도 악은 약함의 표식이라고 철학은 말한다. "왜 (악한 자들은) 덕을 버리고 악덕을 따르는가? 선을 몰라서일까? 혹시 무엇을 따라야 하는지는 알지만 욕망이 그들을 올바른 궤도에서 벗어나게 한 건 아닐까? 그렇다면 자제력이 부족한 그들은 약하다. 악덕에 맞서 싸울 능력이 없는 이들이다."[40]

선한 사람들이 아무런 보상도 받지 못하고 악한 사람들보다 못한 처지에 있는 듯이 보이는 것은 단지 "겉보기에만" 그럴 뿐이다. 우리는 악인이 자신에게 스스로 벌을 내린다는 점을 깊이 생각해보아야 한다. 그들의 악행이 성공적일수록 벌은 더욱 심하다. 겉으로 비치는 모습과 달리 "부당한 행위를 하는 사람들은 당하는 사람들보다 더 불행하다".[41] 우리는 이런 사람들을 병자처럼 여기며 동정심을 가질 필요가 있다. "그러므로 현자들에게는 미움이 들어설 자리가 하나도 없지. 왜냐하면 아주 어리석은 자가 아니고서야 대체 누가 선한 사람을 미워하겠는가? 그리고 악한 사람을 미워하는 것은 무의미하다네. 무기력이 육체의 병이듯 악덕은 정신의 병. 우리는 육체의 병을 결코 미움의 대상으로 삼지 않으며 오히려 동정해 마땅하다고 여기지. 마찬가지로 정신의 병에도 동정심을 가져야 해. 무도한 행위는 오랜 질환보다 더 끔찍하게 당사자를 괴롭히니까."[42]

이 대목에서 보이티우스는 명백한 부당함에 대한 철학의 현명한 반응이 지나치게 너그럽고 고상하다고 여긴다. 그래서 그는 이렇게 반박한다. "대중적 행복에는 좋은 점도 있고 나쁜 점도 있습니다. 현자들

역시 많은 보물을 소유하거나 존경받는 지위에 오르거나 고향에서 막강한 권력을 누리는 대신 추방당하고 가난에 쪼들리고 욕을 먹기를 원하지는 않습니다."[43] 철학에 따르면 기존의 관습적인 재화들은 모두 하찮고 허위적인 것으로 드러나기 십상이지만 그럼에도 불구하고 사람들에게는 나름대로 의미가 있다. 철학이 신적 질서의 원칙에 관해 말하고 있음을 고려할 때 우리는 여전히 다음과 같은 물음을 던지게 된다. "선인에게는 안락함을, 악인에게는 불운을 내려주는 신이 어째서 다시 선인에게 시련을 안겨주고 악인에게는 바라는 바를 허락해주시나요?"[44] 이런 상황에서 신적인 선한 질서와 맹목적인 우연이 어떻게 서로 구별될 수 있겠느냐고 보이티우스는 묻고 있다.

만물은 질서 정연하다?

철학은 보이티우스가 이렇게 묻는 이유를 이해한다. 만물의 운행과정이 때때로 완전히 무계획적으로 여겨질 수 있다는 것을 알기 때문이다. 그러나 철학은 이것이 "질서의 의미를 잘못 이해한" 탓이라고 믿는다. "하지만 질서가 그처럼 폭력적인 이유를 알 수 있다면 만물이 올바르게 돌아가고 있다는 걸 더 이상 의심하지 않게 될 거야. 선한 섭리자가 세상을 지배하고 있으니까."[45] 만물은 최선의 질서하에 있으며, 비록 그렇게 보이지 않을 때라도 이 점은 변함이 없다고 철학은 보이티우스에게 강조한다. 그러나 보이티우스는 철학이 그에게 요구했던

대로 자기 안의 철학자를 다시 활동하도록 만들었기 때문에 선한 세계질서에 대한 단순한 믿음만으로는 만족하지 못한다. 그는 철학에게 더 많은 설명을 요구한다. "당신은 결정을 내릴 때 어떻게 하는지 설명해주세요. 저런 기적 같은 일들은 무엇보다도 저를 혼란스럽게 하니까요."[46] 보이티우스의 열의에 찬 질문에 철학은 미소를 짓는다. 이 문제를 더 자세히 설명하기란 극도로 복잡한 일이 될 테지만, 철학은—보이티우스가 이제 가장 강력한 약을 소화할 수 있다고 여겨—운명과 신적 섭리의 관계를 이야기하기 시작한다.

운명의 명백해 보이는 무질서 안에 더 높은 질서가 깃들어 있다는 것을 이해하기 위해서는 먼저 시간적(인간적) 관점과 초시간적(신적) 관점의 차이를 고려할 줄 알아야 한다. 철학은 이 점을 비교를 통해 보여주고자 한다. 신적 섭리가 그림에 대한 예술가의 생각과 같은 거라면, 운명은 캔버스에 많은 시간을 들여 힘들게 물감을 칠하는 일과 같다. 평범하고 유한한 인간으로서 우리는 한 획 한 획의 붓질만 볼 수 있을 뿐 전체 작품을 인식하지는 못한다. 운명의 변덕스러움과 맹목성에 대한 불평은 아직 완성되지 않아 이해하기 힘든 예술 작품을 막무가내로 폄훼하는 속물적 편협성에 비견될 수 있다. 어찌 되었든 우리는 신이 만물에 훌륭한 질서를 부여했다는 생각을 출발점으로 삼아야 한다고 철학은 강조한다. 이는 각 개인과 그들의 운명에 대해 다음과 같은 의미를 지닌다.

"섭리의 높은 망루에서 내려다보고 있는 신은 모든 인간 개개인에게 무엇이 유익한지 잘 알기 때문에 그가 적절하다고 인식한 것을 각자에게 베푼다."[47] 그러므로 선한 사람들에게 나쁜 일이 생기는 이유는 아마도 그들을 좋은 예로 삼기 위해서거나, 또는 "인내심을 장려하고 훈련을 통해 정신의 덕성을 단련시키기"[48] 위해서일 것이다. 어떤 이들에게는 덜 힘든 시련이 주어지기도 하는데, 이는 덕성이 아직 충분히 무르익지 않았기 때문일 수 있다. 이는 악인의 경우도 마찬가지다. 그들은 공정한 처벌을 받기도 하지만 그렇지 않을 때도 있다. 하지만 이렇든 저렇든 모두 나름의 이유가 있는 것이다. 어쩌면 불리한 운명이 그들의 악함을 더욱 자극했을 수도 있고, 어쩌면 일단 악행에 대한 처벌은 면했더라도 양심의 가책으로 인해 차츰 올바른 길로 들어선 이들도 있을 것이다. 어쨌든 철학의 입장은 확고하다. "편한 운명이든 가혹한 운명이든 모든 운명은 다 좋다. 왜냐하면 선한 자들에게는 그 공을 치하하거나 그들을 더욱 단련시키기 위해서, 무도한 자들에게는 벌을 내리거나 더 나은 사람으로 개선시키기 위해서 주어지는 것이기 때문이다. 그러므로 운명은 정당하거나 아니면 유익하거나 둘 중 하나다."[49] 그러므로 운명의 부당한 시련에 고통받는 보이티우스는 다음과 같은 점을 깊이 생각해보아야 한다.

"덕성을 향해 진보하고 있는 그대들이여, 그대들은 환희에 겨워 녹아 없어지고 향락에 빠져 느슨하게 이완되려고 세상에 나온 것이 아니다. 암울한 운명이 그대들을 집어삼키거나 편한 운명이 그대들을 타락시키지 못하도록 정신 차리고 모든 운명에 맞서 힘껏 싸우라. (…) 그대들이 어떤 운명을 일구어나가기를 소망하게 될지는 그대들의 손에 달려 있다. 열심히 단련하고 개선하지 않는다면 가혹해 보이는 모든 운명이 그대들을 벌할 것이다."[50]

세상의 질서에 대한 철학의 설명은 보이티우스에게 원칙적으로 모순된 것으로 보이지는 않는다. 그러나 그에게는 다시 중요한 의문이 한 가지 생겨난다. 만물이 그처럼 훌륭한 질서 아래에 있고 신의 섭리가 만사를 포괄하고 있다면 과연 우연과 같은 것이 있을 수 있을까? 철학은 보이티우스에게 우리가 우연이라고 부르는 사건이 있을 수는 있다고 설명한다. "예를 들어 어떤 사람이 경작지를 만들기 위해 땅을 파헤치다가 커다란 금덩어리를 발견할 수 있는 것이다."[51] 그러나 원인이 없는 사건은 있을 수 없다. 그러므로 "무계획한 움직임을 통해서, 즉 아무런 원인과도 결합되지 않은 채 생겨난 사건은 우연이다"[52]라고 누가 단정적으로 주장하더라도 그런 의미의 우연은 있을 수 없다고 반박해야 한다. "신이 모든 것에 질서를 필연적으로 부여해놓은 마당에 그 어떤 공간에 무계획성을 위한 자리가 남아 있을 수 있단 말인가? 무에서는 아무것도 생겨나지 않는다는 것은 참된 명제이다."[53]

철학의 이와 같은 설명은 보이티우스를 더욱 핵심적인 물음으로 이끌어간다. "하지만 이렇게 서로 연결된 원인들의 사슬 안에서 우리에게 결정의 자유가 있을 수 있습니까? 혹시 운명의 사슬은 인간적 영혼의 움직임마저 결박하고 있는 것은 아닌가요?"[54] 철학은 자유가 존재한다고 대답한다. "의지의 자유를 갖지 못하고는 이성적 능력을 갖춘 존재가 될 수 없기 때문이다."[55] 인간은 이성을 갖기 때문에 또한 필연적으로 자유롭다고 철학은 논증한다. 왜냐하면 이성의 도움으로 우리는 얻으려 노력해야 할 것과 피해야 할 것을 구별할 수 있기 때문이다. 그러나 우리가 또한 이 두 가지 중에 하나를 '선택'할 자유를 갖고 있지 않다면 이러한 이성적 능력은 쓸모도 없고 의미도 없는 과잉에 불과하다. "그렇기 때문에 이성이 있는 곳에는 욕망할 자유와 욕망하지 않을 자유도 있다."[56]

보이티우스는 철학이 마치 자명한 듯이 인간의 자유에 관해 말하는 것에 혼란을 느낀다. 조금 전까지도 철학은 신적 섭리와 세계질서가 만물을 포괄하고 있으며 인과의 사슬에서 벗어나는 것은 불가능하다는 점을 누차 강조했기 때문이다. 보이티우스가 보기에 인간의 자유와 신의 섭리는 서로 일치할 수 없는 것처럼 여겨지고, 자유의 부재는 치명적 귀결로 이어진다. "선인과 악인에게 보상이나 처벌을 내리는 것은 소용없는 일입니다. 그들에게 영혼의 자유롭고 의도적인 결정이 주어지지 않았다면 말입니다."[57] 자유가 없다면 아무에게도 어떤 비난도 가할 수 없다. 혹은 (좀 더 일반적으로 표현하자면) 아무에게도 그 어떤 책임도 부과할 수 없다. 보상과 처벌은 자유롭지 못한 존재에게는 아무런 의미도 갖지 못한다.

그렇다면 보이티우스가 제기한 문제에 대해서는 어떤 해답이 가능할까? 철학은 인간이 자신의 제한적인 정신 능력을 신에게 투사하는 오류를 저지르지 말아야 한다고 역설한다. 이 같은 오류는 이미 무질서한 (듯이 보이는) 세상에 대해 불평하게 만드는 핵심적인 오해로 밝혀진 바 있다. 보이티우스는 계속해서 다음과 같은 논리를 전개한다.

어떤 사건이 필연적으로 결정된 결말을 갖지 않는다면—자유로운 행위가 바로 이런 경우다—사건의 결말을 미리 아는 것은 불가능하다. 시간과 공간에 묶여 있는 인간의 인식 능력에서 보자면 이는 전적으로 옳은 사실이다. 하지만 신은 말하자면 시간의 바깥에 있는 존재이고, 그렇기 때문에 "언제나 시간을 초월한 현재 상태에 있으므로 (…) 그는 자신의 간결한 인식 안에서 모든 사건을 마치 지금 당장 일어나고 있는 것처럼 헤아린다".[58] 신의 눈에는 모든 것이 현재로서 주어져 있기 때문에 그에게 뜻밖의 놀라움은 있을 수 없다. 동시에, 보이티우스가 이미 우려했듯이, "신의 예지는 사물의 본성을 바꾸어놓지 않는다".[59] 다시 말해서 신의 전지전능은 우리가 하는 행위와 결정의 자유를 해치지 않는다. 만물을 포괄하는 신적 관점에서 볼 때 필연적인 사건이 또한 그 자체로 필연적이지는 않다는 것이다.

인간의 자유에 관한 숙고와 더불어 보이티우스와 철학의 대화는 서서히 마무리된다. 마지막으로 철학은 의지의 자유에 대한 옹호를 통해 보이티우스에게 "공정성에 대한 강력한 요구",[60] 즉 자유와 결합된 책임을 상기시킨다. 이로써 보이티우스에게 위안을 주기 위한 철학적 치료는 끝이 난다. 그러면 환자의 상태는 어떨까?

위안을 주는 철학?

『철학의 위안』은 지난 수백 년간 가장 유명한 철학서 중 하나였으며 오늘날에도 철학사의 고전에 속한다. 하지만 이 책이 과연 제목이 말하고 있는 역할을 여전히 할까? 보이티우스의 위안서는 정말로 위안을 줄 수 있을까? 인생의 위기를 맞은 사람에게 숨 돌릴 틈이나 어떤 도움을 제공할 능력이 있을까? 충분히 제기될 수 있는 의문이다. 철학의 위안이 합리적 논증에 주로 몰두하고, 고통을 인정하기보다는 근거 없는 것으로 치부하려는 경향이 있다는 비판도 가능하다. 의인화된 철학은 등장하자마자 눈물과 한탄의 시간이 끝났음을 알린다. 그러고는 절망에 빠져 있는 보이티우스에게 정신을 똑바로 차리고 이성을 회복하라고 강력히 촉구한다. 따뜻한 공감과 이해는 별로 찾아볼 수 없다. 너무 무뚝뚝한 느낌이다. 이런 식의 요구가 절망에 빠진 사람에게—그가 독자이든 철학 강연을 듣는 청중이든—실제로 위안을 줄 수 있을지 매우 의심스럽다. 게다가 신의 섭리와 의지의 자유 사이의 관계나 우주론적 질서를 설명하는 글들은 힘겨운 스트레스 상황에 실질적이고 직접적인 위안 효과를 주기에는 너무 추상적이고 비현실적으로 들린다.

하지만 위안서의 효과에 대한 이와 같은 의문에도 불구하고 한 가지 결정적인 측면을 도외시해서는 안 된다. 『철학의 위안』에서 보이티우스에게 철학적 위안을 주는 사람이 보이티우스 '자신'이라는 것이다. 감옥에 갇힌 보이티우스는 어떤 외부인으로부터 가르침과 현명한 조언을 받는 것이 아니다. 커다란 슬픔에 잠겨 있는 당사자가 자기 자신과 대면하면서 상실의 상황을 견뎌내고 고통과 절망 속에서 자신을 지켜내려 노력하고 있는 것이다. 그렇기 때문에 우리는 위안의 내용보다 이 위안서가 주는 위안의 방식에 좀 더 시선을 맞출 필요가 있다. 다시 말해서 보이티우스가 (그리고 의인화된 철학이) 하는 말에만 집중하지 말고 그가 하는 행위에 특히 주의를 기울여야 한다.

보이티우스는 『철학의 위안』에서 기만적인 재화와 무관한 참된 행복에 대해 숙고한다. 인간의 영적 상태가 기본적으로 그 사람의 태도나 관점과 연관되어 있다는 생각도 그의 마음을 사로잡는다. 더 나아가서 그는 정의, 우주의 질서, 참된 선과 인간의 자유 등에 관한 물음에도 몰두한다. 이런 주제와 관련해서 위안서에 기술된 내용을 보이티우스가 처음 생각한 것은 물론 아니다. 이 책에서 우리는 오히려 보이티우스에게 미친 고대 철학자들의 영향을 분명하게 인식할 수 있다. 이와 관련해 눈에 띄는 부분은 이런 것이다.

보이티우스는 극심한 절망감 속에서 철학과의 대화를 시작한다. 철학은 실존적 위기에 빠진 그에게 위안과 도움을 약속한다. 하지만 실제로 보이티우스의 대화 상대는 자기 자신이다. 그는 자신의 철학적 식견을 성찰함으로써 자신과 이런 대화를 실행한다. 이 과정에서 보이티우스에게 익숙한 고대 철학자들의 가르침과 이론들은 갑자기 완전히 새로운 의미에서 중요성을 획득하게 된다. 예전에 자기 서재에서 여유로운 시간에 습득한 모든 것들이 감옥에 갇힌 그에게 전혀 다른 모습으로 보이기 시작한 것이다. 학문적 야심, 학식, 고상한 교육 이념, 신분에 걸맞은 자리, 명예나 다른 허영심 따위는 더 이상 중요하지 않다. 이런 사치스런 고민들은 그에게 다 지나간 일일 뿐이다. 지금 중요한 것은 벌거벗은 삶(생존)이다. 보이티우스는 이제 비로소 옛 철학자들이 그에게 건넨 말들의 의미를 제대로 이해하게 된 듯이 보인다. 지금 그것을 온몸으로 겪고 있기 때문이다.

이와 같은 체험적 이해는 『철학의 위안』에서 이론적인 글들 사이사이에 수록된 시들에 잘 표현되어 있다. 이 시들은 이미 알고 있던 철학 이론들에 대한 보이티우스의 변화된 접근 방식을 보여주는 표식일 뿐만 아니라, 절망에 빠져 있던 보이티우스가 교과서적으로 학습한 철학 지식을 새로운 방식으로 내면화하는 '도구'이기도 하다. 무미건조하게 습득한 지식은 이제 보이티우스에게 실존적 의미를 띠게 된다. 그리고 이러한 실존적 의미는 보이티우스가 적극적으로 추구하는 바가 되어 내면의 대화와 시를 통해 표출된다. 철학적 교육은 보이티우스에게 자기망각, 즉 의미와 방향의 상실에 맞서는 '치료제'가 된다.

제정신을 유지하는 법

『제정신을 유지하는 법 *How to stay sane*』이란 제목의 책에서 영국의 심리치료사 필립파 페리 Pilippa Perry는 정신 건강을 위해 가장 중요한 조건들을 다음과 같이 설명한다(페리의 책은 우리나라에 『인생학교-정신 : 온전한 정신으로 사는 법』이라는 제목으로 출간되었다 - 옮긴이).

무질서한 혼돈과 경직된 일상의 반복이라는 양 극단 사이에 다니기 편한 '오솔길'을 내야 한다. 그리고 "안정적이면서도 유연하고, 통일적이면서도 복잡성을 받아들일 준비를 갖추는 법"[61]을 배워야 한다. 내적인 안정은 인생의 크고 작은 재난을 무사히 헤쳐 나가기 위해 반드시 필요한 요건이다. 하지만 자신의 습관, 의견, 확신과 어느 정도 거리를 둘 줄 알고, 필요한 경우 그것들을 바꿀 수 있는 능력 또한 그에 못지않게 중요하다. 외적인 변화는 새로움에 대한 내적인 유연성과 개방성을 요구한다. 유연성이 부족하면 손쉽게 갈등과 적응의 문제에 부딪히고, 상황에 대처하는 능력이 현저히 떨어진다. 우리는 안정과 변화 사이에서 건강한 균형을 발전시킬 필요가 있다.

페리는 자신의 책에서 이를 위한 몇 가지 성찰과 실천적 조언을 제시한다. 그녀는 정신 건강을 위해 우리가 해야 하는 일을 4개의 핵심 영역으로 나누고, 그에 따라 책도 4개의 장으로 구분했다. 각 장의 제목은 '자기관찰' '관계 맺기' '스트레스' '스토리'이다. 페리는 우리가 이 네 가지에 따라서 살아간다고 말한다. 그중에서 처음 세 개의 제목이 의미하는 바는 첫눈에 알 수 있지만 네 번째 제목은 조금 특이하다. 우리가 스토리에 따라서 살아간다는 페리의 말은 무슨 의미일까?

"세계에 대한 우리의 습관적, 정서적, 인지적, 육체적 반응, 즉 반복되는 상황을 대하는 우리의 전형적인 패턴은 우리 자신의 스토리에서 생겨난다"[62]고 페리는 설명한다. 자신의 고유한 스토리는 일종의 필터다. 이 필터를 통해서 우리는 세상을 바라본다. 그러므로 스토리는 우리가 세계 안에서 취하는 행동방식에 결정적인 영향을 미친다. 개인적 스토리는 우리가 듣고, 읽고, 영화나 보도에서 접하는 수많은 이야기들과 충돌하는 가운데 생겨난다. 집안에 전해 내려오는 설화나 동화, 신화, 종교담 등도 자신만의 스토리에 중요한 영향을 준다. 스토리는 이미 어린 시절부터 "우리의 경험을 일관된 해석으로 종합하기 위해"[63] 없어서는 안 되는 요소이다. 스토리는 순간적이고 서로 무관한 일상의 인상들 사이에 맥락을 만들어내서 의미와 방향을 갖도록 도와준다. 그 밖에도 스토리를 통해서 사회적 가치가 전달되고 소속감이 생겨난다.

물론 부정적인 측면도 있다. 개인적 스토리는 세상에 대한 시각을 지나치게 제약할 수 있으며, 무의식중에 파괴적인 방식으로 행동에 영향을 미칠 수 있다. 가령 자신은 언제나 운이 나쁘며 애당초 성공과는 거리가 먼 사람이라는 생각이 개인적 스토리를 이루고 있는 경우, 이 같은 시각은 자기실현적 예언으로 작용할 수 있다. 페리의 생각은 물론 확고하다. "스토리의 멋진 점은 그것이 언제나 유연하다는 것이다. (…) 우리가 과거에 살았던 시나리오가 더 이상 통하지 않는다면 우리는 그것을 이제 시나리오로 인정해서는 안 된다."[64] 사람들이 말하는 스토리는 언제든 바뀔 수 있으며, 온전한 정신을 유지하려면 반드시 그래야만 할 때도 있다. 그러나 "유의미하고 진실처럼 느껴지는 일관성 있는 자기 스토리를 만들어내는 일은 인생의 어느 시기에든 정말 쉬운 일이 아니다".[65]

보이티우스가 지금 인생의 새로운 시기로 넘어가는 문턱에 있다고 말하는 것은 그의 처지에 비추어 턱없이 부족한 표현일 것이다. 그는 이제껏 살아온 환경에서, 그리고 그의 개인적 스토리로부터 느닷없이 모질게 뜯겨져 나온 상태였다. 그는 완전한 추락을 겪으며 생각지도 못한 도전에 직면하게 된다. 이런 상황에서 정신적·심리적 붕괴로부터 자신을 지켜야 하는 도전 말이다. 그는 극단적인 무질서 안에서 새로운 질서를, 부당함의 경험 안에서 새로운 의미를 찾아내야 한다. 이제껏 그의 정체성을 규정해주던 관계나 역할 같은 것들과 단절된 채로 보이티우스는 자기 자신을 잃어버리지 않기 위해 노력해야 한다. 페리의 표현을 빌자면, 자기돌봄의 차원에서 새로운 스토리가 절실히 필요하다!

실제로 보이티우스는 『철학의 위안』을 써나가면서 달라진 삶의 스토리를 만들어낸다. 다시 말해서 자신의 운명을 바라보는 새로운 필터를 얻은 것이다. 예를 들어 악인에게 주어지는 (것처럼 보이는) 행복은 의인화된 철학과의 (내적인) 대화를 통해 전혀 다른 시각에서 조명된다. 이때 철학은 보이티우스에게 또 다른 해석과 시각을 위한 원천으로서 작용한다. 절망에 빠진 보이티우스에게 철학적 교양은 비할 바 없이 큰 가치를 지닌 내적 자원인 것이다. 빌헬름 슈미트가 이미 말했듯이 "삶의 위기 상황에서 최종적인 (것으로 보이는) 진리에 매몰되지 않고 대상을 다른 시각에서 바라보고, 다른 길로 나아가고, 편협한 삶과 사고에서 다시 빠져나올 수 있기 위해서는 적절한 때에 획득한 해석 가능성을 활용할 줄 아는 능력이 대단히 중요하다".[66]

물론 자신의 스토리를 바꾸는 것은 그리 간단한 일이 아니다. 이는 보이티우스처럼 풍부한 철학적 스토리를 보유하고 있는 경우에도 마찬가지다. 필요할 때 선택 가능한 적절한 해석을 찾아내서 그것을 자기 해석으로 천명하는 것만으로는 충분치 않다. 이를 통해 개인적 스토리를 작성하고 자기 것으로 만들어야 한다. 이때 무엇보다도 중요한 것은 그 스토리가 자신을 납득시킬 수 있어야 한다는 점이다. 철학자 보이티우스에게 그것은 바뀐 스토리가 세심한 논증을 통해 시험을 통과해야 한다는 뜻이다. 보이티우스와 철학 사이에 그토록 많은 비판적 질문과 반박이 오간 것은 그 때문이다. 새로운 스토리를 얻어내기 위한 싸움은 철학적 성찰과 논증을 통해서 이루어진다. 극도로 혼란스럽고 불안한 상황에서 보이티우스에게 주어진 구원은 사색과 자기 이성에 대한 믿음뿐이다. 이를 통해 그는 그동안 경험한 최악의 무의미 안에서 방향을 찾아나간다. 이성이 이끄는 성찰은 그에게 자기돌봄의 마지막 보루이다.

보이티우스의 자가치료Self Therapy는 새로운 관점을 찾아내서 자기 것으로 만드는 데 있다고 말할 수 있다. 세상에 대한 지금까지의 시각은 더 이상 통하지 않는 것으로 드러난다. 과거의 삶 안에 있을 때 보이티우스는 예를 들면 행복이 직위, 위신, 부, 명망 같은 외적인 요소에 달려 있다는 생각을 품고 있었다. 이런 시각에서 그는 자기 자신을 대단히 운이 좋은 사람으로 여겼으며, 궁극적으로 성실과 정직이 이득이 된다고 (적어도 처벌받지는 않는다고) 믿었다. 하지만 반역죄로 고발당해 체포된 사건은 이와 같은 스토리로부터 그를 무지막지하게 끌어내어 밖으로 내던진다. 갑자기 그가 예전에 품었던 모든 확신이 순진한 환상으로 드러난다. 덕은 처벌받고, 악인은 무슨 짓이든 마음대로 할 수 있으며, 행복은 변덕스럽고 덧없는 것으로 밝혀진다.

인간적 삶과 행위의 우연성과 공허함에 대한 경험은 충격적이다. 보이티우스는 바닥에 내동댕이쳐져 유린당한 기분이다. 하지만 그는 곰곰이 생각에 잠긴다. 행복과 정의를 이제까지와 다른 방식으로 생각하는 것도 가능하지 않을까? 그러면 자신의 운명도 새로운 시각에서 조명해볼 수 있지 않을까? 그리하여 그는 또 다른 시각을 시험해보기로 한다. 그는 새로운 시각이 자신에게 맞는 것인지, 자신을 납득시킬 수 있는지 검토한다. 참된 행복은 지금까지 생각했던 것과 전혀 다른 속성을 지닌 것일 수도 있다. 보이티우스는 그의 철학 지식을 동원해 이 주제를 고찰하고 비판적으로 검토한다. 악행에 대한 처벌과 선행에 대한 보상은 어떤 상태에 있는가? 플라톤은 이에 대해 뭐라고 말했는가? 보이티우스는 거듭해서 새로운 해석을 시험해본다. 그리고 확신이 서자—체계적인 방식으로—철학적 논증을 자기 것으로 내면화하기 시작한다. 이런 방식으로 그는 달라진 개인적 스토리를 점차 완성해나간다. 그리고 바뀐 개인적 스토리는 그로 하여금 극한의 상황 속에서도 제정신을 유지하게 해준다.

보이티우스가 체포된 뒤 겪어야 했던 익숙한 삶의 극적인 종말은 다행히도 예외적인 경우에 속한다. 하지만 그보다 훨씬 미미한 변화로도 우리의 자기이해와 세계에 대한 시각은 송두리째 뒤흔들릴 수 있다. 예를 들어 오로지 성적을 통해 자신을 규정하고, 삶을 일차적인 경쟁으로서 이해하는 사람에게 시험 탈락은 삶의 궤도에서의 이탈을 의미한다. 개인적 스토리가 이렇게 뒤흔들리는 경험은 대단히 고통스러우며 혼란스러울 수밖에 없다. 그것은 우리 삶의 의미와 방향에 위협을 가하고 정신적 안정에 커다란 시련을 안긴다. 실제로 자신의 고유한 인생 스토리가 깨진 사람은 깊은 절망에 빠지는 경우가 많다. 그처럼 방향을 상실한 상황에서는 새로운 관점과 새로운 스토리를 만들어내는 것이 큰 도움이 된다. "우리가 경로를 이탈해 마비되거나 혼란에 빠져들 때 우리를 다시 새롭게 바로잡으려면",[67] 우리는 우리 자신의 스토리를 수정해야 하고 또 수정할 수 있다. 보이티우스의 예에서 보듯이 철학은 이때 중요한 도움을 줄 수 있으며, 철학의 도움은 또한 아주 특별한 종류의 위안을 제공한다.

"철학의 위안은 그것이 제공하는 해법이 아니라 자기 이성에 대한 성찰에서 찾을 수 있다. 그것은 우리 자신의 깨어 있는 정신이 주는 위안이다."[68]

대략 480년	보이티우스가 (추정컨대) 로마에서 태어난다. 그는 로마의 명망 있는 가문 출신이다.
487년	보이티우스의 부친 만리우스가 집정관이 된다. 어린 보이티우스가 장차 장인이 될 퀸투스 아우렐리우스 심마쿠스의 집으로 들어간 것으로 미루어 부친 만리우스는 집정관이 되고 얼마 지나지 않아 사망한 것으로 추측된다.
493~526년	테오도리쿠스 대왕이 이탈리아의 동고트 왕국을 다스린다.
510년	보이티우스는 로마의 집정관으로 임명된다. 보이티우스는 심마쿠스의 딸 루스티키아나와 결혼해 슬하에 두 아들을 둔다.
522년	테오도리쿠스 대왕은 보이티우스를 최고행정관으로 임명한다. 이로써 보이티우스는 그가 누린 정치 권력의 정점에 서게 된다.
대략 524년	보이티우스는 반역죄로 고발되어 체포된다. 그는 사형선고를 받는다. 사형은 (추정컨대) 파비아에서 검으로 집행된다. 그의 무덤은 파비아의 산피에트로 인 치엘도로 성당에 있다.

심한 스트레스 반응이란 그 성질과 정도가 일반적 생활 경험에 따른 기대치를 현저히 넘어서는 스트레스 사건에 대한 개인의 반응을 뜻한다. 이런 경우 통상적으로 감정 및 정신 생활(정서 상태), 성취 능력, 대인관계 등이 침해된다. 적응장애는 불안, 우울, 좌절, 흥분, 수면장애 등 여러 가지 신체적 정신적 증상을 포함한다. 정신병원 입원 환자의 5~20%는 적응장애를 겪는다.

출처 : www.aok.de (AOK : 독일 지역의료보험조합)

나쁜 습관과
이별하고 싶을 때

1985년에 영국의 한 회계사는 니코틴 중독으로 고생하는 사람들의 금연을 돕기 위해 책을 한 권 썼다. 이 책은 곧 세계적인 베스트셀러가 되었으며, 지금도 조언서의 고전으로 손꼽히고 있다. 앨런 카 Allen Carr의 『스탑 스모킹 Easy Way to Stop Smoking』이 바로 그 책이다. 카는 여러 해 동안 줄담배를 피웠던 까닭에 흡연이 주는 즐거움과 고통을 누구 못지않게 잘 알았다. 몸소 겪었던 아픈 경험은 그에게 무엇보다도 다음과 같은 사실을 분명히 알려주었다. 담배를 "그냥 간단히" 끊겠다는 시도는 몹시 고통스럽고, 대부분의 경우 극히 짧은 시간의 모험으로 끝이 난다는 것이다. 카는 그와 같은 실패를 수없이 겪고 난 뒤 단순히 담배를 멀리하는 것만으로는 중독에서 실질적으로 그리고 항구적으로 벗어나기 힘들다는 사실을 깨달았다. '신체적' 예속은 전체 과정에서 별로 중요한 역할을 하지 않는다. 결정적인 요소는 정신의 상태다. 그래서 카는 자가 실험을 통해 담배를 영원히 끊을 수 있는 새롭고 '손쉬운' 방법을 개발했다. 핵심적인 아이디어는 '긍정적 세뇌'였다. 목표는 비단 흡연만이 아니라 흡연이 주는 즐거움 자체를 극복하고 비흡연의 즐거움을 느끼게 하려는 것이었다. 이것이 성공해 긍정적 세뇌가 결실을 얻으면 금연은 변화된 정신 상태에 필연적으로 뒤따르는 소득이 될 것이다. 흡연에 즐거움을 느끼지 않는 사람은 당연히 담배를 피우지 않을 것이기 때문이다.

카가 『스탑 스모킹』의 금연법을 발전시킬 때 같은 나라 출신의 철학자 존 로크의 생각을 참조하지 않았다는 것은 분명해 보인다. 그렇기 때문에 카가 직관적으로 중독 치료를 위한 열쇠로서 인식한 내용이 이미 300년 전에 로크에 의해 철학적으로 탐구되었다는 사실은 더욱 흥미롭다. 로크에 따르면 나쁘고 해로운 습관을 지속적으로 그리고 성공적으로 끊어내기 위해서는 우리의 욕구를 변화시킬 필요가 있으며, 이러한 변화는 충분히 가능하다.

*　　*　　*

영국의 철학자 존 로크 John Locke 는 매사를 은밀하게 처리하려고 하는 비밀주의 성향이 있었다고 한다. 그는 절친한 친구들조차 쉽게 믿지 않고 극도로 조심스럽게 행동했다. 그의 전기를 들여다보면 이와 같은 조심성이 적어도 특정한 시기에는 충분히 타당했음을 확인할 수 있다.

영국은 17세기 중반에 정치적 권력 이동과 종교 갈등으로 인한 혼란을 겪고 있었다. 두 차례의 내전을 치른 뒤 영국은 1649년에 왕정 체제와 영국 국교회가 폐지되고 공화국이 되었다. 그러나 상황은 11년 만에 다시 바뀌어 왕정복고가 시작되었다. 로크는 시대의 정치적 혼란에서 물러나 있었다. 적어도 앤서니 애슐리 쿠퍼 Anthony Ashley Cooper 남작—훗날의 섀프츠베리 Shaftesbury 백작—과 만나는 1666년까지는 그랬다. 섀프츠베리는 정치적 사안에 반가톨릭적 태도를 분명히 했는데 그 때문에 1681년에 반역죄로 고발당했다. 이에 섀프츠베리는 네덜란드로 망명했고, 섀프츠베리의 신임을 받고 있던 로크도 위험을 느껴 그와 함께 네덜란드로 갔다. 1689년, 신교도인 오렌지 공 윌리엄 3세가 영국의 왕위에 오르자 로크는 런던으로 돌아올 수 있었다.

시대의 정치적·종교적 위기에 대한 인상은 철학자 로크로 하여금 인식론(지식의 기원, 토대, 한계에 관한 물음)과 정치철학 두 분야에 각별한 관심을 갖게 했다. 로크의 사유는 이 두 분야에서 중요한 성과를 거두었다. 그의 인식론적 저술 『인간지성론An Essay Concerning Human Understanding』은 경험철학의 핵심적 작품이며, 정치학자로서 로크는 미국 독립선언과 프랑스혁명에 결정적인 영감을 준 인물로 손꼽힌다. 사상가로서의 이와 같은 업적에 비해 철학에서 가장 중요하고 근본적인 물음 중 하나인 자유의지 문제에 대한 로크의 학문적 기여는 상대적으로 주목을 덜 받아왔다. 하지만 최근 들어 이 부분에 대한 관심이 로크 연구의 중심으로 떠오르고 있다. 인간에게 과연 자유의지가 주어졌는가 하는 물음에 관한 로크의 대답은 이 책 전체의 주제와 관련해서도 특별한 의미를 갖는다. 왜냐하면 자유의 문제를 사유하는 과정에서 로크는 행복을 향한 이성적 노력에 맞춰 자신의 본래 성향을 변형시키는 방법을 발전시키고 있기 때문이다. 우리 자신의 소망과 의지가 우리를 불행하게 만든다면 우리의 취향에 문제가 있다는 것이 로크의 진단이다. 그러므로 치료는 취향을 교정하는 방향으로 이루어져야 한다.

로크의 '치료적' 사유는 자유에 관한 물음과 연결된다. 그리고 그는 이 물음에 이렇게 답한다. "자유의 이념은 행위하는 존재가 가진 힘의 이념이다. 그것은 정신의 사고 혹은 결정에 따라 어떠한 행위를 실행하거나 포기하는 힘이다."[1] 이에 따르면 우리는 행하고자 하는 바를 행하거나 행하지 않을 힘이 우리 자신에게 있을 때 자유롭다. 나에게 내 방에 앉아서 책을 읽고자 하는 소망이 있다면, 나는 그것을 행할 수 있을 뿐만 아니라 동시에 다르게 행할 가능성도 가질 때 비로소 자유롭다. 누가 나를 내 방에 가둬둔다면 그 순간 나는 자유를 빼앗긴다. 이는 방 안에 있는 게 내 소망이었다 하더라도 마찬가지다. 여기서 로크가 말하는 자유는 '행위의 자유'라고 말할 수 있다. 자유는—특정한 소망이 있을 경우—세계의 상태에 종속된다. 즉, 외적 조건이 내가 원하는 행위를 실행하거나 포기할 수 있도록 주어져 있다면 나는 자유로우며, 그렇지 않은 경우 나는 자유롭지 않다.

무엇이 의지를 결정하는가

이와 같은 행위에는 중요한 물음이 따른다. "행위와 관련해서 우리의 의지를 결정하는 것은 무엇인가?"[2] 무엇을 원한다는 것은 하나의 행위가능성을 다른 것들보다 선호한다는 의미라고 로크는 말한다. 그렇다면 내가 머릿속에 떠오른 하나의 가능한 행위를 다른 행위보다 선호하거나 그 행위를 실행하는 것을 포기하는 것보다 선호할 때, 즉 하나의 행위 옵션이 다른 행위 옵션보다 더 마음에 들 때, 결정적으로 나를 그렇게 만드는 요인은 무엇일까? 이 물음과 관련해 로크가 『인간지성론』 초판에서 표명한 견해는 나중에 나온—필자가 이 책을 집필할 때 사용한—판본의 견해와 다르다. 처음에 로크는 우리의 의지를 결정하는 것이 최대선(善)에 대한 생각이라고 여겼다. 하지만 이 이론은 수정되었다. "거듭 숙고한 끝에 나는 그것이 우리가 흔히 생각하듯이 더 큰 선에 대한 기대가 아니라, 당장에 느끼는 (대부분 마음을 몹시 짓누르는) 불쾌감일 거라는 가정으로 생각이 기울고 있다."[3]

그에 따르면 우리로 하여금 특정한 행위를 다른 행위보다 선호하게 만드는 것은 우리가 경험하는 불만, 즉 로크의 표현에 따르자면 '불쾌감Uneasiness'이다. 이 불쾌감은 또한 특정 대상의 결핍을 통해 촉발된 '욕구'이기도 하다. 불쾌감과 욕구는 서로를 가리킨다. "욕구가 있는 곳에는 똑같은 만큼의 불쾌감이 존재한다."[4] 욕구는 우리의 의지를 특정한 방향으로 몰아간다. 그럼으로써 우리로 하여금 특정한 행위가능성을 다른 것보다 선호하게 만들어, 결국—우리에게 그 순간 자유가 주어져 있다면—의지적 행위를 하게 만든다. 예를 들어 시원한 음료에 대한 욕구는 갈증 때문에 느끼는 불쾌감에 다름 아니지만, 이 욕구가 내 의지를 결정하면 나는 물을 마시는 행위가능성을 다른 행위가능성보다 선호하게 되고, 결국에는 그렇게 선호된 행위를 실행에도 옮기게 된다는 것이다.

로크가 좀 더 세심한 사유를 거쳐 확인한 것처럼, 우리의 의지를 결정하는 것이 단지 최대의 '선'에 대한 단순한 사고가 아니라 견딜 수 없는 '불쾌감'의 경험이라는 사실은 또 다른 중요한 결과를 초래한다. "선, 더 큰 선은 비록 우리가 그것을 올바르게 파악하고 인식했다 하더라도, 욕구가 그 결핍으로 인해 우리 내부에 불쾌감을 발생시키기 전까지는 아직 우리의 의지를 결정하지 못한다."[5] 우리 의지가 현실에서 종종 이성적 사고와 상반된 태도를 취할 수 있는 것은 바로 그 때문이다.

예를 들어 우리는 건강이 가치 있고 중요하다는 사실을 전적으로 인정할 수 있지만, 그럼에도 불구하고 자신을 이 명백한 선으로부터 멀어지게 만드는 행위를 반복해서 선호하고 또 실행에 옮긴다. 담배에 대한 욕구와 같은 불쾌감이 우리 내부에 느껴지면 건강이라는 더 큰 선에 대한 이성적 통찰은 너무 쉽게 뒤로 물러나고, 현재의 불쾌감이 우리로 하여금 흡연이라는 건강에 해로운 행위를 하도록 결정한다. 그러면 우리는 "백해무익한 것에 대한 우리의 욕구에서 생겨난 불쾌감을 만족시키기 위해"[6] 누구나 다 인정하는 더 큰 선을 내팽개치게 된다. 우리는 그렇게 멀어진 선이 여전히 소중하고 추구할 가치가 있다고 단언할 수 있겠지만, 현재의 불쾌감이 파고드는 순간 대개는 그 불쾌감의 제거를 우선시하게 된다.

모든 인간은 행복을 욕구한다

로크에 따르면 우리의 의지를 결정하고 우리로 하여금 특정한 행위가능성을 다른 것보다 선호하게 만드는 것은 무언가의 결핍, 혹은 결핍된 무언가에 대한 욕구로 인해 현재 경험하는 불쾌감이다. 하지만 로크는 여기서 한 걸음 더 나아가고자 한다. "더 나아가서 무엇이 욕구를 불러일으키는지 묻는다면 나는 행복이라고, 오직 그것뿐이라고 대답하겠다."[7] 특정한 사물 혹은 상태를 욕구할 때 우리가 목표하는 바는 결국 행복, 즉 "우리가 얻을 수 있는 최대의 기쁨"[8]이다. 그러므로 우리 안에 기쁨을 불러일으키는 것, 즉 우리를 행복하게 만드는 것을 우리는 '선'이라고 부를 수 있다. 비록 그것이 가능한 최대의 기쁨이 아니라, 그와 같은 완벽한―미처 다 헤아릴 수 없는―행복에는 한 걸음 못 미치는 차등한 것일지라도 말이다.

이는 물론 지극히 '일반적인' 판단이다. '개인적으로' 나는 항상 오로지 '나'의 행복을 위해 필수적 요소로 여겨지는 것만을 욕구할 뿐이다. 그렇기 때문에 모든 사람이 동일한 대상을 욕구하지 않는 것이다. "어떤 사람은 감각적 즐거움에서 만족을 발견하고 다른 사람은 학문에서 기쁨을 발견한다고, 가정할 때, 비록 두 사람은 각각 다른 사람이 추구하는 바가 큰 기쁨을 준다는 점을 인정할 수밖에 없겠지만 그렇다고 그들 자신의 욕망이 자극받지는 않는다. 왜냐하면 두 사람 중 누구도 그것을 '자신'의 행복을 위한 요소로 삼지 않기 때문이다. 그러므로 의지는 그것을 추구하는 방향으로 결정되지 않는다."[9] 사람들은 서로 다른 길을 통해 동일한 목표에 도달하고자 노력한다. 로크는 비록 모두가 행복을 추구하지만 "모두 동일한 대상에서 행복을 찾거나 동일한 길을 통해 그리로 나아가는 것은 아니라고"[10] 말한다.

그러나 로크가 믿었던 것처럼 모든 사람이 행복을 추구한다면, 그리고 그와 같은 추구가 그들의 의지와 행위를 이끈다면, 많은 사람들이 "그들 스스로 고백하듯이"[11] 그들에게 해를 입히고 결국에는 불행하게 만드는 행위가능성을 선호하는 일이 어떻게 가능한가? 로크는 이 물음을 매우 진지하게 받아들이지만, 그렇다고 해서 모든 인간이 행복을 욕구하고, 그래서 '의도적으로' 자신을 불행에 빠뜨리지 않는다는 주장을 굽히지는 않는다. 사람들이 그들 자신의 불행을 위해 일하게 된다면 거기에는 무언가 오류가 있다는 것이다. "누가 자기 삶의 주된 목적인 행복을 놓친다면 그는 무언가를 잘못 판단했음을 인정해야 한다."[12] 로크의 이 말은 구체적으로 어떻게 설명되어야 할까?

현재의 고통이나 기쁨에 어떤 착각이 있을 수는 없다. 우리가 지금 이 순간 느끼는 기쁨과 고통은 실제로 우리에게 나타난 그대로의 것이다. 그러므로 지금 당장 느끼는 쾌 혹은 불쾌의 감정에 매겨진 순위나 우열에 어떤 오류가 있을 수는 없다. 우리가 현재 경험하는 두 가지의 기쁨 가운데 하나가 다른 하나보다 더 크게 느껴진다면 그것은 실제로 더 큰 기쁨이다. 그래서 우리가 그것을 더 작은 기쁨보다 선호한다면 행복을 추구하는 자로서 우리는 조금도 무언가를 잘못한 것일 수 없다. 적어도 지금 당장은 그렇다. 내가 후식으로 초콜릿푸딩을 사과보다 더 즐겨 먹는다면, 푸딩을 선택한 것이 그 순간 내 행복에 더 유익하다는 데 의심이 있을 수 없다. 그에 반해 현재의 기쁨과 고통을 미래의 그것들과 비교하게 될 때 우리는 종종 잘못된 판단을 한다. 이는 "우리가 그것들을 평가하는 거리가 서로 다르기"[13] 때문이다. 바로 눈앞에 있는 대상보다 멀리 떨어진 대상을 판단하는 것이 더 어려운 것처럼, 현재보다 미래를 올바르게 평가하는 것이 우리에게는 훨씬 더 어렵다. "바로 눈앞에 있는 대상을 우리는 쉽게 멀리 떨어진 대상보다 더 크다고 여긴다. 기쁨과 고통의 경우도 이와 마찬가지다."[14] 현재의 기쁨이나 괴로움과 멀리 떨어진 기쁨이나 괴로움을 비교할 때 멀리 떨어진 것이 확실히 더 나쁘게 느껴지는 경향이 있다. 이것이 개인적 행복을 추구할 때 우리가 심각한 판단 착오를 일으키는 이유다. "그러므로 대부분의 사람들은 마치 흥청망청 낭비하는 상속자처럼 현재 손안에 있는 작은 것을 미래의 큰 것보다 더 낫다고 여긴다."[15]

이와 같은 착각은 당연히 언젠가 응분의 대가를 치르게 된다. 늦든 빠르든 미래는 현재가 되며, 그러면 대상은 자신의 참된 크기를 드러낼 것이기 때문이다. 예를 들면 친구들과 흥겹게 술을 마시며 머릿속에서 지워버리거나 최소한 좀 더 가볍게 생각했던 숙취가 다음 날 필연적으로 찾아올 때가 그렇다. "술잔을 비우는 순간 벌써 음주의 즐거움이 다음 날 혹은 단 몇 시간 뒤에 있을 속쓰림과 두통을 동반한다면 이런 조건하에서는 아마 누구든—술이 아무리 좋아도—단 한 방울의 와인도 입으로 가져가지 않을 것이다. 하지만 사람들은 이 작은 시간 차이에 속아 나쁜 결정을 내리고 날마다 술을 목구멍으로 쏟아붓는다."[16] 다시 말하면 이것은 기쁨과 고통을 비교할 때 우리의 판단력을 흐리게 하고, 현재의 기쁨으로 인해 미래의 고통을 까맣게 잊게 만드는 '시간 지연'이다. 우리 자신의 의지가 장기적으로 우리를 불행하게 만드는 일은 바로 이렇게 하여 생겨난다. 이때 우리의 의지는 전적으로 행복을 지향하고 있지만, 그것은 고통스러운 후유증을 동반하는 일시적인 행복일 뿐이다.

그러나 로크의 예가 보여주는 것처럼 몇 시간의 시간 지연이 미래의 기쁨과 괴로움을 그처럼 잘못 판단하게 만들 수 있다면 몇 달, 몇

년의 시공간이 만들어내는 오류의 위험은 도대체 얼마나 클 것인가? 당장 다음 날 아침에 찾아올 숙취에 대한 생각도 과도한 음주를 줄여 주지 못하는 마당에 장기적으로 예상되는 간 손상에 대한 전망은 아무런 역할을 하지 못할 것이다. 당사자가 "대상에 가까이 다가가, 지금 당장의 문제로 여기며 그 심각성을 올바르게 인식하지 못하는 한"[17]은 말이다.

로크는 바로 이처럼 시간적으로 멀리 떨어진 경험에 상상력을 통해 가까이 다가가고 관찰하는 것이 장기적 시각에서 우리를 불행하게 만드는 행동방식을 변화시키는 열쇠라고 보았다. 우리는 지금 당장의 우리 의지가 초래할 결과를 객관적으로 냉정하게 숙고해야 할 뿐만 아니라, 그러한 결과를 상상력의 도움을 빌어 직접 눈앞으로 이끌어낼 필요도 있다. 이런 방식으로 우리는 우리 자신에게 예상되는 쾌 혹은 불쾌를 미리 맛볼 수 있고, 또 그럼으로써 현재와 미래의 기쁨이나 고통을 현실적으로 비교할 수 있다. 그러면 현재의 것은 더 이상 우리에게 더 크고 더 중요한 것이라는 인상을 강요하지 못한다. 로크는 지금 당장 경험하는 욕구 때문에 "미래의 것을 우리의 사고 안에서 축소시키고 우리를 맹목적인 기쁨으로 내모는"[18] 충동에 저항해야 한다고 말한다. 그렇게 할 수 있을 때 우리는 이따금씩 "행복을 위해 (우리 자신을) 스스로 불행하게 만들기도 한다"[19]는 사실도 받아들일 수 있다.

로크는 우리 인간에게 자신의 행위가 초래할 결과를 심사숙고하고 성급한 결정을 피할 능력이 있다고 믿는다. "무엇이 자신에게 유익하거나 해로운지, 무엇이 자신을 행복하거나 불행하게 만드는지를 아는 사람이 그럼에도 불구하고 이쪽이나 저쪽으로 방향을 정해 나아갈 능력이 없다면 그 사람의 앎은 그 자신에게 도대체 무슨 소용이 있겠는가?"[20] 우리에게 자신의 통찰을 행동으로 옮길 자유가 주어지지 않았다면 신(혹은 자연)이 우리에게 대체 무엇 때문에 이성을 사용하는 능력과 자신에게 가장 좋은 것을 인식하는 능력을 부여했겠느냐고 로크는 반문한다.

미각의 교정

자유의 문제를 고찰하면서 우선 로크는 하고 싶은 행위를 실행하거나 포기할 수 있을 때 자유가 있다는 결론을 내렸다. 이 같은 입장에는 그렇다면 그런 자유로운 행위의 토대가 되는 의지는 무엇이 결정하느냐는 물음이 제기될 수 있다.

우리는 자신이 하고 싶은 것, 즉 늘 우리 마음에 드는 것을 원할 수 있는가? 로크의 논증에 따르면 우리는 그렇게 할 수 없다. 우리의 의지를 결정하는 것은 오히려 욕구, 즉 우리의 행복에 무언가가 결핍되었을 때 경험하는 불쾌감이다. 이 대목에서는 더 이상 자유를 말하기 힘들어 보인다. 우리 내부에 욕구와 불쾌감을 불러일으키고, 그럼으로써 결국 우리의 의지와 행위를 좌우하는 것이 우리의 영향권 안에 있지 않은 것처럼 보이기 때문이다. 욕구가 의지를 결정한다면 의지가 제 편에서 욕구를 결정할 수는 없는 노릇이다. 바로 이 점이 많은 경우 불행의 근원이다. 말하자면 우리는 우리의 욕구와 성향이 다른 궤도에서 움직이기를 원한다는 것이다.

가령, 우리는 흡연이 우리에게 아무런 자극도 행사하지 않기를 원한다. 우리는 우리가 언제나 반복해서 자신과 맞지 않는 상대와 사랑에 빠지는 짓을 하지 않기를 원한다. 우리는 우리가 스포츠 활동에 더욱 큰 열의를 갖기를 원한다. 우리는 우리가 직장에서 더 큰 야망을 품을 수 있기를 원한다. 그렇다면 우리는 자신의 욕구를 바꿀 수 있을까? 우리 내부에서 쾌 혹은 불쾌를 발생시키는 것에 어떤 식으로든 영향을 미칠 수 있을까? 무언가가 우리 마음에 더 들거나 더 안 들게 만들 수 있을까? 로크는 이것이 실제로 가능하며, 적어도 대부분의 경우에는 그렇다고 확신한다. "사람은 자신의 미각을 교정할 수 있으며 마땅히 그래야 한다."[21] 우리가 이성적 견지에서 우리 자신에게 나쁘거나 해로운 대상을 그럼에도 불구하고 욕구한다면 그것은 우리의 미각, 즉 취향이 손상되었다는 뜻이다. 다시 말해서 우리는 행위를 하는 데 나쁜 취향을 가진 것이다. 우리의 취향이 어쩌다 그렇게 손상되었는지, 교육 탓인지, 습관 탓인지, 유행 탓인지, 나쁜 모범 탓인지는 근본적으로 문제가 되지 않는다. 중요한 점은 이런 상황이 충분히 개선 가능하다는 사실이다!

미각을 교정할 수 있다는 로크의 말은 피상적인 태도 변경, 즉 특정한 행동방식에서 탈피하거나 그것에 자신을 맞추는 것을 의미하지 않는다. 물론 그와 같은 태도 변경도 가능하다. 그러나 살을 빼기 위해서 좋아하는 음식을 포기하려고 노력해본 적이 있는 사람은, 그와 같은 자기절제를 통해서 욕구를 가두어둘 수는 있겠지만 '변경'시킬 수는 없다는 사실을 잘 안다. 로크가 염두에 두었던 것은 그런 식의 변경이 아니라 이성의 도움으로 자기 욕구를 '변형'시키는 것이다. 여기서 말하는 교정은 익숙한 태도의 변경보다 더 깊이 들어간다. 그것은 인간의 '경험'을 바꾸는 일이다. "누가 있는 힘을 다해 모든 노력을 다 기울이더라도 어떤 행위에 대한 비호감이나 무관심을 호감이나 흥미로움으로 바꿀 수는 없다는 생각은 착각이다."[22]

내가 이성적 숙고를 통해, 가령 의사의 조언을 바탕으로 나의 건강하지 못한 습관을 포기하기로 결심하는 경우를 생각해보자. 나는 다이어트 계획을 짜고, 하루도 빠짐없이 운동을 하도록 자신을 압박하고, 음주를 단호하게 줄인다. 물론 좋은 일이다. 하지만 내가 이전 습관이나 새 습관을 통해 경험하는 쾌 또는 불쾌는 그럼에도 불구하고 여전히 바뀌지 않은 채로 남아 있는 듯이 보인다. 나는 전과 마찬가지로 조깅하는 것보다 소파에 앉아 있는 것을 더 좋아하고, 전과 마찬가지로 패스트푸드의 포기를 인생의 낙이 줄어드는 것으로 느낀다. 그럼에도 불구하고 내가 그렇게 행동하는 이유는 순전히 이성적인 고려 때문이지 그것이 내게 즐거움을 주기 때문은 아니라고 여겨진다. 하지만 로크는 이것이 너무 성급한 생각이라고 말한다. 로크의 견해에 따르면 우리는 특정한 대상에 대해 우리가 느끼는 쾌와 불쾌의 경험을 아주 잘 바꿀 수 있다.

그렇다면 로크의 생각처럼 비호감과 무관심이 호감으로 바뀌는 것은 어떻게 가능할까? "이것은 경우에 따라 올바른 숙고를 통해 도달할 수도 있고 훈련, 노력, 적응 등을 통해서도 가능하다."[23]

자유의 본래 원천

로크식 '치료'의 출발점은 소망 추구의 보류, 자기 욕구에 대한 객관적 관찰, 현재와 미래의 쾌 또는 불쾌에 대한 이성적 숙고이다. 우리는 먼저 마음을 한 걸음 뒤로 물러나게 해야 한다. 우리 자신의 의지와 행위에 대해 비판적 거리를 취하기 위해서다. 우리 자신의 소망, 욕구, 성향 등과 거리를 두는 능력이야말로 자유의 본래 원천이라고 로크는 말한다.

우리의 소망과 성향은 직접적으로 그리고 자동적으로 상응하는 행위로 이어지는 것이 아니다. 우리에게는 유보의 가능성이 있다. 우리의 소망과 성향을 검토하고 경우에 따라 거부할 가능성이다. 이러한 가능성을 우리는 "누구나 날마다 스스로에게 확인할 수 있다".[24] 실제로 자기 욕구의 차단이나 행동에 앞선 이성적 숙고는 비록 분명하게 의식하지는 못하더라도 우리가 일상적으로 체험하는 일이다. 다음의 진술들이 함축하고 있는 의미야말로 로크가 기술한 "이성 능력을 지닌 존재가 행하는 자유의 핵심"[25]이라고 하겠다.

"나는 원래 케이크를 한 조각 주문하고 싶었지만 그냥 커피만 한 잔 시켰다."

"나는 당장 도망쳐버리고 싶은 마음이 굴뚝같았지만 억지로 남아서 부상자를 도와주었다."

"그에게 따귀를 한 대 올려붙이고 싶었지만 참았다."

"너무 화가 나서 폭발할 지경이었지만 그래봤자 더 나빠질 뿐이라는 생각이 들었다."

이처럼 우리는 속에서 느껴지는 어떤 충동을 이성적 숙고를 통해 억누르거나 옆으로 밀쳐둘 때가 얼마나 많은지 모른다. 처음 자극에 매번 자동으로 반응하지 않고 이성의 지시에 따라 적절히 자제할 줄 알기 때문이다. 우리에게 그와 같은 능력이 있다는 사실을 로크는 우리의 자유에 대한 타당하고도 인상적인 증거로 여긴다.

우리 인간은 현재 품고 있는 소망을 '필연적으로' 행동에 옮기지는 않는다. 소망에는 반드시 그에 상응하는 행위가 따라야 한다는 어떤 자연법칙 같은 것은 없다. 로크가 강조한 것처럼 우리 인간은 자신의 욕구에도 불구하고 끊임없이 스스로에게 이성적 근거를 요구하고, 숙고를 통해 자기 결정을 바꿀 능력이 있다. 로크에 따르면 우리가 '자유 의지'라는 잘못된 이름으로 부르고 있는 것은 다름 아니라 소망의 추구를 포기함으로써 그 소망을 스스로 평가하는 힘이다. 그것은 아직 결정되지 않았기 때문에 모든 임의의 대상을 향해 열려 있다는 의미에서 자유로운 우리의 '의지'가 아니다. 그것은 자신의 충동으로부터 스스로 거리를 두는 자유를 행하는 '우리' 자신이다.

우리는 우리 내부에서 어떤 충동 또는 소망과 마주칠 것인지를 직접 선택할 수 없다. 하지만 그 소망을 특정한 상황에서 실행에 옮길지 말지는 우리가 충분히 선택할 수 있다. "경험에 비추어 볼 때 정신은 어떤 소망을 실현하는 데 대부분의 경우 '유보'를 행할 힘을 소유하며, 이는 다른 모든 소망들의 경우에도 마찬가지다. 그렇기 때문에 정신은 또한 소망의 대상을 관찰하고 모든 면에서 그것을 시험하고 다른 것들과 비교 검토할 자유도 갖는다."[26] 우리는 타인을 판단력과 책임 능력이 있는 사람이라고 여길 때 실제로 이와 같은 자유를 항상 암묵적으로 전제한다. 이때 그 사람이 매번 자신의 자유를 사용하는지 여부는 중요하지 않다. 하지만 그럼에도 불구하고 건강한 성인이 어떤 구체적인 상황에서 잘 생각해 결정을 내리지 않고 즉흥적인 충동에 따른다면, 우리는 그가 다르게 결정할 수도 있었을 텐데(혹은 다르게 결정해야 했을 텐데)라고 말할 것이다. 자신의 성향과 거리를 두는 능력은 매 순간 그것을 사용하지 않는다고 사라지는 것은 아니다. 판단력을 지닌 사람이 자신의 충동과 거리를 두는 이런 능력을 어떤 구체적인 경우에 사용하고 말고는 결국 그 사람 책임인 것이다. 비록 우리가 때때로 우리의 자유를 사용하는 데 어려움을 느낀다 하더라도 그 때문에 성급히 우리에게 충동을 억제할 능력이 없다고 여기지는 말아야 한다. 로크는 간단한 사고 실험을 통해 이 점을 분명하게 보여준다.

"우리가 자신의 감정을 억제하지 못한다고, 그것이 제멋대로 분출해 우리의 행위에 작용하는 것을 도저히 막을 수 없다고 말해서는 안 된다. 왜냐하면 왕이나 높은 사람 앞에서 할 수 있는 일이라면, 혼자 있거나 신 앞에 있을 때도 할 수 있을 것이기 때문이다."[27]

일반적으로 우리는 윗사람이 있는 자리에서는 정신을 똑바로 차리게 된다. 그런 상황에서 화를 못 이겨 부끄러운 짓을 하는 일은 좀처럼 없다. 이처럼 이성적 고려를 통해 우리의 충동을 제어하는 것이 어떤 상황에서 가능하다면 우리는 다른 상황에서도 그렇게 할 수 있다. 하지만 로크는 자기억제가 때때로 매우 어려운 과제일 수 있다는 사실을 잘 알고 있다. 자기억제는 우리에게 무척 벅찬 요구가 될 수 있으며, 아무리 노력해도 종종 참담한 실패를 맛보게 한다. 예를 들어 "사랑 때문에 혹은 분노로 인해 참을 수 없는 불쾌감이 밀려들어 우리에게서 생각의 자유를 빼앗아갈 때"[28]가 그렇다. 하지만 욕구의 차단 그리고 감정의 억제와 제어는 무엇보다도 이성적 숙고와 결정을 위한 공간을 마련해준다. 그러므로 "우리는 일차적으로 여기에 우리의 노력과 관심을 쏟아야 한다".[29]

우리는 구체적인 상황에서 우리의 욕구를 억제하는 데서 그치지 말고 이러한 노력을 장기적 프로젝트로 이해할 필요가 있다. 여기에는 우리의 지난 태도를 되돌아보는 성찰적 평가, 즉 복습도 요구된다. 그리고 이것은 또한 미래의 결정 상황에 대한 예습이기도 하다. 예를 들어 내가 어떤 구체적인 상황에서 분노를 통제하는 데 실패했다면, 내가 해야 할 일은 그러한 행동을 최소한 뒤늦게라도 비판적으로 평가하고 사고를 통해 미래의 상황에 대비하는 것이다. 그렇게 함으로써 장기적으로 내 감정을 억제하고, 나중에 동일한 상황에 처했을 때 또다시 경솔하게 실수를 저지르지 않을 수 있다. 이런 식으로 충동을 조절하는 법을 배우고 훈련해 이성적 숙고와 결정을 위한 공간을 부단히 키워나간다면, 나는 점차로 하나의 태도를 몸에 익히게 되는데, 로크는 그것을 "정말로 참된 행복의 획득으로 나아가는"[30] 품행이라고 했다.

자신의 욕구를 변화시키는 법

지금까지 로크가 문제 삼은 것은 자신의 소망과 욕구를 차단해 그것을 이성적으로 평가하고, 필요한 경우 다른 결정을 내리는 일이었다. 이제 로크는 우리가 현재의 욕구로부터 거리를 둘 수 있을 뿐만 아니라 욕구 자체를 변화시켜서 '미각'을 교정할 수도 있다는 의견을 개진한다. 그에 따르면 우리는 자신의 취향을 대상의 가치에 맞추려 노력해야 한다. 우리는 자신이 이성적 숙고를 통해서 앞서 '통찰'한 것—즉, 일시적 향락을 뛰어넘어 획득하고자 노력할 가치가 있는 좋은 것—을 또한 감각적으로 경험하는 법을 익혀야 한다. 이성적으로 그리고 이차적으로 좋다고 판단된 것은 이제 우리의 직접적 욕구 대상으로 바뀌어야 한다. "우리는 아마도 혹은 명백히 대단하고 의미심장하게 좋은 어떤 것이 우리의 정신 안에 그것에 대한 욕구 또는 취향을 남기지 않은 채 그대로 우리의 사고에서 사라져 없어지도록 놔두어서는 안 된다. 우리는 그것의 참된 가치에 대한 응분의 고찰을 통해 상응하는 욕구를 우리의 정신 안에 불러일으켜야 하며, 그리하여 그것의 결핍이 혹은 상실의 두려움이 우리를 불쾌하게 만들어야 한다."[31] 우리가 이성적 고려를 거쳐 추구할 가치가 있는 좋은 것으로 인식한 어떤 것이 미래에 우리의 욕구 대상이 될 수 있으려면, 이성적 통찰이 우리를 감정적으로 사로잡아야 한다.

구체적으로 말하면, 좋은 것으로 판단된 어떤 것의 결핍이 우리에게 불쾌감과 고통을 불러일으켜야 한다. 이미 말했듯이, 선(善)의 부재로 인한 이러한 결핍의 불쾌감은 다름 아닌 그것에 대한 욕구이다. 우리는 다음과 같은 사실을 이해해야 한다. "선, 더 큰 선은 비록 우리가 그것을 올바르게 파악하고 인식했다 하더라도, 욕구가 그 결핍으로 인해 우리 내부에 불쾌감을 발생시키기 전까지는 아직 우리의 의지를 결정하지 못한다. 우리는 부가 빈곤보다 유리하다는 사실을 어떤 사람에게 납득시킬 수 있다. 우리는 안락한 삶이 궁핍에 찌든 삶보다 더 낫다는 사실을 그 사람에게 인식시키고 인정하도록 만들 수 있다. 하지만 그럼에도 불구하고 빈곤에 만족하고 그러한 삶에서 아무런 불쾌감도 느끼지 않는 한 그 사람은 실제로 (빈곤에서 벗어나기 위해) 행동하지 않을 것이다."[32] 우리의 욕구가 움직이는 궤도를 다르게 바꾸려면 우리는 우리 자신의 내부에 현재 상태에 대한 불만을 불러일으켜야 하는 것이다. 이로써 완벽한 자기만족은 자기변화와 개선의 천적임이 드러난다. 우리는 "표상된 선에 대한 철저한 검토와 검사를 통해서" 그리고 "세심하고 반복적인 고찰"[33]을 통해서 선에 대한 욕구와 그 결핍으로 인한 불쾌감을 우리 내부에 불러일으킬 수 있다.

로크가 여기서 우리에게 요구하는 것은, 지금까지 살펴본 바로는, 별로 마음에 들지 않는다. 그에 따르면 우리는 미래의 행복을 표상하기 위해 지금 당장은 우리를 불행하게 만들어야 한다. 하지만 지금까지 전혀 경험한 적도 없는 멀리 떨어져 있는 선의 결핍에 대한 불만을 자신의 내부에 불러일으키기보다는, 비록 일시적일망정 현재의 행복과 즐거움에 몰두하는 것이 더 현명하거나 적어도 더 기분 좋은 일이 아닐까? 그러나 로크는 비호감과 무관심을 호감과 기대로 바꾸는 문제를 언급한다. 이 같은 변경은 추구하는 선에 도달하기 위한 '수단'이 된다. 우리의 미각을 교정한다는 말은 이중의 의미를 담고 있다. 추구할 가치가 있는 선에 대한 사고는 우리 내부에 불쾌감과 고통을 불러일으키지만, 또 한편으로 우리는 그와 같은 선을 촉진하는 행위를 기분 좋게 경험하는 법을 익혀야 하는 것이다. 바꾸어 말하면, 특정한 목표에 대한 무관심은 그 결핍에 대한 불만으로 바뀌어야 하고, 새로 선택된 목표에 유용한 행위에 대한 무관심 혹은 불쾌감은 쾌감으로 바뀌어야 한다.

어떤 사물은 그 자체로 기분 좋은 것으로 우리에게 향락을 제공할 수 있다. 가령 맛있는 음식이 그렇다. 하지만 어떤 사물은 일순간의 향락보다 더 큰 목표를 위한 수단으로 사용되기도 한다. 우리가 무언가를 추구할 가치가 있는 목표를 얻기 위한 수단으로서 인식했다면 그와 같은 통찰은 이미 새로운 종류의 향락을 우리 안에 불러일으킨다. 설사 수단이 그 자체로 불쾌감을 주더라도 말이다. "힘과 건강에서 생겨난 기쁨에 대한 생각은 새로운 '입맛'을 생겨나게 해 우리로 하여금 술맛이 떨어지게 할 수 있다."[34] 행위는 그것을 통해 도달하고자 하는 목표를 우리 눈앞에 그려보는 것만으로도 벌써 더욱 기분 좋은 것이 될 수 있다. 여기서도 중요한 것은 현재와 미래의 기쁨이나 고통을 올바르게 고려하는 일이다. 미래의 즐거움에 상상을 통해 접근하고 관찰하는 것은 우리가 올바른 결정을 내리는 데 도움을 줄 뿐만 아니라, 덤으로 미래의 더 큰 목표를 위해 때때로 삼켜야만 하는 쓴 약을 달게 만들어 주기도 한다.

로크에 따르면 미각을 변형할 때 상승 작용이 일어날 수 있다고 한다. 우리가 미래의 행복에 대한 이성적 결정에 따라 받아들인 새로운 행동방식은 미래의 안녕과 결부됨으로써 덜 불쾌한 것이 될 수 있다. 하지만 우리는 거기서 그치지 않고 새로운 습관 자체를 '기분 좋은 것'으로 경험하는 데까지 나아갈 수 있다. 그렇게 된다면 현재의 즐거움에 대한 제약을 미래의 안녕에 대한 표상을 통해 무마하려는 노력도 더 이상 필요치 않게 된다. 우리는 추구할 가치가 있는 목표를 향해 맞춰진 이성적 행위 자체를 즐거움으로 경험하게 될 것이기 때문이다. "그러나 행위 자체에 대한 기쁨은 습관과 훈련을 통해 가장 잘 획득된다."[35]

이성적 사고는 우리가 지금까지 피해왔던 혹은 전혀 생각해보지도 않았던 특정한 행위를 시험해보도록 우리를 부추긴다. 그로 인해 우리는 새로운 것을 행하게 되는데, 그것이 더 큰 목표에 도달하는 데 유용하다고 인식했기 때문이다. 가령 우리는 건강을 위해 어떤 종류의 스포츠를 새로 시작해보거나 좀 더 건강한 식단을 시도한다. "이 같은 시도는 종종 이제껏 혐오감을 갖고 먼발치서 바라보기만 하던 것과도 우리를 화해시킨다. 우리는 여러 번의 반복을 통해 처음 시도 때는 별로 마음에 들지 않았던 것을 차츰 기분 좋게 여기게 될 수 있다."[36] 우리는 비록 첫 번째 시도가 별로 좋지 않았다 하더라도 무언가를 좋아하게 되는 법을 배울 수 있다. "습관은 강한 자극을 행사한다. 습관은 우리에게 익숙한 사물에 쾌적하고 편안한 매력을 부여한다. 그렇기 때문에 우리는 부단한 실행을 통해 몸에 익은, 그래서 늘 반복하게 되는 어떤 행위를 손쉽게 포기하지 못한다."[37] 인간은 습관의 동물이다. 그리고 우리는 이 특성을 잘 활용할 줄 안다. 우리는 자신의 오랜 무의식적 습관에 익숙하듯이 이성적인 새 습관에도 곧 익숙해질 수 있다. 이때 중요한 것은 이미 말했듯이 지속적으로 자신의 성향에 반하여 행동하는 것이 아니라, 새로운 습관을 통해 다른 성향을 발전시키고 그럼으로써 욕구를 통찰에 맞추어 변형시키는 일이다. "우리는 (자신의 취향을) 개선하려고 노력해야 한다. 대립적인 습관들은 우리의 기쁨을 변형시킬 것이며, 우리의 행복을 위해 필요하거나 유익한 것에 구미가 당기도록 만들 것이다. 자신에게 그럴 능력이 있다는 사실을 누구나 다 인정해야 한다."[38]

로크는 우리가 의지의 노예가 아님을 강조한다. 우리의 의지가 미래의 상황에서 우리를 어떤 행위로 몰아갈 것인지는 아무도 모른다. 우리는 자신이 무엇을 원할 것인지에 영향을 미칠 수 있겠지만 결코 '직접적으로'는 아니다. 우리가 자신의 의지를 직접적으로 그리고 마음대로 변형시키거나 이리저리 조종할 수 없다는 로크의 주장은 일상의 체험을 통해서도 증명된다. 하지만 그와 같은 체험을 근거로 우리가 자신의 의지를 조금도 좌우할 수 없다고 생각하는 것은 너무 성급하며 궁극적으로는 틀린 생각이다. 우리는 오히려 우리의 의지를 아주 잘 조종할 수 있다. 하지만 그러기 위해서는 노력, 자제력, 훈련 등이 결합된 장기적인 계획을 마련해야 한다. 이러한 노력은 충분히 가치가 있다. 왜냐하면 "모든 자유의 원천",[39] 즉 우리의 현재 욕구를 차단하고 평가하고 검토하는 능력의 토대 위에서 우리는 점차적으로 우리의 자율을 확장시켜나갈 수 있기 때문이다. 달리 말하면, 우리는 현재 지니고 있는 어디서 왔는지도 모르는 성향과 소망을 우리가 이성적 검사를 거쳐 좋다고 판단한 어떤 것으로 만들거나 또는 대체할 수 있기 때문이다. 이때 우리의 욕구는 이성적이 된다. 언뜻 보기에 모순처럼 작용하는 것, 인간 심리의 기본 구조에 관한 일상적 믿음에 완전히 역행하는 것이 로크에 따르면 정말로 실현될 수 있는 것이다. 이것이 소망의 제한, 성향의 폭력적 억압, 끊임없는 극기 등으로 이해되어서는 안된다. 이것은 변화이다. 우리를 비로소 정말로 행복하게 만들어준다고 로크가 믿었던 변화이다.

"네게 필요한 것은 오직 의지뿐!"이라는 말, 습관적인 태도와 행동 방식을 바꾸도록 사람들을 독려하는 이 말은 동시에 옳기도 하고 그르기도 하다. 이것이 우리에게 자신의 소망과 의지를 스위치 버튼을 누르듯 간단히 껐다 켰다 할 능력이 있다는 뜻이라면 틀린 말이다. 하지만 우리의 생활 습관을 변화시키기 위해서는 먼저 변화된 의지가 필요하고, 이 변화가 원칙적으로 가능하다는 뜻이라면 옳은 말이다. 중요한 것은 의지를 변화시키기 위해 우리가 출발점으로 삼아야 하는 포인트를 발견하는 일인데, 로크에 따르면 이 포인트는 바로 욕구이다. 우리 자신의 의지와 행위에 동의하지 못하겠다면 우리는 우리의 욕구를 변형시키는 일에 착수해야 한다. 이런 우회로를 통해서 우리는 마침내 우리의 의지에 (단지 억제하는 것이 아닌) 건설적인 영향을 미칠 수 있으며 '미각의 교정'을 완성할 수 있다.

1632년	존 로크는 영국 서머싯 주 링턴의 신앙심 깊은 청교도 집안에서 태어난다.
1652년	옥스퍼드 대학교에 입학해 철학을 공부한다. 당시에 이것은 강단 철학이자 동시에 '실험과학'을 공부하는 것을 의미한다. 그 밖에 의학도 전공한다. 학업을 마친 뒤에는 강사로 일한다.
1667년	런던으로 이주해 정치가 앤서니 애슐리 쿠퍼의 성에 거주하면서 그의 비서 겸 고문 겸 주치의로 일한다.
1683~1689년	네덜란드로 망명한다.
1688~1689년	'명예혁명' 발발. '권리장전'을 통해 영국에 의회정치 체제의 토대가 마련된다.
1690년	『인간지성론』이 발표된다.
1704년	로크는 에식스 주 오츠의 자기 서재에서 생을 마친다.

 좋은 의도와 나쁜 습관

- 51%의 독일인은 새해(2013년 기준)를 맞아 운동을 더 열심히 하기로 결심한다.
- 44%의 독일인은 더 건강한 식사를 결심한다.
- 34%의 독일인은 체중 감량을 결심한다.
- 12%의 독일인은 금연을 결심한다.
- 11%의 독일인은 음주를 줄이기로 결심한다.
- 20%의 독일인은 흡연을 나쁜 습관으로 여긴다.
- 21%의 독일인은 운동 부족을 나쁜 습관으로 여긴다.
- 9%의 독일인은 지난 1년 동안 두 번에서 다섯 번까지 금연을 시도했다.

이성적 희망을 보여준 철학자 '임마누엘 칸트' ———————

세상의 부당함이
납득되지 않을 때

2011년 3월 11일 오후 일본 동쪽 해상 약 80킬로미터 지점에서 발생한 지진은 주민들에게 끔찍한 결과를 초래했다. 진동은 강력한 해일을 발생시켜 해안 지방을 폐허로 만들었을 뿐만 아니라 동부 지방 여러 곳의 핵발전소에 사고를 일으켰다. 이 재난으로 인해 1만 5천 명 이상이 목숨을 잃었고, 수십만 명이 생활 터전을 빼앗겼다. 일본에서의 삶은 하루아침에 상실, 비애, 공포가 지배하는 것으로 바뀌었다.

이와 비슷한 자연재해는 18세기에도 동시대인들을 엄청난 충격에 빠뜨린 적이 있었다. 1755년 11월 1일 만성절(가톨릭에서 기념하는 모든 성인의 날 대축일─옮긴이) 아침에 유럽에서 가장 중요한 무역도시 중 한 곳인 리스본에 지진이 발생했다. 지진의 여파로 여러 곳에서 큰 화재가 발생했고, 잠시 후에는 엄청난 해일이 도시를 휩쓸었다. 수만 명의 사람들이 익사하거나 무너진 건물 더미에 깔려 사망했다. 리스본의 지진은 격렬한 철학 논쟁을 촉발하여 해묵은 그러나 (오늘날까지도) 여전히 현실적인 일련의 물음들이 제기되게 했다.

재난의 희생자들은 무슨 잘못으로 그런 불행을 당해야 했는가? 선량하거나 적어도 죄 없는 사람들에게 그런 나쁜 일이 발생하는 이유는 무엇인가? 수많은 교회들이 무참히 파괴되었는데 어째서 리스본의 사창가는 멀쩡히 살아남았는가? 이런 말도 안 되는 부당함을 도대체 어떻게 이해하고 또 견뎌내야 하는가?

당대 식자층의 유명 인사들 대부분이 이 논쟁에 참여해 세상의 (불)완전성, 낙관론, 신의 선함과 세상에 만연한 악의 무모순성 같은 문제들을 놓고 격론을 펼쳤다.

프로이센의 철학 교수 임마누엘 칸트도 이 주제에 대해 깊이 숙고했다. 그가 특히 관심을 가졌던 물음은 이런 것이다. 나쁜 일은 선인과 악인을 가리지 않고 찾아온다는 사실을 경험이 꾸준히 가르쳐주고 있는데도 불구하고 도덕적으로 선한 행위가 어떤 식으로든 보상을 받으리라는 이성적 기대가 과연 가능할까? 균형을 잡아주는 어떤 정의 같은 것이 정말로 존재할까? 아니면 이성적 인간으로서 그와 같은 생각과 깨끗이 작별해야 하지 않을까? 칸트가 얻은 결론은 이렇다. 계몽된 정신에게도 희망을 가질 근거는 충분하다.

* * *

임마누엘 칸트Immanuel Kant의 생활방식이 그의 철학과는 영 딴판이었다는 사실은 유명하다. 동프로이센에서 마구를 만들어 팔던 가난한 아버지의 아들로 태어나 일생 동안 쾨니히스베르크를 벗어나본 적이 거의 없던 그는 죽을 때까지 미혼으로 살았다. 언제나 수수한 차림의 대학교수 칸트는 거의 강압에 가까운 규율에 따라 자신의 바쁜 일상을 편성해놓고 조금이라도 정해진 궤도에서 벗어나는 것을 지극히 혐오했다. 노령으로 거동하기가 힘들어질 때까지 루소의 『에밀Emile』을 읽는 데 열중하느라 집에서 나오지 않을 때를 빼고는 단 한 번도 산책을 거른 적이 없었다. 반면에 사유에서는 과격하고 혁신적이고 물러설 줄 모르는 사람이었다. 칸트의 삶은 실제로 아무런 언급할 만한 사건이 없는 지루한 것으로 보이지만 그의 사유 체계는 우리를 흥분시키기에 충분하다.

칸트의 사유는 유럽 계몽주의 운동의 연장선상에 있다. 칸트에게 계몽주의 원리는 "사페레 아우데(*Sapere aude*, 과감히 알고자 하라)!",[1] 즉 용기를 갖고 네 자신의 지성을 사용하라는 것이었다. 근거 없는 의견, 오류, 선입견 등을 지양하고 자립적이고 비판적으로 사유할 수 있는 용기에 고무되어 칸트는 자신의 주요 저작들에서 그가 인간의 근본 문제로 인식한 실존적 물음들에 대한 연구에 착수했다. "나는 무엇을 알 수 있는가? 나는 무엇을 행해야 하는가? 나는 무엇을 희망해도 되는가?" 삶을 영위해갈 때 인간으로서 우리가 생각해보아야 할 이 물음들에 대한 칸트의 대답은 당대는 물론 현재까지도 서양 철학에 더없이 큰 영향을 미치고 있다.

이 책의 주제와 관련해 칸트의 철학 체계를 살펴보면 우리는 인간에게 가장 핵심적인 문제 제기, 즉 인식의 한계에 대한 물음과 선한 행위에 대한 물음 그리고 우리가 품어도 되는 타당한 희망에 관한 물음을 총체적으로 건드리는 한 가지 사유와 마주치게 된다. 이 사유의 바탕에 깔린 주제는 행복, 덕, 정의, 신앙의 문제다. 좀 더 일반적으로 표현하면, 인간의 행(幸)에 어떤 의미가 있는가 하는 문제다.

만능 분쇄기

획기적인 저작 『순수 이성 비판_Kritik der reinen Vernunft_』의 초판 서문에서 칸트는 자신으로 하여금 우리의 이성 능력에 관한 포괄적인 연구에 돌입하게 만든 서양적 사고의 현 상황에 대해 기술한다. 전통적으로 '형이상학'이라 부르는 '제1철학'에서는 신, 자유, 영혼 불멸의 문제를 둘러싸고 도무지 끝날 기미가 보이지 않는 고집스러운 싸움이 전개되고 있었다. 칸트는 서문 첫 문장에서 벌써 상황이 잘못된 길로 들어섰음을 지적하며 문제에 대한 설명을 제시한다.

"인간 이성의 인식 방식은 특이한 운명을 지니고 있다. 인간 이성은 물리칠 수 없는 물음들을 통해 괴롭힘을 당한다는 것이다. (…) 그러나 인간 이성은 그 물음들에 대답하지 못한다. 왜냐하면 그 물음들은 인간 이성의 모든 능력을 넘어서기 때문이다."[2]

여기서 언급한, 우리 이성을 괴롭히는 물음은 모든 피제약자(被制約者)를 가능케 하는 무제약자(無制約者)에 대한 물음이다. 세계는 어디에 그 기원이 있는가? 인과의 사슬은 더 이상 다른 원인을 갖지 않는 궁극의 원인을 가질 수 있는가? 아니면 '왜'라는 물음은 무한히 계속되는 것인가? 무엇이 내 체험들과 상태의 일치를 만들어내는가? 간단히 말해서, 인간 이성이 아무 잘못도 없이 씨름해야 하는 물음들은 형이상학의 고전적인 물음들이다. 신은 존재하는가? 우리는 자유로운가? 우리는 죽지 않는 영혼을 갖는가? 하지만 그냥 물리칠 수 없는 이런 물음들에 대답하려고 하는 순간 우리는 칸트가 말할 것처럼 "암흑과 모순 속으로"[3] 추락하고 만다. 왜냐하면 이때 우리는 필연적으로 가능한 경험의 영역을 넘어설 수밖에 없으며, 그로써 형이상학적 사변은 모든 경험적 검토의 가능성을 빼앗기기 때문이다.

철학은 그럼에도 불구하고 무제약자에 대한 물음에 계속해서 매달려왔고, 경험과의 무관함에 개의치 않고 진리에 대한 요구를 내세우는 대답들을 만들어냈다. 대답은 물론 다들 제각각이었다. 그래서 칸트는 무제약자에 대한 물음을 두고 숙고에 숙고를 거듭한 오랜 사유의 전통을 다음과 같이 표현했다. "이 끝없는 싸움의 격전장이 바로 형이상학이라 불리는 것이다."[4]

철학의 제왕적 분야라 할 형이상학이 끝없는 싸움의 격전장이 되어버린 이런 참담하고 참을 수 없는 상태에 칸트는 종지부를 찍기로 마음먹는다. 그의 목표는 "형이상학 일반의 가능성 또는 불가능성에 대한 결정과 그것의 원천, 범위, 한계에 관한 규정"[5]이다. 다시 말해서 칸트는 또 한 명의 전사로서 싸움에 뛰어들려는 것이 아니라 심판관의 역할을 맡고자 한다. 그래서 이 싸움이 지금까지처럼 계속되어야 할 것인지, 아니면 절대로 승패를 가릴 수 없는 문제이므로 이성적인 방식으로 싸움을 종결지을 것인지 판결을 내리려는 것이다.

형이상학적 전투 행위의 의미 혹은 무의미에 대한 결정을 내리기 위해서 칸트는 이성의 실행 능력을 조사하고, 이론적 철학하기의 원칙적인 경계를 표시하는 작업을 수행한다. 순수 이성은 이제 비판에 내맡겨진다(비판의 어원인 그리스어 '크리네인krinein'은 구분하다, 판단하다, 재판정에 세우다 등을 의미한다). 다시 말해서, 우리의 인식은 경험에 묶여 있는가, 묶여 있다면 어느 정도나 묶여 있는가 하는 물음과, 전통적 형이상학이 (그것이 가능하기 위한 조건으로서) 전제하는 이른바 경험으로부터 독립적인 인식이 과연 존재할 수 있는가 하는 물음에 대한 탐구가 이루어진다.

칸트는 형이상학적 진술의 정당성에 대한 의심을 품기 전까지는 당시 그의 나라를 지배하고 있던 철학 체계인 라이프니츠-볼프 합리주의 철학의 추종자였다. 합리주의적 사유의 기본 가정은 경험이 우리 지식의 토대도 아니고 한계도 아니라는 것이다. 이성에는 오히려 자발적으로 그리고 경험의 도움 없이 세계에 대한 참된 인식에 도달할 수 있는 능력이 부여된다. 이와 같은 전제하에서는 초감각적인 것에 대한 지식으로서 이해된 형이상학은 의심할 바 없이 가능하다. 합리주의자들은 형이상학 체계도 구성했다. 이 과정에서 그들은 이성이 실제로 경험과 무관하면서도 의심할 바 없는 확실성을 지닌 인식을 제공할 수 있는지 여부에 대한 비판적 검토 없이 '독단적'인 태도를 취했다. 칸트는 자신이 철학적 활동 초기에 그와 같은 '독단적인 잠'에 빠져 있었으며, 영국의 경험주의를 통해 마침내 그 잠에서 깨어날 수 있었노라고 고백한다. 특히 존 로크와 데이비드 흄으로 대표되는 경험주의 철학은 합리주의와 엄격하게 대립하는 기본 가정, 즉 이전에 감각 안에 들어 있지 않던 것은 지성 안에도 없다는 전제에서 출발한다. 이에 따르면 경험은 우리 인식의 유일한 원천이자 동시에 한계가 된다. 초감각적인 것에 대한 지식은 이 전제하에서는 불가능하다.

합리주의자 대 경험주의자, 과연 누가 옳은가? 이에 대한 칸트의 견해는 다음과 같다.

어떤 측면에서는 두 사유 체계가 다 옳다. 하지만 다른 측면에서는 또한 둘 다 틀리다. 칸트는 합리주의자와 마찬가지로 경험에서 자유로운 인식 토대가 존재한다는 입장이다. 하지만 경험주의자와 더불어 칸트는 우리 인식이 가능한 경험의 영역에 제한되어 있음을 강조한다. 모든 인식은 경험과 함께 '시작'된다. 하지만 '오로지' 경험에서만 나오는 것은 아니다. 감각 인상의 '재료'는 우리의 지성을 통해 처리되고 정돈되고 서로 연결된다. 다시 말해서, 인식은 순수한 경험에서 발생하는 것이 아니라 감각적 데이터와 지성의 활동을 통해서 생겨난다. 하지만 또 한편으로 '순수' 지성 활동, 즉 순수한 사고는 내적 혹은 외적 직관이 없이는 아무런 인식도 할 수 없다. "내용 없는 생각은 공허하고 개념 없는 직관은 맹목적이다"[6]라는 말은 우리 인식의 특수성을 표현한 칸트의 공식으로 유명하다. 그렇다면 형이상학의 격전장에서 이 말은 어떤 의미를 지닐까? 우리는 인식과 관련해 우리의 경험 영역에 제한되어 있다. 다시 말하면 감각을 초월한 혹은 감각을 벗어난 영역은 학문적 인식에서 제외된다.

칸트는 분별력 연구를 통해서 이미 가장 높은 존재에 관한 학문적 진술의 불가능성을 지적한 바 있지만, 신(神)의 존재를 증명하려는 전통적인 시도들을 개별적으로 하나씩 논박하지는 않는다. 칸트의 견해에 따르면 "사변적 이성을 통해서 신의 존재를 증명하는 데는 세 가지 방식이 가능하다".[7] 우리는 세계 안의 사물이나 사건의 원인에 대한 물음을 통해서 "세계 바깥의 최고 원인"[8]에 대한 가정에 이르거나, 또

는 세계 안의 "다양성, 질서, 합목적성, 아름다움"⁹⁾에서 그것들을 창조
한 지적 존재를 추론하거나, 또는 신의 존재를 우리가 그에 대해 가지
고 있는 개념으로부터 유추해낼 수 있다.

칸트는 신의 존재를 확인하려는 이 모든 시도를 차례로 실행하면
서 그것들의 모순성과 불충분함을 보여준다. 캔터베리의 안셀무스
Anselm of Canterbury, 토마스 아퀴나스 Tomas Aquinas, 라이프니츠 Gottfried Wilhelm
Leibniz, 데카르트 René Descartes 같은 저명한 사상가들이 제시한 신의 존재
증명 중 그 어느 것도 칸트적 비판을 통과하지 못한다. "최고의 존재는
이성의 순수 사변적 사용을 위해 순수하고 결점 없는 이상, 즉 개념으
로 남는다. 이 개념의 객관적 실재는 이런 방법으로 증명될 수 없지만
또한 부정될 수도 없다."¹⁰⁾

신의 존재가 증명 불가능하다는 칸트의 주장은 현대의 독자들에게
는 별로 놀라울 것 없는 생각이지만 당시 사람들에게는 충격적인 사
건이 되기에 충분했다. 형이상학 전통의 완결이자 인식의 절정이라 할
최고 존재가 우리의 가능한 지식에서 원칙적으로 배제된 것이다. 그렇
다고 칸트는 사변적 무신론을 변호하지도 않는다. 그는 신의 존재가
또한 '부정'될 수도 없다고 강조한다. 그의 결론은 신이 존재하지 않는
다는 것이 아니다. 신의 실존과 본질에 대해서 '이론적으로' 아무 말도
할 수 없다는 것이다. (그에 대해서 '실제적으로' 무슨 말을 할 수 있는지는
더욱 우리의 관심을 끈다.) 합리주의적 계몽주의자들은 전통적인 형이상
학에 대한 이와 같은 비판적 해체를 잠자코 보고만 있지 않았다. 철학
자 모제스 멘델스존 Moses Mendelssohn 은 칸트를 '만능 분쇄기'라고 표현해

이 프로이센 철학자에게 유명한 별명을 붙여주었다. 만능 분쇄기 임마누엘 칸트.

정언명령

칸트의 첫 번째 비판의 목표는 이론적 노력을 통해 이성을 확실하고 잘 정리된 길로 인도함으로써 우리가 무엇을 알 수 있는가 하는 물음에 답하는 것이다. 두 번째 비판서 『실천 이성 비판 *Kritik der praktischen Vernunft*』에서 칸트는 도덕을 새롭게 정초하고자 한다. 우리는 어떻게 행동하는 것이 마땅한가 하는 물음을 제기하면서 칸트는 우선 개인적 감정이나 문화적 기원 또는 의심 없이 받아들여진 인습에 종속된 대답을 해서는 안 된다는 점을 분명히 밝힌다. 도덕성은 보편타당하고 합리적인 토대에 근거해야 한다. 그러므로 실천 이성 비판에서 또 하나의 '다른' 이성이 비판받는 것이 아니라 실천적으로 활동하는 이성, 즉 우리의 행위와 관련해 이성이 비판대에 오르는 것이다. 달리 말하면, 의지에 대한 비판적 연구이다.

칸트는 『도덕 형이상학의 기초』의 유명한 문구에서 다음과 같이 밝힌다. "세계 안에서든 세계 밖에서든 어디서나 아무런 제한 없이 선하다고 여겨질 수 있는 것은 오로지 선한 의지밖에 없다."[11] 이 인용문에는 칸트가 시도하는 도덕의 새로운 정초의 본질적 요소 두 가지가 담겨 있다.

첫째로 '도덕적으로 선하다'는 말은 칸트에게 '아무런 제한 없이', 즉 절대적으로 완전히 선하다는 의미다. 다시 말해서 어떤 방식으로든 상대적으로, 즉 미리 주어진 특정한 의도와 관련해서만 선한 것이 아니다. 둘째로 '오로지 선한 의지'는 절대적으로 그리고 아무런 제한 없이 선하다. 하지만 어떤 의지를 '선한' 의지로 만드는 것은 무엇인가? 또 우리는 어떻게 언제나 그리고 모든 사람에게 동일한 가치를 요구할 수 있는 선한 의지의 원리에 도달하는가? 칸트의 답은, 의지는 정언적 명령에 따라 결정할 때 비로소 절대적이고 무제한적으로 선하다는 것이다. 그러므로 칸트가 찾는 선한 행위의 객관적이고 보편타당한 원리는 정언 명령 kategorischer Imperativ이 된다. "네 의지의 준칙이 언제나 동시에 보편적 입법의 원리로 타당할 수 있도록 행위하라"[12]는 것이 바로 정언명령이다. 이 명령의 의미를 이해하기 위해서는 먼저 칸트가 준칙, 명령, 정언 명령 등의 개념을 어떻게 이해하고 있는지부터 살펴보아야 한다.

'준칙 Maximen'은 개별적 인간이 자기 자신에게 부과하는, 특정한 생활 영역 혹은 특정한 종류의 상황과 관련된 행위 규칙이다. 준칙의 예로서 칸트는 자신에게 가해진 모욕에 대해 참지 않고 반드시 보복한다는 (별로 덕성스럽지 않은) 주관적 행동 원칙을 언급한다.

'명령 Imperative'은 행위와 관련해 이성이 내리는 지시다. 명령은 우리에게 특정한 방식으로 행동할 것을 요구한다. 칸트는 명령을 가언적 명령과 정언적 명령으로 구분한다. (이때 정언적 명령은 오직 하나뿐이므로 항상 단수로 표기되어야 한다.)

'가언명령 hypothetische Imperative'은 조건의 제약을 받는다. 다시 말해서 가언명령은 "오직 욕구하는 효과를 고려하는 가운데만"[13] 의지를 결정한다. 가언명령은 특정한 조건, 즉 의도하는 결과에 종속된 이성의 지시를 표현한다.

가언명령을 언어적으로 잘 드러내주는 것은 "~하면 ~하라"의 조건문 형식이다. 건강하게 지내기를 원하면 야채를 많이 먹고 운동을 열심히 하라, 피아노를 잘 치고 싶다면 더 많이 연습하라, 늙어서 궁핍하게 살지 싶지 않다면 젊어서 부지런히 일하고 저축하라는 등의 말들이 그렇다. 이와 같은 지시는 사람들이 그때그때의 목적, 즉 건강하게 지내고, 피아노를 잘 치고, 늙어서 궁핍하게 살지 않으려는 목적을 받아들여 자기 것으로 삼는다는 전제하에서만 강제성을 띤다. 하지만 누가 어떤 특정한 목적을 따르고 말고는 당사자 자신에게 달려 있다. 그러므로 가언명령은 주관적 조건의 지배를 받으며, 따라서 무조건 보편타당할 수는 없다. 피아노를 잘 치고 싶다면 누구나 열심히 연습을 해야 하지만 그렇다고 모든 사람이 다 피아노 연습을 해야 하는 것은 아니다. 가언명령에 행위에 대한 요구가 담겨 있기는 하지만 이때의 행위는 무조건적으로 아무런 제한 없이 선한 것이 아니라 언제나 '무언가를 위해서' 선하다. 그렇기 때문에 가언명령은 도덕적 선에 대한 칸트의 비판을 충족하지 못한다. 가언적 명령에 따라 결정을 내리는 의지는 선한 의지가 아니다.

칸트가 찾고자 하는 것은 "객관적으로, 즉 모든 이성적 존재의 의지에 대해 타당한 것으로 인식되는",[14] 따라서 예외 없이 모든 의지를 규정하는 실천적 원리다. 칸트는 그가 가언명령에 대해 언급한 내용을 토대로 먼저 찾고자 하는 실천적 법칙에 대한 '부정적' 규정을 시도한다. "욕구 능력의 객체(질료)를 의지의 규정 근거로서 전제하는 모든 실천적 원리들은 전부 경험적이며, 아무런 실천적 법칙도 제공할 수 없다."[15] 이 말은 어떤 행위 원칙을 내 것으로 삼을 것인지 여부가 나의 개인적 선호, 경향성, 쾌와 불쾌의 느낌, 행복하고 성공적인 삶에 대한 표상 등에 종속된다면, 이 행위 원칙은 무조건적으로 보편타당한 실천적 법칙으로서 기능하기에 적합하지 않다는 뜻이다. 나의 행위 원칙이 언제나 부, 명예, 건강에 대한 소망과 같은 '욕구 능력의 질료'에 따라 정해진다면, 이 원칙은 나의 (우연적) 선호, 경향성 등에 종속된 것일 뿐이다. 여기서 우리는 다음과 같은 논리적 추론을 해볼 수 있다. 무조건적 보편타당성에 도달하기 위해서는 반드시 '질료'에서 벗어나야 한다. 이를 좀 더 명확하게 표현하면 '무조건적' (즉 '정언적') 행동 지침에 도달하기 위해서는 반드시 "~하면 ~하라"는 조건문식 명령을 넘어서야 한다.

의지의 대상으로서 질료는 주관적 조건하에 명령이 내려지게 함으로써 그 명령의 보편타당성을 가로막는 것임이 확인되었다. "(결정 근거로서의) 모든 질료, 즉 의지의 모든 대상을 제거하고 나면 법칙으로부터 남는 것은 오직 보편적 입법의 순수한 형식뿐이다."[16] 이에 따르면 선한 의지는 그것의 대상을 통해서가 아니라 '형식'을 통해서 규정된다. 다시 말해서 도덕성의 기초는 이런 혹은 저런 선을 원한다는 데 있는 것이 아니라 단순히 '선을 원한다'는 데 있다. 내 의지는 보편적 입법의 형식을 띨 때 선하다. 다시 말해서 "(나의) 의지를 통한 행위의 준칙이 마땅히 보편적 자연법이 되어야 하는 것처럼"[17] 내가 행동할 때 내 의지는 선하다. 정언명령은 가언명령과 반대로 절대적이고 무조건적인 당위를 표현한다. 그래서 그것은 나의 의지를 결정하는 준칙들을 위한 시금석으로서 사용될 수 있다. 한마디로 우연적 경향성이나 주관적 소망 대신 이성이 내 의지에 대한 전적인 지배권을 가져야 한다는 뜻이다. 도덕적으로 행동하는 사람은 자기 의지를 완전히 이성에 내맡긴 것이다. 이것이 구체적인 경우에 어떻게 진행되는지 예를 통해서 살펴보자.

어떤 사람이 궁핍한 상황에 몰려 어쩔 수 없이 타인으로부터 돈을 빌려야 하는 경우를 상상해보자. 그는 자신이 돈을 갚을 가망이 없다는 것을 알고 있다. 하지만 그는 또한 되갚겠다는 약속을 해야만 돈을 빌릴 수 있다는 사실도 알고 있다. "그는 그와 같은 약속을 하려는 욕구가 있다. 하지만 그는 또한 양심적이어서 이렇게 묻는다. 이런 식으로 궁핍을 헤쳐 나가는 것은 의무에 어긋나는 금지된 일이 아닐까?"[18] 칸트는 질문을 바꾸어 다시 묻는다. "나는 이 같은 자기애의 요구를 보편적 법칙으로 전환하고, 질문을 이렇게 바꿀 수 있다. 내 준칙이 보편적 입법이 된다면 어떻게 될까?"[19] 이 질문의 답은 "모두가 거짓 약속을 한다면 세상은 나빠질 것이다"가 아니다. 여기서 중요한 것은 그게 아니라 보편적 입법의 토대로서 거짓 약속은 '모순'을 내포한다는 사실이다. 즉, 의무를 지면서 동시에 의무를 져버리는 모순이다. 이 준칙은 결국 이성 법칙을 통한 시험에 통과하지 못하고 도덕적 의지로서 쓸모없는 것이 된다.

도덕을 새롭게 정초하려는 칸트의 시도는 대단히 논리적으로 이루어지지만 그럼에도 불구하고 무언가 지나치게 고집스러운 느낌을 준다. 칸트의 시도에는 우리의 도덕적 직관과 선입견에 쉽사리 연결되지 않는 부분이 있다. 바로 감정적인 요소의 포기다. 이것은 칸트를 읽는 많은 독자들을 혼란에 빠뜨리고 심지어 등을 돌리게 만들기도 한다. 어떤 사람이 특별히 동정심을 갖고서 혹은 너그러운 마음으로 혹은 사랑을 듬뿍 담아서 행동한다면 그것은 선한 행동이 아니라는 것이다. 어떤 사람의 행동이 선한 행동이 되는 것은 자기 의지의 준칙의 형식이 보편적 입법의 형식과 일치할 때뿐이다. 언뜻 보기에 이것은 실제로 너무 차갑고 야박한 느낌을 준다. 하지만 칸트의 설명은 다르다. 도덕은 변덕스럽고 불안정한 감정의 토대 위에 정초될 수 없다. 그랬다가는 선한 행위는 성격이나 순간의 기분, 특정인에 대한 연민 따위의 문제가 되어 결국 우연의 영역으로 떨어질 것이기 때문이다. 칸트에게 선한 행위는 오직 '하나'의 확실한 기준을 가질 뿐이며, 그것은 이성이다.

덕과 행복, 어울리지 않는 한 쌍

칸트에 따르면 의지를 선하게 만드는 것은 그 '형식'이다. 반면에 '질료'는 도덕의 기준으로 적합하지 않다. 그러나 의지를 결정하는 모든 물질적 근거들은 "다 똑같은 종류로서 전부 자기애 혹은 행복의 보편적 원리에 예속된다".[20] 부, 교양, 건강 등을 추구하는 나의 노력과 그에 상응하여 결정되는 나의 의지와 행위는 모두 더 높은 목표에 편입된다. 더 높은 목표는 바로 행복해지는 것, 즉 칸트가 말하는 '행복 Glückseligkeit'이다. "행복해지는 것은 모든 이성적인, 그러나 유한한 존재들의 요구이다."[21] 우리 인간이 바로 그렇다. 이성적이지만 유한한 존재, 즉 이성을 통해서만이 아니라 많건 적건 세속적인 욕구를 통해서도 우리의 의지가 결정되는 존재인 것이다.

행복은 모든 인간이 필연적으로 추구한다. 비록 자신을 행복하게 만드는 것 혹은 행복해지기 위해 자신에게 필요한 것에 대한 생각이 사람에 따라 천차만별일지라도 말이다. 그러나 행복을 얻으려는 노력에 대한 의견들이 내용적으로 매우 상이하기 때문에 행복 추구는 행위의 보편타당한 기준으로 적합하지 않다. 간단히 말해서, 우리가 인간으로서 절대로 포기할 수 없는 행복의 요구는 도덕성의 이름으로 이성 법칙(정언명령)에 종속되어야 한다.

칸트가 시도하는 도덕의 새로운 정초는 이런 방식으로 "서로 극단적으로 종류가 다른 개념인 행복과 도덕 사이에 일치를 궁리해내려고"[22] 노력해온 사유와 단절하게 된다. 이때 칸트는 고대의 두 가지 입장을 염두에 두고 있는데, 이들은 정의롭고 도덕적인 삶을 사는 사람은 그러한 삶을 통해서 또한 참된 행복에도 도달할 수 있다고 주장한다. 칸트는 이를 다음과 같이 요약한다.

"에피쿠로스파(派)는 자신을 행복으로 이끄는 준칙을 깨닫는 것이 덕성이라고 말하고, 스토아파(派)는 자신의 덕성을 깨닫는 것이 행복이라고 말한다."[23]

반면에 칸트는 도덕과 행복을 이런저런 방식으로 연결하는 끈을 단호하게 끊는다. 그에게는 행복을 추구하는 것이 도덕적으로 선한 행위도 아니고, 자신의 도덕적으로 선한 행위를 의식하는 것이 행복을 의미하지도 않는다. 덕성은 우리가 익히 봐왔듯이 자기 이익에 따른 행위, 즉 자기 행복을 추구하는 행위와는 완전히 동떨어진 것이며, 행복은 외적인 기회나 내적 경향성에 달린 것일 뿐 우리가 지닌 준칙의 순수성과는 무관하다. 그러므로 도덕적 완벽성과 완성된 개인적 행복은 우리의 의지를 잡아끄는 두 가지 이상이지만, 이 두 가지가 어떻게 일치될 수 있을지는 쉽사리 알 수 없다. 우리는 이 두 가지 이상을 '두 세계의 시민'으로서 추구한다. 이는 우리의 인간적 본질인데, 즉 우리는 이성적 존재로서 도덕을 추구하고 감각적 존재로서 행복을 추구하는 것이다. 칸트에 따르면 우리의 생활 현실을 지배하고 있는 이들 두 요소, 즉 무조건적으로 타당한 행동 지침으로서의 도덕법칙과 행복에 대한 요구는 각각 우리의 결정 능력에 지속적인 압박을 가한다.

하지만 도덕과 행복 사이에 아무런 내적 연결도 없다면 이 둘은 어떻게 서로 조화를 이룰 수 있을까? 아니면 우리는 둘 중 하나를 선택하고 다른 것과는 작별해야만 할까? 그렇다면 이 두 가지가 인류학의 불변하는 상수로 이해되는 것은 대체 어떻게 가능한가? 칸트는 이 둘이 실제로 연결될 '가능성'이 있다고 말한다.

"도덕적 성향이 필연적으로 행복을 발생시킨다는 것이 반드시 거짓은 아니다. 그것은 도덕적 성향이 감각 세계에서 인과관계의 형식으로서 관찰되는 한에서만, 즉 내가 감각 세계에서의 실존을 이성적 존재의 유일한 실존 방식으로 가정할 때에 한해서 제한적인 방식으로만 거짓이다."[24]

칸트에 따르면 행복과 도덕이 서로 연결되는 두 가지 가능성 중 하나, 즉 행복의 추구가 우리를 도덕적으로 만든다는 가능성은 확실히 배제될 수 있다. 도덕이 우리에게 행복을 가져다준다는 다른 가능성과 관련해서 우리는 이것이 실제로는 그렇지 않음을 자주 경험한다. 하지만 그럼에도 불구하고 여전히 '생각해볼 수 있는' 가능성이다. 도덕이 우리를 행복으로 인도하는 것은 가능할 수 있다. 단, 여기에는 물질적 제약과 자연법칙의 지배를 받는 감각 세계가 유일한 세계가 아니라는 조건이 붙는다. 내가 감각적 실체로서 경험하는 세계 안에서는 제아무리 높은 덕성을 지닌 자들도 질병, 자연재해, 불행한 사건 등에서 벗어나지 못한다. 자연은 어떤 인간이 얼마나 행복을 얻을 자격이 있는지 알지 못한다. 하지만 초감각적 세계와 도덕적 조물주가 존재한다면 그럼에도 불구하고 보상적 정의가 있을 수 있다.

우리가 이런 보상을 정확히 어떻게 표상해야 하는지에 대해서 칸트는 시종일관 자세히 설명하지 않는다. 그것이 신이 저승의 심판관으로서 이승의 삶에 개입하는 것인지, 아니면 다른 종류의 어떤 정의로운 보상인지는 모두 이론적으로 불확실하고 실천적으로 아무런 의미도 갖지 못하는 사변적 추측의 영역일 뿐이다. 우리가 여기에 대해 아무것도 알 수 없다는 사실은 칸트에 따르면 심지어 우리에게 더 유익하다. 만약 우리가 다가올 최후의 심판이 확실한 가운데 계속 살아가야 한다면 우리의 모든 행위는 오직 이 위협적인 혹은 희망에 찬 전망을 통해 촉발될 것이기 때문이다. 이런 상황에서 우리가 어떻게 합리적이고 도덕적으로 선한 결정을 내릴 수 있겠는가?

실천적 불합리

칸트의 사유는 도덕법칙이 보편타당한 준칙에 따라 행동할 것을 유일한 이성적 존재인 우리에게 요구하고 있음을 주지시킨다. 다시 말해서, 우리는 도덕적으로 행동하는 자로서 모든 이기적인 생각을 버리고 개인적 경향성을 이성에 종속시켜야 한다는 것이다. 그러나 유한한 존재로서 우리는 동시에 행복을 욕구하고, 우리의 실존이―완전히 이기적으로―만족스럽기를 소망한다. 하지만 행복을 추구하는 것은 우리를 도덕적으로 만들지 못한다. 반대로 도덕적 행위는 경험에 비추어 볼 때 우리의 행복을 촉진시키지 못한다. 자연은 정의가 지배하는 곳이 아니기 때문이다. 이와 같은 실존적 딜레마에서 벗어나는 길은 오직 하나, 정의로운 보상을 제공하는 최고 권력과 초자연적 세계가 실제로 존재하는 것뿐이다. 하지만 전통적 형이상학에 대한 칸트의 비판을 다시 떠올려보자. 칸트는 초감각적인 것에 대한 지식은 우리 인식 능력의 한계를 넘어서는 일이기 때문에 우리에게 불가능하다고 했다. 하지만 신과 피안 세계에 대해 아무것도 말할 수 없다면, 그래서 신의 존재에 대해 긍정도 부정도 할 수 없다면, 피안 세계에서 행복과 도덕을 연결시키는 전망은 지극히 의심스러운 것이 되고 만다.

이렇듯 신적 정의를 믿을 수 없다면 나는 어떻게 해야 할까? 이에 대해 칸트는 간단명료하게 답한다. "그렇다면 나는 '신 없이' 몽상가 아니면 악한이 될 것이다."[25] 도덕적인 세계 지배자가 없고, 따라서 이성 법칙의 요구와 행복에 대한 우리의 욕구가 조화를 이룰 희망도 없다면 우리는 아마도 둘 중 하나를 선택해야 할 것이다. 우리의 의지를 정언 명령에 따라 결정하고, 스스로 원하고 또한 선한 행위를 통해 마땅히 얻을 수도 있는 행복을 환상의 영역으로 추방해버리거나, 아니면 우리의 의지를 쾌락과 변덕에 따라, 즉 행복에 대한 우리의 욕구에 부응하여 결정함으로써 비도덕적으로 행동하는 것이다.

칸트의 도덕철학이 지나치게 엄격한 요구로 인해 세상과 동떨어진 것이 되고 인간에게 거의 초인이 될 것을 기대한다는 비난은 옳지 않다. 철학자 칸트는 자기애나 행복에 대한 소망이 감각적 존재로서의 인간에게 갖는 의미를 결코 착각하지 않기 때문이다. 칸트는 올바름과 행복이 어떤 식으로든 서로 연결되리라는 희망을 가질 수 없을 때 사람이 어떤 딜레마에 빠지게 되는지 알고 있다. "신과 다른 세계가 없다면 나는 (…) 매우 단호하게 도덕 규칙을 따라야 한다. 하지만 그러면 나는 도덕적인 몽상가가 된다. 왜냐하면 나는 행복을 얻을 희망도 없이 행복을 쫓아다니게 될 터이기 때문이다."[26] 다른 곳에서는 또 이렇게 말한다. "네가 도덕법칙을 받아들이고 올바르게 행동한다면 너는 네게 아무런 행복도 가져다주지 못하는 명령을 열심히 따르는 것이다. 도덕은 키메라에 불과하다. 그러므로 너는 '실천적 불합리Absurdum Practicum'에 빠져 바보로서 행동하게 된다."[27] 도덕적이지만 희망이 없는 사람은 특별할 것 없는 그냥 바보일 뿐이다. 그는 자신의 도덕성과, 세계를 더 나은 곳으로 만들려는 노력이—신의 도움 없이 세계는 행복을 욕구하는 존재에게 결코 선한 장소가 될 수 없으므로—궁극적으로 무의미하다는 것을 확신하면서 행동하기 때문이다. 희망을 잃은 도덕적 인간은 '실천적 불합리'에 빠지게 된다. 그의 도덕적 행위는 원칙적으로 무의미한 성격을 띠기 때문이다.

신의 도움이 없을 때 남은 가능성은 악당의 삶과 도덕적인 바보의 삶 중 하나를 선택하는 것밖에 없어 보인다. 그러나 칸트가 생각하는 불합리성은 좀 더 깊이 들어간다. 여기서 제기되는 물음은 나의 '개인적' 행복 욕구를 나의 도덕성과 어떻게 조화시킬 것인가 하는 데서 그치지 않는다. "정확히 (행복하기 위한 개인의 가치와 존엄으로서) 도덕성의 비율에 따라 분배된 행복", 행복이 도덕에 완전히 적합하게 일치하는 이런 이상적 상태를 칸트는 "가능한 세계의 최고선"[28]이라고 부른다. 이 상태를 온 힘을 다해 촉진하라는 것은 실천 이성이 우리에게 부과하는 계율이다. 그러나 누가 보아도 인간의 능력을 넘어서는 이러한 과제를 실행할 수 있도록 더 높은 존재가 우리를 도울 거라는 믿음을 가질 수 없다면 우리는 불합리하게도 우리에게 불가능한 일을 요구하는 계율과 대면하게 되는 것이다. 게다가 우리가 최고선을 촉진하려 할 때 아무도, 적어도 대부분의 사람은 우리를 돕지 않을 거라고 생각할 수밖에 없다.

도덕적인 무신론자는 동정받아 마땅한 사람이라고 칸트는 생각한다. "그가 아무리 성실하고 온화하고 친절한 사람이어도 기만과 폭력과 질시가 항상 그의 주변을 맴돌 것이다. 그리고 그가 만나는 그 자신 외에 다른 올바른 사람들은, 그들이 아무리 행복해질 자격이 있더라도 그런 것을 전혀 고려하지 않는 자연을 통해서 이 세상의 다른 동물들처럼 궁핍, 질병, 때 이른 죽음 등 온갖 해악의 지배를 받을 것이다. 이런 상태는 광활한 무덤이 그들을 모두 빠짐없이 (성실하든 안 하든, 이것은 여기서 전혀 상관없다) 삼켜버리고, (…) 그들이 빠져나왔던 물질의 목적 없는 혼돈 속으로 그들을 다시 던져 넣을 때까지 늘 그대로일 것이다."[29]

칸트가 여기서 기술하고 있는 것은 의심할 바 없이 고통이다. 칸트가 문제 삼는 고통은 올바름이 규칙이 아니라 예외에 속하고, 도덕적으로 선한 행위가 단지 보상받지 못할 뿐만 아니라 아주 빈번히 단점으로 작용하는 사회에서 올바른 사람들이 겪는 고통이다. 이것은 비도덕적인 사람들이 그들의 나쁜 의지와 행위로부터 이득을 취하는 반면, 성실한 사람은 대개 바보 취급을 받게 되는 부당함으로 인한 고통이다. 이것은 더 지혜로운 자들, 즉 이성적인 의지에 따르는 자들이 언제나 굴복하는 세계에서는 비합리성이 사실상 지배적 원리가 되고 어리석은 자들이 항상 그들의 의지를 관철시킨다는 사실을 분명히 아는 사람들이 겪는 고통이다. 이것은 세상을 더 나은 곳으로 만들려는 나의 모든―자연의 변덕에 내맡겨진―시도들이 뜨거운 돌 위에 떨어진 작은 물방울에 불과할 뿐이며, 내가 아무리 이기심을 버리고 헌신적으로 노력해도 대다수의 사람들은 자신들의 사사로운 이익에만 관심을 둘 뿐이라는 통찰에서 생겨나는 고통이다. 이것은 행운의 여신 포르투나의 눈에는 인간의 행복할 '자격'이 보이지 않는 게 분명하며, 행복할 자격이 있는 선한 사람들이 그럴 자격이 없는 사람들과 다름없이 운명의 시련과 불행을 겪게 된다는 인식에서 오는 고통이다. 이것은 더 높은 존재, 즉 도덕적 조물주에 의해서만 가능한 초자연적 정의에 대한 희망을 더 이상 가질 수 없는 사람이 느끼는 고통이다. 이것은 모든 것이 언젠가 선하게 되리라는 믿음을 가질 수 없는 사람의 고통이다.

우리가 여기서 문제 삼는 고통은 의학적 심리치료 내지는 정신의학에서 이해하는 심리적 고통과는 본질적으로 다르다. 우리가 칸트와 함께 탐구하는 고통은 고통받는 사람 쪽의 어떤 결함이나 이상에서 비롯되는 것이 아니라 자연적 세계와 사회적 세계의 어떤 결점 때문에 생겨나는 고통이다.

이성적 희망

이제 문제는 "다른 길로 가야 한다는 음성이 속에서 들려오는"[30] 사람들이 겪는 고통을 없애줄 '치료제'이다. 칸트는 절망이나 체념에 빠져 있는 성실한 무신론자에게 과연 어떤 대답을 제시할까? 칸트는 그에게 이의를 제기한다. 네가 불신에 근거해서 마음속에 품고 있는 생각, 즉 도덕적인 자들이 결코 보상받지 못하며 "행복을 필요로 하고 또 그럴 자격이 있는데도 행복을 얻지 못한다"[31] 는 생각은 완전히 '비이성적'인 생각이라는 것이다. 반면에 초자연적 힘의 작용 없이는 이루어질 수 없는 행복의 공정한 분배가 전지적이고 전능하고 신성한 존재에 의해 행해지리라는 이성적 근거에 입각한 희망 혹은 '이성의 강요'에 따른 가정은 충분히 가능하다고 칸트는 말한다.

칸트는 신의 존재를 증명하려는 전통적 시도들을 모두 다 물리친 뒤 '도덕'에 입각한 아주 독특한 신학, 즉 '도덕신학'을 발전시킨다. 칸트는 도덕법칙이 다음과 같이 필연적으로 최고 존재를 가정할 수밖에 없다고 확신한다. "하지만 도덕법칙을 가장 엄격하게 관찰할 때 (목적으로서) 최고선이 수반되어야 한다고 생각할 수밖에 없다면, 인간 능력이 세계 안에서 행복을 행복해질 자격과 일치시키기에 부족하므로 전능하고 도덕적인 존재가 세계 지배자로서 가정되어 그의 배려하에 이것이 이루어져야 한다. 그러면 도덕은 남김없이 종교가 된다."[32] 우리가 초인간적인 도움 없이는 최고선을 촉구하고 그것을 실현하는 계율을 이행할 수 없다는 이성적 통찰은 이와 같은 도움을 주어진 것으로 가정하도록 우리에게 강요한다. 행복해질 자격과 행복 사이에 아무런 적법한 연관관계를 찾아볼 수 없는 세계의 비합리성은 그 안에서 또 다른 세계를, 혹은 그와 같은 무책임한 비이성에 반하여 작용하는 세계의 또 다른 차원을 가정하도록 우리에게 강요한다. 이로써 칸트는 전통적인 관념을 180도 뒤집는다.

칸트에게 종교는 도덕의 토대가 아니라 결과이다. 우리는 도덕적으로 행동하기 위해서, 혹은 무엇이 도덕적으로 주어진 계율인지 알기 위해서 신을 믿어야 하는 것이 아니라 오히려 그 반대다. 신의 처벌이 두려워서 혹은 보상의 기대 때문에 행동하게 만드는 준칙들의 도덕성은 파괴되었다. 그러나 도덕적 행위의 궁극적 목적인 최고선에 대한 이성적 숙고는 우리로 하여금 신을 도덕적 행위의 필연적 전제로서 가정하도록 만든다. 전통적 관념의 전도는 여기서도 관찰된다. 지금까지 언급된 맥락에 따르면 무신론은 계몽된 태도가 아니라 오히려 비이성적이고 비합리적인 태도로 나타난다. 반면에 이성적 검토는 우리를 계몽된 신앙으로 이끈다고 칸트는 말한다.

이미 살펴보았듯이 칸트에게 "도덕은 본래 우리가 어떻게 행복을 얻을 것인가가 아니라, 어떻게 행복해질 '자격'을 얻을 것인가에 관한 규범이다. 종교가 개입될 때만 우리가 스스로 자격이 있다고 생각했던 만큼의 행복을 얻을 희망도 생겨난다".[33] 이 인용문에서 말하는 희망을 선사하는 종교, 즉 전지적이고 정의로운 신과 초감각적인 세계에 대한 믿음은 칸트에게 개인적 세계관이나 문화적 기원의 문제가 아니다. 그것은 도덕 자체에서 생겨나는 종교이며, 그럼으로써 모든 유한한 이성적 존재에게 손쉽게 다가갈 수 있는 종교이다. 아니, 더 나아가서 그것은 모든 유한한 이성적 존재에게 강요된다.

이성의 옹호자인 칸트에게 종교는 정의로운 세계 지배자의 실존과 우리 자신의 초감각적 실존에 대한 계몽적이고 합리적인 확신을 의미하며, 또한 신의 계율로서의 도덕적 의무에 대한 인식을 의미한다. 신이 행복해질 자격이 있는 사람에게 실제로 행복을 보상으로 주는 존재라면 신과 우리 인간은 행복해질 자격, 즉 도덕에 대해 동일한 개념을 가지고 있어야 한다. 이는 다시 말하면, 우리가 도덕적 선에 대해 동일한 개념을 갖는다는 뜻이다.

종교에 대한 칸트의 이해는 이 주제에 대한 전통적 관념이나 연상들에 비하면 정말 불충분해 보인다. 도덕적 계율과 정의에 대한 전망을 이야기하고 있으나 그 내용이 정확히 무엇인지는 열려 있다. 반면에 영성이나 제례의식, 예배, 성인 숭배 같은 것에 대해서는 일언반구도 없다. 피안에 대한 화려한 약속이나 위협도 없고, 수도회 규약 같은 것도 없고, 위계적이고 제도적인 조직도 없다.

실제로 칸트는 계몽된 종교에 대해 아주 특이한 관념을 발전시킨다. 그 내용은 저서 『단순한 이성의 한계 안에서의 종교 *Die Religion innerhalb der Grenzen der bloßen Vernunft* 』에 기술되어 있는데, 우리의 주제와 관련해 특히 흥미로운 점은 "윤리적인 공공 존재", 즉 자기 자신과 세계를 개선하려는 목표하에 모인 선한 사람들의 공동체에 대한 관념이다. 그와 같은 공동체를 실현시키기 위해 칸트는 특별한 구상을 한다. 그에 따르면 기독교 교회가 예수 그리스도 안에 인격화된 교회의 참된 도덕적 핵심을 드러내려면 "미신의 어리석음과 광신의 광기"[34]로부터 점차적으로 정화되어야 한다. 우리를 잘못된 길로 이끄는 모든 도그마와 불필요한 숭배 행위로부터 정화된 기독교 교회는 위계가 아닌 친화에 바탕을 둔 자유로운 도덕적 인간들의 결사체 그 이상도 이하도 아니어야 한다. 선하게 행동하는 계몽된 사람들의 공동체로서의 교회에 대한 칸트의 관념은 적지 않은 종교인들을 부끄럽게 만들 것이다. (칸트는 물론 이 점을 완전히 의식하고 있다.) 이와 같은 공동체는 그 자체로 목적이 아니며, 개인에게 정체성을 부여하거나 개인의 책임 부담을 덜어주기 위한 것도 아니다. 그것은 또한 세상으로부터의 광신적 도피나 신심 깊은 무위(無爲)의 태도와도 무관하며, 다만 마음 좋은 사람들이 서로 협력하며 함께 최고선을 촉진해나가도록 하려는 것이다. 도덕적 행위자는 여기서 희망을 위한 또 다른 근거를 발견한다. 우리는 초감각적 권력이

150

우리를 도우리라는 기대를 가질 수 있을 뿐만 아니라, 윤리적 공동체 안에서 같은 생각을 공유하는 사람들을 통해 '지금 이 세상'에서의 지원도 확신할 수 있기 때문이다. (그렇기 때문에 우리는 그러한 공동체 건설에 더욱 힘써야 한다.) 우리는 이 세상의 선을 위해 더 이상 홀로 고군분투할 필요 없이 공동체 안에서 그렇게 하면 된다. 이런 방식으로 우리는 고통스러운 세계의 비이성을 줄여나갈 수 있다. 이상적으로 보자면 언젠가 전체 인류를 포괄하게 될 윤리적 공동체는 세계를 (인간의 능력을 통해) 의심할 바 없이 더 나은, 칸트식으로 말하자면 더 이성적인 장소로 만들게 될 것이다.

1724년	임마누엘 칸트는 프로이센의 쾨니히스베르크에서 아홉 형제 중 넷째로 태어난다.
1740~1746년	대학에서 철학, 수학, 자연과학, 신학을 공부한다. 학업을 마친 뒤에는 가정교사로, 그 뒤에는 대학 강사로 일한다.
1770년	46세에 쾨니히스베르크에서 오랫동안 바라마지 않던 교수직에 올라 논리학과 형이상학을 가르친다.
1781년	『순수 이성 비판』 발표. 쇼펜하우어는 이제껏 유럽에서 저술된 책 중 가장 중요한 책이라고 평한다.
1789년	프랑스혁명 발발.
1795년	『영구 평화론』에서 평화의 확보를 위해 자유국가들이 국제연맹을 결성하는 사상을 발전시킨다.
1804년	쾨니히스베르크에서 생을 마친다.

- 43.3%의 독일인은 세상이 신에 의해 창조되었다고 믿는다.

- 38%의 독일인은 신이 세상사의 진행에 개입한다고 믿는다.

- 50.4%의 설문 응답자는 사후의 삶이 존재한다고 믿는다.

- 26%의 독일인은 사후에 인간이 자기 행위의 대가를 치르게 된다고 믿는다.

- 40.2%의 독일인은 자신의 태도를 통해 행복이나 불행에 영향을 미칠 수 있다고 믿는다.

- 32.2%의 독일인은 더 높은 권력을 감화시킬 수 있다고 믿는다.

망치로 우리의 정신을 후려치는 철학자 '프리드리히 니체' —————

인생의 방향을 상실했을 때

2011년에 시사잡지 『포커스』에 이런 글이 실렸다. "한 세대가 다 타버린다. 번아웃Burnout은 국민질병이 되었다. 점점 더 많은 사람들이 일상의 요구를 더 이상 처리하지 못하고 '영혼 경색'의 위험에 노출되고 있다."[1] '국민질병 번아웃'에 관한 이야기는 도처에 무성하다. 하지만 이런 소진(消盡) 상태가 만연하는 원인에 대해서는 여전히 명료하고 일치된 의견을 찾기 어렵다. 업무 과다 때문만은 아닐 것이다. 어마어마한 시간과 실적 압박에 시달리면서도 건강하고 균형 잡힌 감각을 유지하는 사람도 엄연히 있기 때문이다. 번아웃 증후군이 '매니저 병'이라는 말도 맞지 않는다. 번아웃은 모든 직업과 활동 분야에 걸쳐 발생하고 있기 때문이다. 한편으로 번아웃이 결국 주관적 요인, 즉 당사자의 성격 구조 탓이라는 분석 역시 별로 설득력이 없다. 오히려 우리의 사회적 조건과 영혼의 소진 사이에 어떤 관계가 있어 보인다. 당혹스러운 의문이 파고든다. 지금 우리에게 무슨 일이 일어나고 있는 것일까?

심신 상관 질환, 우울증, 번아웃 증후군 등은 사회적 삶의 전통적 관습들이 모두 파편화된 현대 다원 사회의 전염병으로서 출현한다. 인류는 우리가 지금 누리고 있는 만큼 많은 가능성을 가졌던 적이 한 번도 없다. 그러나 동시에 삶의 토대가 지금처럼 불안했던 적도 한 번도 없다. 우리의 삶을 안정시켜주고 의미와 방향을 부여해주는 전통들은 오늘날 그 어느 때보다도 더 해체의 위협에 직면해 있다. 프리드리히 니체가 말했듯이, 신은 죽었다. 그리고 포스트모던 인간은 자신의 더없이 불안한 상태를 자각하고 있다. 예전의 가치, 의미, 방향 설정 등은 당연시되던 그 타당성을 점차 상실하고 있으며, 우리는 그로 인해 생겨난 불안, 방향 상실, 불확실성, 자기책임 등으로 고통받고 있다. 우리는 개인적으로 고통받고 집단적으로 고통받는다. 여성의 (그리고 남성의) 해방과 더불어 '안전한 삶'의 마지막 보루라고 할 명확히 규정된 성 역할마저 위협받고 있다. 남성 혹은 여성 특유의 표준적 삶은 더 이상 없다. 그 대신 삶에 대한 수많은 계획과 구상 중 하나를 자기 것으로 결정해야 하는 압박이 있을 뿐이다. 상황이 이러니 많은 사람들이 기필코, 아니 절망적으로 남들과 '엇비슷한 삶'에 매달리는 것도 무리가 아니다.

스트레스 전문가 헬렌 하이네만Helen Heinemann은 자신의 책 『번아웃이 업무 탓이 아닌 이유 : 국민질병 제1호의 진짜 원인』에서 전통적 성 역할의 해체와 만연하는 정신적 탈진 사이의 연관 관계를 추적한다. 하지만 그녀에게는 옛 가치관과 방향 설정의 상실에 대한 두려움도 너무 크고, 또한 남성과 여성의 '자연스러운' 차이를 마지막 남은 안전한 항구로 삼고자 하는 바람도 너무 크다.

니체는 습관적으로 철학사에서 악명 높은 여성 혐오론자로 거론된다. 물론 전통적 역할상을 고집하는 태도가 안정에 대한 소망과 불안에서 나오는 것이라면 그는 멸시받아 마땅할 것이다. 하지만 니체는 그보다는 아직 보편타당한 것으로 여겨지는 마지막 의미의 파편 조각에 기대어 "참고 견디기" "끝까지 버티기" "자신을 뛰어넘어 성장하기"를 말하고 있는 것으로 보인다.

"삶이 당신에게 쓴 레몬을 주면 그것으로 레모네이드를 만들라"는 영어 속담이 있다. 니체 Friedrich Wilhelm Nietzsche는 평생을 이와는 완전히 다른 원칙에 따라 행동한다. 그는 삶이 선사한 레몬을 그대로 깨물어 그 즙을 삼킨다. 설탕을 치지도 않고 물로 희석시키지도 않는다. 그 대신 자기 자신에 대해 지적인 성실성과 정직성과 엄격함을 보인다. 그것이 아무리 쓰고 아리더라도 말이다.

"나를 죽이지 못하는 것은 나를 더욱 강하게 만든다!"[2] 니체는 「인생의 사관학교」(『우상의 황혼』)라는 글에서 이와 같은 통찰에 이른다. 그리고 작센 출신의 이 목사 아들은 살아가는 동안 더욱 강해질 기회를 무척이나 많이 얻게 된다. 개인적 운명의 시련, 다툼, 고독, 직업적 부침, 그리고 무엇보다도 항상 반복해서 찾아오는 건강의 위기는 그의 삶을 정말 끈질기게도 오래 괴롭힌다.

다섯 살 때 니체는 심한 질병과 아버지의 죽음을 겪어야 했다. 일 년 뒤에는 동생의 죽음도 목격한다. 이렇듯 슬픔과 상실은 나중에 '망치 든 철학자'가 되는 니체의 어린 시절을 지배한다. 학자로서 니체는 누구보다도 전도유망한 출발을 보였다. 그는 24세 때 이미 바젤 대학 교수로 초빙되어 희랍어와 문학을 가르쳤다. 하지만 3년 뒤 그의 논문 「음악의 정신으로부터 비극의 탄생」은 학계에 몰이해와 격분에 사로잡힌 반응을 일으켰다. 연이은 혹평으로 학문적 평판이 훼손되면서 학생들은 그의 강의를 외면했다. 젊은 교수는 심지어 교수직에서 물러나야 할 위기에 처한다. 1879년에 니체는 35세의 나이로 정말로 교수직에서 물러나게 되지만, 이것은 건강상의 이유 때문이었다. 이 시기에 이미 니체는 일종의 편두통 발작, 안구 통증, 구토 등으로 숱한 고생을 하며 삶을 끔찍한 짐으로 여기게 된다. 이때부터 정신이 완전히 붕괴될 때까지 고향 잃은 자로서, 사회의 아웃사이더로서, 도피자로서 이리저리 떠돌며 글을 쓰는 삶을 살아간다. 그의 방랑 생활은 깊은 고독에 의해 각인되는데, 그가 잇달아 발표한 저작들이 형편없는 반응을 얻으면서 고독은 더욱 깊어지게 된다. "고통과 고독, 니체의 발전사에 흐르는 이 두 줄기 거대한 운명의 흐름은 끝으로 갈수록 점점 더 거세져만 갔다"[3]고 니체가 영혼의 동반자로서 맹렬히 그러나 가망 없이 갈망했던 여인 루 살로메는 기록하고 있다. 1889년, 죽기 11년 전에 니체는 결국 토리노에서 완전한 정신착란에 빠져들기 시작한다.

위기의 사상가

간략히 스케치된 니체의 일생을 살펴보면 평생 고통과 고독으로 점철된 삶을 살아간 이 사상가가 이 책의 주제와 무슨 관계가 있다는 건가 하는 의문이 들지도 모른다. 하지만 니체의 일대기는 철학자가 자신의 고통을 덜어줄 '치료제'를 제대로 활용하지 못한 것에 대한 인상적인 증거가 되지 않을까? 아니, 더 나아가서 우리는 지금 광인으로 생을 마감한 어떤 인물을 연구하려는 것이다. 그리고 니체의 정신착란이 흔히들 추측하듯이 매독 후유증이 아니라 자기 철학을 연구하다가 정신적으로 파괴된 경우라고 여기는 해석자들도 적지 않다. 삶과 철학, 사색적 삶과 심리적 삶이 니체만큼 내면적으로 서로 밀접하게 얽혀 있는 사상가를 찾아보기 힘들다는 점도 이 가설을 뒷받침해주고 있다. 니체는 글을 쓸 때 지적인 거리두기를 하지 않고 언제나 온 생명을 다 바쳐서 몰입했다. 어찌 되었건 한 가지 의심할 수 없는 사실은, 고통에 관해 말할 때 니체는 자신이 무슨 말을 하고 있는지 잘 알고 있었다는 점이다. 그리고 굳이 말하자면 그는 고통을 견디는 법도 이해하고 있었다.

니체는 "보살핌, 시중, 조언" 따위에 의지하지 않고 자신의 육체적·정신적 고통을 "제 힘으로"[4] 견뎌낸다. 그는 자신처럼 강한 인격에게 "질병은 삶을 위한, 더 많은 삶을 위한 힘찬 자극제가 될 수 있다"[5]고 확신했다. 그래서 자신이 겪는 고통을 긍정적인 것으로 받아들인다. 그를 죽이지 못한 것은 그를 더 강하게 만든다는 말은 다시 말하면, 더 강해지기 위해서는 극한의 체험과 도전, 즉 과도한 부담이 필요하다는 뜻이기도 하다. 그러므로 고통과 절망 그리고 무엇보다 고독은 니체에게 "더 고귀한 인간"의 징표가 된다. "'대중의 행복'이라는 애처로운 위안은 오늘날 세상 물정을 잘 모르는 더 고귀한 인간들"[6]에게는 허락되지 않는다. 그것은 그들이 자신들의 진실성과 지적 성실성을 위해 지불해야 하는 대가인 것이다. 이런 식으로 니체는 자신의 추종자들을 강하게 만든다. "항복하느니 차라리 절망하라."[7] 고통, 고독, 절망은 니체에게 부정적인 것으로만 이해되어서는 안 된다. 오히려 살로메가 말한 것처럼, 아픔을 요구하는 무언가가 니체의 생애와 작품을 관통하고 있다.

한 가지 분명한 점은, 니체를 통한 '철학 치료'가 배짱이 약하거나 마음이 여린 사람에게는 적합하지 않다는 사실이다. 스스로 밝히고 있듯이 니체의 철학은 "자발적으로 얼음이 뒤덮인 고산에서 사는 삶"과 같은 것이다. "사방이 얼음 천지이고 고독은 무시무시하다. 그러나 모든 것은 얼마나 고요히 빛 속에 놓여 있는가! 호흡은 또 얼마나 자유로운가! 느낌은 얼마나 풍부한가!"[8]

물론 얼음장같이 찬 고산 공기가 잘 맞는다면 말이다. 니체의 고산 철학을 견뎌내려면 그가 믿는 것처럼 "용기, (…) 자신에 대한 엄격, (…) 자신에 대한 결백"[9]이 필요하다. 여기서 니체는 우리에게 위안을 주고 안전과 의미를 보증하는 환상의 상실을 강하게 암시한다. 그가 "이상적인 것"이라고 부른 그와 같은 환상의 해체는 니체적 사유의 특징이다. 환상의 상실과 진실하게 대면하고, 그것을 견뎌내고, 더 나아가서 긍정적으로 재해석하는 일은 니체에 따르면 누구에게나 주어진 능력이 아니다. 그럼에도 불구하고 시도해보고자 하는 사람은 온 생명을 다 바쳐 행할 것을 각오해야 한다. 이런 맥락에서 니체는 다음과 같이 말한다.

"정신이 얼마나 많은 진실을 '견뎌내고', 얼마나 많은 진실을 '감행'하는가? 이것이 내게는 점점 더 본래적인 가치척도가 되었다."[10]

니체는 위기의 사상가이다. 그는 위기를 진단하고, 위기를 더욱 날카롭게 만든다. 어떤 면에서 그는 위기를 체현한다. 적어도 그가 보는 자신의 모습은 그렇다.

"언젠가 내 이름에는 무언가 엄청난 것에 대한 기억이 연결될 것이다. 이 세상에 한 번도 없었던 위기에 대한 기억, 심연과도 같은 양심의 충돌에 대한 기억, 그때까지 믿고 요구하고 신성시했던 모든 것에 도전장을 내민 결정에 대한 기억이 말이다. 나는 인간이 아니다. 나는 다이너마이트다!"[11]

한껏 자부심에 취해 흥분한 몸짓으로 니체는 자신을 위험한 사상가로서, 모든 전통의—한 치의 의혹도 없이 참된—파괴자로서, 극단적 방향 전환의 선구자로서 연출한다. 인간이라기보다는 폭탄으로서. 니체의 불길한 암시가 구체적으로 어떤 내용인지 확인하기 위해서, 그리고 니체 철학의 (잠재적인) 치료적 요소를 이해해보기 위해서 이제부터 우리는 그의 가장 유명한 텍스트로 손꼽히는 『즐거운 학문*Die Fröhliche Wissenschaft*』의 125번 아포리즘을 살펴보도록 하겠다. 여기에는 '광인'이라는 제목이 붙어 있다. 이를 통해서 우리는 또한 니체의 작품이 주는 매력이 어디에 있는지도 확인하게 될 것이다. 니체의 글은 건조하고 핏기 없는 논문이 아니라 풍부한 어휘와 정서를 담고 있는, 격정으로 쪼개지고 은유로 치장된 텍스트다.

신의 죽음

"그대들은 밝은 대낮에 등불을 켜 들고 시장을 달리며 끊임없이

'나는 신을 찾노라! 나는 신을 찾노라!'고 외치는 광인에 대해 들어보았는가? 그곳에는 신을 믿지 않는 많은 사람들이 모여 있었으므로 그는 커다란 웃음거리가 되었다. '신이 사라졌는가?' 하고 한 사람이 말했다. '신이 어린아이처럼 길을 잃었는가?' 하고 다른 사람이 말했다. '아니면 신은 숨어버렸는가?' '신은 우리가 무서운가?' '신은 배를 타고 떠났는가?' '이민을 갔는가?' 그렇게 사람들은 소리를 지르며 난장판으로 웃어댔다."[12]

광인—익숙한 것, 정상인 것, 시대적인 것과 동떨어져서 행동하는 사람을 우리는 광인, 즉 '미친 사람'이라고 부른다—은 (환한 대낮인데도 등불을 들고) 신을 찾기 위해 시장에 나타난다. 신을 외딴 수도원에서 찾거나 조용한 관조나 명상 속에서 찾는 것이 아니라 다들 목청껏 소리치며 장사에 여념이 없는 시장에서 찾는 것이다. 이는 광인이 신을 찾는 자로 나서는 이유가 자신의 개인적 영성이나 사사로운 영혼 구제를 위해 그러는 게 아니라는 점을 분명히 보여준다. 광인은 이것이 모든 인간들에게 해당되는 일이므로 공공장소에서 크게 소리치고 다녀야 한다고 여기는 것이다. 다만 다른 사람들도 똑같이 생각하지 않을 뿐이다. 사람들은 몰이해에서 비롯된 조롱과 웃음으로 신을 찾는 자에게 반응한다. 대체 얼마나 정신 나간 놈이면 시장 한복판에서 신을 찾는다고 떠들어대겠는가? 이것이 그들이 그를 비웃는 이유다.

광인은 요즘 우리와 길거리에서 마주치더라도 위에 묘사된 것과 똑같은 반응을 불러일으킬 것이다. 다들 그를 비웃고 머리를 절레절레 흔들며 짜증 섞인 표정으로 별 미친 놈 다 보겠다는 식의 성급한 판단을 내릴 것이다. 그러나 광인은 주변의 조롱에 아랑곳하지 않는다. 그는 관심을 끄는 법을 알고 있다. 그는 "사람들 속으로 뛰어들어 눈빛으로 그들을 꿰뚫는다. '신은 어디로 갔는가?' 하고 그는 소리친다. '내가 너희들에게 말해줄게! 우리가 그를 죽였어, 너희들과 내가! 우리 모두는 그의 살해범이야! 하지만 우리는 어떻게 그렇게 했던가? 어떻게 우리는 바닷물을 다 마셔 없앨 수 있었던가? 누가 우리에게 지평선을 모두 닦아낼 스펀지를 주었는가? 이 지구를 태양으로부터 자유롭게 풀어놓았을 때 우리는 무슨 짓을 한 것인가? 지구는 이제 어디로 움직여 가는가? 우리는 어디로 가는가? 모든 태양들로부터 멀어지는가? 우리는 지속적으로 추락하고 있지 않은가? 뒤로, 옆으로, 앞으로, 모든 방향으로? 위와 아래는 여전히 존재하는가? 끝없는 무(無)를 지나듯 그렇게 우리는 헤매는가? 허공의 입김이 우리에게 불어오지 않는가? 추워지지 않았는가? 밤과 더 많은 밤이 끊임없이 찾아오지 않는가? 낮에도 등에 불이 밝혀져야 하지 않는가?'"[13]

신은 죽었다. 그리고 우리가 그를 죽였다. 이것이 광인이 전해주어야 한다고 여기는 소식이다. 그는 "신은 존재하지 않는다"고 말하는 것이 아니다. 오히려 그의 말에서 우리는 신이 한때 존재했음을 추론할 수 있다. 인간이 그를 해치우기 전, 그를 냉정하게 '살해'하기 전까지는 말이다.

그렇다면 우리는 이 말을 어떻게 이해해야 할까? 여기서 '신' 개념은 분명히 우리가 흔히 쓰는 것과 다른, 훨씬 더 넓은 의미로 이해되어야 한다. 광인에게는 세계의 창조자이자 섭리자인 초자연적 존재의 실존이나 더 이상 실존하지 않음(만)이 중요한 것은 아니다. 여기서 '신'은 전통적인 의미체계 전체를, 즉 우리에게 위안을 주는 "배후 세계"―그것이 기독교적 의미의 피안(彼岸)이든, 플라톤의 이데아 세계이든, 칸트의 예지적 영역이든―에 대한 믿음과 사물에 의미와 방향을 부여하는 형이상학을 모두 담보한다.

'신'은 모든 종류의 집단적 "세계 교정"을 위한 척도이다. 그를 통해서 비로소 우리는 이 세상을 정의로운 곳으로, 삶을 살 만한 가치가 있는 것으로 해석해낼 수 있기 때문이다. '신'은 인간 중심적 세계상을 담보한다. 그 안에서 우리 인간은 세계의 중심이고 창조의 궁극적 목적이며 세상 진리에 다가갈 능력을 갖는다. '신'은 또한 보증된 도덕, 객관적 가치, 절대적 계율, 선악에 대한 앎을 의미한다. '신'은 우리가 겪는 고통이 무의미하지 않음을 보장한다. '신'은 우리가 고통과 부당함과 운명의 시련을 견뎌낼 수 있도록 도와준다.

그러므로 '신'이 '죽었다'면 그것은 인간이 이전에 알던 세계가 완전히 허물어졌다는 뜻이다. '신'과 더불어 우리는 의지할 곳도, 방향도 모두 잃었다. 우리는 비틀거리고, 넘어지고, 더 이상 길을 찾지 못하고 끝없는 무(無)를 지나듯 헤맨다. 아무것도 우리에게 길을 알려주지 않는다. 아무것도 우리의 실존을 의미와 목적과 가치로 채워주지 않는다. 아무것도 우리가 무엇을 행해야 하고, 무엇이 옳고 그른지 말해주지 않는다. 아무것도 우리가 이 땅 위에 머무는 것을 변호해주지 않는다. 아무것도 우리의 인식을 보증하지 않으며, 진리의 획득을 담보하지 않는다. 확실히 존재하는 듯이 보이던 것의 자리에 거대한 무(無)가,

'허무nihil'가 들어선다. '신의 죽음'은 이와 같은 방식으로 우리를 허무주의로 이끈다.

하이데거Martin Heidegger에 따르면 "허무주의는 '초감각적인 것'의 지배력이 쇠약해지고 공허해지는 역사적 과정이므로 존재자das Seiende는 그 가치와 의미를 잃는다".[14] 여기서 문제 삼는 것은 인간의 삶에 이제껏 의미를 만들어내고 가치를 부여해왔던 것들의 몰락이다. 이와 같은 몰락은 역사적으로 재구성이 가능한 과정이며, 이 과정의 가장 중요한 이정표로는 지구 중심의 세계상이 태양 중심의 세계상으로 교체된 16세기의 지동설, 17~18세기의 유럽 계몽주의, 19세기의 종교 비판을 꼽을 수 있다. 학문과 계몽주의의 진보와 함께 신화적·종교적 의미 맥락은 그 중요성과 신뢰를 잃었다. 그래서 니체는 "기존 가치의 탈가치화"[15]로서 허무주의를 언급한다. 이는 인류의 최대 위기를 의미한다. 현대의 허무주의는 니체에게 전통적 형이상학의 세계 해석이 붕괴된 데에 따른, 즉 '신의 죽음'에 따른 필연적 결과이다. 그와 같은 붕괴가 일어난 곳에는 자신에 대한 의미와 방향을 상실해가는 위협적인 상황이 펼쳐지고, 불확실과 무의미의 인상이 생겨난다. 기존 의미 맥락의 상실에 대한 반응으로서 허무주의는 모든 존재의 무의미, 목적이나 목표의 결핍, 객관적 가치의 결핍 등을 주장한다. 코엔 형제의 영화 〈위대한 레보스키〉에 등장하는 허무주의자들의 입을 빌리자면 "우리는 아무것도 믿지 않아! 우리는 전혀 아무것도 믿지 않아, 레보스키 (…) 전혀 아무것도!".

허무주의의 완성

"신은 죽었다! 신은 죽어버렸다! 우리가 그를 죽였다! 최악의 살해 범인 우리는 어떻게 자위할 것인가? 이제껏 세상을 소유했던 가장 신성하고 가장 강력한 것이 우리의 칼 아래 피를 흘렸다. 이 피를 누가 우리에게서 지워줄 것인가? (…) 이 행위의 크기는 우리에게 너무 큰 것 아닌가? 그럴 자격을 갖추려면 우리 스스로 신이 되어야 하는 것 아닌가? 이보다 더 큰 행위는 한 번도 없었다. 우리 뒤에 태어나는 자는 누가 되었건 이 행위로 인해 지금까지 있었던 모든 역사보다 더 높은 역사에 속하게 된다! 여기서 광인은 입을 다물었고, 다시 청중을 바라보았다. 그들도 말이 없었고, 불쾌한 표정으로 그를 노려보았다. 결국 그는 등을 바닥에 던졌고, 그것은 산산조각이 나며 불이 꺼졌다."[16]

시장 사람들의 비웃음과 조롱은 신이 살해되었다는 격앙된 외침 이후 침묵으로 바뀌고, 그 대신 아연실색과 불쾌함이 퍼져 나간다. 광인은 분명히 깨닫는다. "나는 너무 일찍 온 거다. (…) 아직 때가 아니다. 이 엄청난 사건은 아직 진행 중이며 떠도는 중이다. 아직 사람들의 귀에 파고들지 못한다. 천둥 번개는 시간이 필요하다. 별빛은 시간이 필요하다. 행위는 그것이 행해진 뒤에도 시간이 필요하다. 귀에 들리고 눈에 보이기 위해서는."[17]

이로써 흥미로운 역사의 전환이 발생한다. 처음에 시장 사람들은 신을 찾고 있는 광인을 시대에 뒤떨어지고 통찰력이 구제불능인 낙오 자로 비웃고 조롱했다. 하지만 광인은 이제 자신을 "너무 일찍" 행동에 나선 자로 이해하고 있다. 어떻게 보면 그는 다른 사람들보다 앞선 선구자라는 것이다. 시장 사람들은 현대적 명석함에서 자신들이 광인보다 우월하다고 느낀다. 하지만 실제로는—니체는 이 점을 분명히 지적하고자 한다—광인이 동시대인들보다 한 걸음 앞서 있다. 왜냐하면 오직 광인만이 '신의 죽음'이라는 사건의 온전한 크기를 이해하기 때문이다. 그는 이 사건의 엄청난 위력을 알고 있으며, 사람들이 이제 극단적 방향 전환이라는 무자비하게 부담스러운 과제에 직면했음을 깨닫는다. 우리는 어디로 가는가? 니체의 비유로 표현하자면, 태양으로부터 풀려난 지구를 어떻게 다시 안전한 궤도에 올려놓을 수 있는가? 그런 것이 가능하기는 한 건가? 우리 살아남은 자들에게 신의 죽음은 "스스로 신이 되어야"[18) 하는, 즉 의미와 가치와 방향의 창조자가 되어야 하는 완전히 초인적인 도전을 의미한다. 인간은 이제 "신이 없는 세계의 무질서"[19) 안에서 올바른 길을 찾아나가는 과제에 직면한다.

자신을 너무 쉽게 무신론자로 지칭하면서 무신론을 단지 전지전능하고 자비로운 아버지로서의 신에 대한 불신으로만, 또는 오랜 전통과 종교 교육으로부터의 결별로만 이해하는 사람은 이 모든 것을 명확히 인식하기 힘들다. 이처럼 피상적인 방식으로 무신론자인 사람은 신에 대한 거부가 어떤 광범위한 결과를 가져올지, 혹은 '신'이라는 단어가 본래 어떤 의미를 갖는지 아직 이해하지 못한 것이다. 그 이유에 대해서는 여러 상이한 답이 있을 수 있다. 먼저 그것은 신의 죽음을 끝까지 철저하게 사유하지 않았거나 포괄적으로 이해하지 못한 탓일 수 있다. 이 경우 자비로운 조물주, 피안의 세계, 불사의 영혼 등의 실존은 마치 당연하다는 듯이 거부하지만, 그럼에도 불구하고 객관적 가치의 유효성, 특정 규범의 절대적 구속력, 통일적 질서의 의심할 바 없는 현존 등에 여전히 고착되어 있다. 이 같은 일관성 없는 무신론에서는 가령 인간 중심적 세계질서, 인간 생명의 절대적 가치, 특정한 기본 계율 또는 금기의 유효성 등이 결코 의문시되지 않는다. 신의 죽음을 통해 그 타당성이 완전히 의심스러운 것이 되어 새로운 정립이 요구되고 있음에도 불구하고 말이다.

그러나 신이 충분히 철저하게 죽임을 당하지 않아서 소위 무신론적 세계상 안에서 일종의 '망령'이 되어 배회하는 것도 가능하다. 이에 대한 최근의 예로서 리처드 도킨스Richard Dawkins의 세계와 인간에 대한 신다윈주의적 이해와 여기에 기초한 그의 특이한 선교사적 무신론을 들 수 있다. 도킨스는 자신을 과격한 계몽주의자로 이해하면서, 자연과학적 연구가 제공하는 확실한 (것이라고 주장하는) 사실에 근거할 의무를 부과하고 "신에 대한 망상", 즉 종교의 비합리성에 맞선 투쟁을 자신의 과제로 삼았다. 무신론적 '브라이트 운동(Brights Movement, 무신론을 '밝고' '현명한' 세계관으로 여기자며 무신론자에 대한 인식의 전환을 주장하는 무신론 운동 – 옮긴이)'의 지지자로서 도킨스는 초감각적 존재에 대한 믿음과 신화적 특성에서 벗어난 엄격한 자연주의적 세계상에 대한 요구를 내세운다. 도킨스는 세계와 인간의 현존을 진화생물학적 관점에서 해석하는데, 그 핵심 사상은 생존에 유리한 특정 유전 정보의 관철에 기초한 "유전자 이기주의" 이론이다. 여기서 도킨스는 유전자 복사본의 확산을 현존재의 궁극 목적으로 단순화시키는 데까지 나아간다. 그 결과 개체는 자신을 관철하고자 하는 유전자의 단순한 도구에 불과한 것으로 이해된다. 예를 들면 이런 식이다. "나는 어머니를 자기 안에 있는 유전자의 복사본을 널리 퍼뜨리기 위해 온 힘을 다해 행동하도록 프로그래밍된 하나의 기계로 본다."[20] 다시 말해서 도킨스의 세계상 안에는 우리에게 인식 가능한 (신다원주의적) 진리가 존재하고, 더 나아가 궁극의 목적(유전자 복사본의 확산)이 존재하고, 일치와 방향을 제공하는 자연의 질서 원리("보편적이고 가차 없는 유전자 이기주의 법칙")가 존재하고, 우리를 자유와 책임의 부담에서 벗어나게 해주는 인간 행태론이 존재한다. 심지어 그의 세계상에는 유전자 확산이라는 목적과 관련해 옳고 그름 또는 선과 악 같은 개념도 존재한다. 이런 방식으로 전통적인 성 역할이 고착되는 것은 부수적인 효과라고 하겠다.

도킨스식 무신론이 불완전하고, 따라서 무해하다는 것은 분명하다. 유일한 진리를 소유했다는 독단적 가정을 통해서, 진화론적 자연 질서의 통일성 속에 안전하게 숨어서, 이기적 유전자의 꼭두각시로서 자유와 책임의 부담에서 벗어나서, 그리고 자연이 부여한 훌륭한 목적에 따라 살아가고 있다는 기분 좋은 확신 속에서 도킨스의 무신론은 계속 버텨나갈 것이다! 그러나 도킨스의 무신론이 작동하는 이유는 공교롭게도 오직 그의 소위 망상에 빠지지 않은 자연과학적이고 계몽적인 세계상이 종교를 대체하고 있는 덕분이다. 도킨스 같은 타입의 무신론자들은 한때 신화적·종교적 세계상이 담보해주었던 위안과 확신을 이제 자연과학적 세계관으로부터 이끌어낼 수 있기 때문에 그토록 자신감에 넘칠 수 있는 것이다. 이렇게 모순된 무신론자들과 불완전한 허무주의자들은 니체가 생각했던 것처럼 그들이 그토록 신이 나서 떠드는 '신의 죽음'을 여전히 제대로 이해하지 못하기 때문에 아무런 두려움도 느끼지 않는다. "오늘날의 저 부정하는 자들과 유별난 자들 (…) 우리 시대의 명예를 드러내는 저 가혹하고 엄격하고 금욕적이고 영웅적인 정신들, 모든 핏기 없는 무신론자들, 반기독교인들, 부도덕한 자들, 허무주의자들"[21]은 한 가지 숙명적인 모순을 공유한다. "그들은 여전히 진리를 믿고 있다." 다시 말해서, 그들은 기존의 가치와 목적과 세계관을 습관적이고 비합리적인 것이라 거부하면서도, 또 한편으로는 여전히 객관적으로 진리인 세계관이 있으며, 또 그로부터 나오는 보편타당한 목적과 가치가 존재한다고 믿고 있다는 것이다.

하지만 니체가 다이너마이트인 것은 그가 저 핏기 없는 무신론자들과 불완전한 허무주의자들에게 기만적 평화를 허용하지 않기 때문이다. 광인의 말을 통해서 그는 현대의 "신앙 없는 자들"에게 허무주의는 아직 완성되지 않았으며 반드시 필요한 것이라는 점을 이해시키고 있다. 현실적이고 창조적인 새 출발을 위해서는 먼저 과거의 짐들과 옛 버팀목들이 남김없이 제거되어야 한다. 무신론을 일관성 있게 끝까지 밀고 나간다는 것은 통일성을 주는 모든 의미 구조와 궁극의 진리에 대한 망상을 모두 버린다는 의미다. 이런 극단적인 허무주의는 위기이며, "이 위기의 가치는 그것이 정화를 행한다는 것이다".[22] 이와 같은 정화 작용이 있고 나서야 비로소 누가 신의 죽음이라는 최후의 도전을 감당할 수 있는지 드러난다.

니체는 핏기 없고 무해한 허무주의에 대항해 완벽하고 극단적인 허무주의를 내세운다. 니체의 허무주의는 신의 죽음과 더불어 살아가야 하는 사람들의 강함과 대담함을 평가하는 시금석이 된다. 신을 잃은 우리 고아들을 위한 철학적 담력 테스트로서 니체는 똑같은 것의 영원한 회귀라는 관념을 제시한다. 다양하게 존재하는 존재자가 비록 다 개괄할 수는 없어도 무한하지 않은 데 반해, 시간이 무한하다면 사물의 모든 가능한 조합은 이미 존재했어야 하고 다시 존재해야 한다. 모든 것이 회귀한다는 이런 생각을 사유하고 긍정하는 것, 그것이 니체가 우리에게 요구하는 실존적 도전이다. 미리 주어진 목적도 아니고, 의심할 바 없이 확실한 목표도, 형이상학적으로 뒷받침된 의미도, 행복한 결말에 대한 전망도, 현존의 그늘진 곳에서 벗어날 미래의 구원도, "실제적·이론적 허무주의에 대한 위대한 치료제"[23]도 모두 아니다. 그것은 있는 그대로의 세계와 삶이다. 영원에 이르기까지 언제나.

"이런 생각을 가장 무시무시한 형태로 사유하라. 있는 그대로의 현존, 의미도 없고 목표도 없는, 그러나 피할 수 없이 되돌아오는, 끝없는 무(無)로의 '영원회귀'. 이것이 허무주의의 가장 극단적인 형태다. 아무것도 없다('무의미'), 영원히!"[24]

자유로운 정신에 관하여

앞서 이미 말했듯이, 니체는 위로자가 아니다. 지금까지 살펴본 바에 따르더라도 위로나 위안을 언급하기는 곤란하다. 오히려 반대다. 니체에게서는 고통이 더욱 심해지거나 없는 고통도 생겨난다. 현대적 사리 분별, 침착한 근면성, 평온한 자기만족 등이 사람들 사이에 만연한 곳에다 니체는 철학적 폭탄을 설치한다. 광인이 '신의 죽음'의 온전한 의미를 회색빛으로 그려내는 순간 평화와 고요는 사라진다. 신의 죽음이 무슨 의미인지 아직 이해하지 못한 사람은 당장 그것과 대면할 것을 요구받는다. 지금까지 현존의 무의미와 무목적으로 고통받아 본 적이 없는 사람은 마땅히 그러한 결핍을 보충해야 한다. "너희는 내게 충분히 고통받고 있지 않다!"고 니체는 차라투스트라의 입을 빌려 말한다. 왜냐하면 "너희는 모두 내가 고통받는 것에 고통받지 않고"[25] 있기 때문이다. 그리고 니체는 오해의 여지가 없도록 이렇게 덧붙인다. "아니면 (너희 생각에) 나는 장차 너희 고통받는 자들에게 더 편안한 삶을 주려던 것인가? (…) 아니다! 아니다! 절대로 아니다!"[26]

그렇다면 좋다. 니체가 말하는 고산 철학의 얼음 뒤덮인 고독한 정상까지 따라가서 신의 죽음을 그 무시무시한 온전한 의미로 대면할 의지와 능력이 우리에게 있다고 가정하자. 우리는 배후 세계로 도피하거나 실존적 물음을 조야한 답변으로 구슬리는 대신 진리를 위해 고통받고 절망에 빠질 준비가 되어 있음을 천명한다. 하지만 그러고 나면? 완전한 허무주의에 계속 머물러 있어야 할까? 그것이 가능하기는 한가? 레보스키 류의 허무주의자들이 대표한다는 허무주의 안에서 살아가는 것이 과연 가능할까? 한마디로, 그렇지 않다. 허무주의는 극복되어야 한다. 의미와 가치에 대한 물음은 우리 인간에게 필연적이며, 신의 죽음에 대한 물음도 그에 못지않게 불가피하고 절박하다. 우리는 의미, 가치, 방향 없이는 살 수 없다. 아무것도 믿지 않는 완전한 불신, 의미와 목적에 대한 거부는 우리를 마비시키고 행동할 수 없게 만든다. 모든 것이 임의적이고 헛되다는 생각은 삶을 극도로 억압한다. 이래도 상관없고 저래도 상관없는 사람이 무엇을 어떻게 선택할 수 있겠는가? 그런 사람은 아마 심각한 도덕적 결정은 고사하고 초콜릿 아이스크림과 바닐라 아이스크림 중 무엇을 먹을지도 결정하지 못할 것이다. 아무런 관점도 받아들이지 않는다면 대체 어떻게 살아갈 수 있겠는가? 설사 그것이 사물에 대한 참된 시각을 제공해주지 못하더라도 말이다. 우리가 어떤 것은 중요하고 좋은 것으로 존중하고, 다른 것은 무의미하거나 나쁜 것으로 간주하지 않는다면 대체 어떻게 행동할 수 있겠는가? 설사 그러한 판단이 최종적인 근거를 제시하지 못하더라도 말이다. 우리가 무의미에서 의미를, 무질서에서 질서를 발견하고, 우리의 행위에 의미를 부여하려고 시도하지 않는다면 대체 어떻게 우리의 현존을 가꾸어갈 수 있겠는가? 우리 인간은 가치를 정립해야 하고 입장을 가져야 한다. 하지만 또한 니체의 말처럼 우리가 취한 입장과 가치가 영원하고 객관적인 타당성을 요구할 수 없다는 점도 분명히 알아야 한다.

완전한 허무주의는 어디서 어디로 넘어가는 이행 단계에 불과할 수 있다. 물론 뒤로 물러나는 길, 즉 "신의 부활"은 선택 사항이 아니다. 오히려 우리는 신의 빈자리를 스스로 받아들여 세계와 현존에 "의미를 투입"해야 한다. 왜냐하면 "이 과제는 무조건 언제나 여전히 남아 있는 것"[27]이기 때문이다. 그렇다면 우리는 허무주의를 어떻게 넘어설 수 있을까? 니체는 그것을 긍정함으로써 가능하다고 말한다. 위대한 부정을 긍정해야 한다는 것이다. 그렇게 함으로써 우리는 "긍정의 엄청난 힘과 긴장으로부터 부정하는 말과 행동에 대한 즐거움을"[28] 발견하게 된다. 그것은 "이상적인 것"과 "배후 세계"에 대한 부정이고, 삶에 대한 그리고 "선택도 예외도 가감도 없는 있는 그대로의 세계에 대한"[29] 긍정이다. (또는 좀 더 복잡하게 표현하자면, 신에 대한 부정의 긍정이고, 현세에 대한 그리고 있는 그대로의 현존과 세계에 대한 부정의 부정이다.) 허무주의에 대한 긍정 안에서 "끔찍한 것과 불확실한 것에 대한 연민"[30]이 모습을 드러낸다. 이 같은 연민의 능력을 가진 사람들, 충분한 용기와 힘과 창조력을 발휘할 수 있는 사람들은 신의 죽음을 완전히 다른 시각인 낙관주의적 관점에서 바라볼 수 있다.

니체는 이 관점을 『즐거운 지식』 343번 아포리즘에서 펼쳐 보인다. 여기에는 '우리의 명랑함이 중요한 이유'라는 제목이 붙어 있다. (이 아포리즘은 '우리 두려움을 모르는 자들'이라는 부제가 붙은 『즐거운 지식』 마지막 권의 주제이기도 하다.) 아포리즘에서 다루는 문제는 "이 사건(신의 죽음)의 최근 결과들이다. 그리고 이러한 최근 결과들, 우리에 대한 그 결과들은 역으로 우리가 기대할 수도 있는 것으로서 전혀 슬프지도 암울하지도 않다. 오히려 뭐라고 설명하기 힘든 새로운 종류의 광명, 행복, 안도, 격려, 여명 같은 것이다. 실제로 우리 철학자들과 '자유로운 정신'들은 '옛 신이 죽었다'는 소식에 새로운 여명이 밝아오는 느낌을 받는다. 우리의 가슴은 감사, 경이, 예감, 기대로 충만하다. 마침내 우리에게 다시 지평이 자유롭게 열린다. 비록 환히 밝지 않더라도, 드디어 우리의 배는 다시 출항할 수 있게 된다. 모든 위험을 넘어서 나아간다. 인식의 모든 모험은 다시 허락된다. 바다, 우리의 바다는 다시 열린다. 아마도 이토록 '열린 바다'는 아직 한 번도 없었으리라".[31]

광인은 '신의 죽음'이 가져오는 의미 상실, 방향 상실, 두려움, 추위, 어둠을 말했다. 하지만 자유로운 정신은 똑같은 사건에서 전혀 다른 측면을 얻어낸다. 기쁨에 찬 기대, 안도, 해방, 모험심, 심지어 행복까지도. 자유로운 정신에게 허무주의의 위기는 기회임이 분명하다.

실험동물로서의 인간

"위기는 생산적 상태다. 우리는 다만 재난의 뒷맛만 없애면 된다"고 스위스의 작가 막스 프리슈Max Frisch는 말한 바 있다. 이 말은 광인의 관점과 자유로운 정신의 관점 간의 차이를 아주 정확히 표현하고 있다. 광인이 재난으로 체험하는 것이 자유로운 정신에게는 생산적인 상태인 것이다. 니체는 물론 생산적이고 창조적인 새 출발이 있으려면 재난으로서의 위기에 대한 체험과 인식이 불가피하다고 강조한다. 광기와 자유는 기존 가치와 방향의 상실에 맞서는 연속되는 두 발전 단계라고 말할 수 있다.

그렇다면 자유로운 정신의 특징은 무엇인가? 자유로운 정신의 두드러진 미덕으로 니체는 '진실성'과 그에 따른 자신에 대한 '엄격함'을 꼽는다. 자유로운 정신은 '신의 죽음'을 최후의 끔찍하고 무시무시한 결과까지 철저히 사유해 완전한 허무주의를 맛보려는 노력을 끝까지 포기하지 않는다. 자유로운 정신은 거대한 무(無)를 정면으로 응시하며 그것으로부터 도망치려 하지 않는다. 용기는 이미 언급한 자유로운 정신의 또 다른 특징이다. 하지만 자유로운 정신은 거대한 무, 허무주의의 위대한 부정을 단지 견뎌내기만 하는 것이 아니라 그것에 또한 위대한 긍정을 바친다. 위기에 대한 긍정, 변혁에 대한 긍정, 스스로 신과 같은 존재가 되라는 초인적 도전에 대한 긍정이다. 이러한 긍정으로 인해 자유로운 정신은 항상 희망에 차 있다.

자유로운 정신은 명랑함과 즐거운 기대감을 가지고 거대한 불확실과 대면한다. 자유로운 정신은 진실하게 그리고 끝까지 철저하게 '이상적인 것'의 상실과 대결하기 때문에 이러한 상실이 처음에는 좌절과 방향 상실을 초래할 수 있지만 자유로운 정신에게 두려움을 불어넣지는 못한다. 이렇듯 자유로운 정신은 낙관주의자이고 위대한 긍정자이다. 하지만, 이 점이 결정적으로 중요한데, 자유로운 정신은 먼저 부정을 극단에 이르기까지 행하고 난 뒤에야 비로소 긍정자가 된다.

자유로운 정신은 전통적이고 관습적이고 습관적인 것들과 거리를 둔다. 이것은 그를 자유롭게 만들 뿐만 아니라 같은 인간들의 무리와도 멀어지게 한다. 그러므로 (긍정적으로 이해된) 고독은 자유로운 정신의 또 다른 특징이 된다. 하지만 자유로운 정신은 대부분의 사람들이 (아직) 자유로운 정신으로의 발걸음을 떼지 못한 탓으로만 고독한 것이 아니다. 그는 또한 개인의 내던져짐(혹은 자신에게로 되던져짐)이 신의 죽음이 초래한 피할 수 없는 결과이기 때문에 고독하다. 위기 중의 위기인 이 같은 사건은 추상적인 인류가 아니라 개개인을 극단적으로 도발한다.

자유로운 정신은 관습, 전통, 습관, 종교적·문화적 구속 등에 더 이상 매몰되지 않고 안전하다. 자유로운 정신은 결정을 내릴 때 신의 법칙을 소환하지 않고 '사람들'이라는 거창한 비개인적 3인칭에 기대지도 않는다. 자유로운 정신은 자기 행위의 근거를 다른 사람들도 다 그렇게 한다는 데에서 찾지 않는다. 자유로운 정신은 더 이상 간단히 다른 모든 사람들처럼 살아갈 수 없다. 군이 말하자면 그는 자유롭지 않은 정신들의 공동체에서 떨어져 나온 사람이다. 이제 자신의 삶을 살아야 한다. 평가하고 결정하고 행동해야 하며, 이때 오로지 자기 혼자 힘으로 서야 한다.

하지만 자유로운 정신은 자기 삶의 '시인'이 되어야 한다고 니체는 다시 말한다. 니체는 기존의 가치와 규범에서 풀려나는 측면에만 일방적으로 주목함으로써 이러한 과제를 과소평가하지 않는다. "아무것도 진리가 아니다! 모든 것이 허락된다!"[32]며 새로운 독립을 외치지만, 이것은 그에게 단지 임시적 출발점에 불과하다. 실제로 기존의 모든 구속으로부터의 탈출은 자유로운 정신을 새로운 과제와 직면하게 하는데, 니체가 보기에는 오직 소수의 사람들만이 이 과제를 처리할 능력이 있다. 자유로운 정신으로서의 실존은 대담성과 진실성뿐만 아니라, 습관과 인습을 뛰어넘어 평가하고 결정하고 행동하는 능력과 독립성을 요구한다. 그래서 니체의 차라투스트라는 이렇게 말한다. "높이 오르고 싶으면 너희 자신의 다리를 사용하라!"[33] 자유로운 정신은 그 밖에도 "공정해질 수 있기 위해" "판단력"을 사용한다. "의지 하나만으로는 그렇게 하기에 충분하지 못하다. 가장 끔찍한 고통은 인간에 대한 판단력이 없는 공정성의 충동에서 나온다. (…) 하지만 판단력을 키우는 방법을 어디서 찾는단 말인가!"[34] 니체는 소수의 사람들에게만 공정하게 판단하는 능력을 부여한다.

자유로운 정신은 전통이나 평균에 방향을 맞춰 그들의 현존을 형성해나가지 않는다. 그들은 말하자면 실험적인 삶을 살아간다. "우리는 우리 자신의 실험동물이 되고자 한다."[35] 자기 자신의 실험 대상이 된다는 것은 특히 어떤 태도를 정하거나 무엇에 가치를 둘 때 수정이나 변경 가능성을 열어놓는 것을 의미한다. 그렇기 때문에 실험동물로 적합한 사람은 "극단적 도그마가 필요 없는 사람, 우연과 무의미를 상당 부분 인정할 뿐만 아니라 사랑하는 사람"[36]이다. 자기 자신의 실험 대상이 된다는 것은 또한 자신을 창조적인 작가로서 이해하는 것을 의미한다. 자유로운 정신은 운명이 자신에게 어떤 예기치 못한 전환을 마련해놓았는지 모르는 채 자신의 일회적이고 개인적인 실존을 노래하는 시인이다. "세상에는 너 말고는 다른 누구도 갈 수 없는 단 하나의 길이 존재한다. 어디로 가는 길이냐고? 묻지 말고 직접 가보라!"[37]

니체는 허무주의를 일차적으로 역사적 사건으로서, 그리고 '신의 죽음'에 대한 사람들의 집단적 경험으로서 관찰하고 연구한다. 그는 자신을 이런 피할 수 없는 위기를 알리는 선구자로 여긴다.

"나는 무엇이 오고 있는지를, 즉 다가오는 허무주의를 기술한다. (…) 나는 찬미한다. 나는 여기서 허무주의가 오고 있음을 비난하지 않는다. 나는 가장 큰 위기의 하나로서 인간의 가장 깊은 자각의 순간이 있음을 믿는다. 인간이 거기서 회복될 수 있을지, 인간이 그러한 위기를 지배하는 주인이 될 수 있을지 여부는 그가 지닌 힘에 달려 있다. 그것은 가능하다."[38]

의미 맥락의 상실, 무조건적으로 받아들인 기존 가치와 방향의 와해 등은 그러나 또한 지극히 개인적인 경험으로서, 그리고 개인적 생활사의 한 단계로서도 관찰될 수 있다. 때때로 그것은 사랑하는 사람의 상실과 같은 운명적 경험이 되어 누군가를 익숙한 삶으로부터 떼어내 포기하게 만들기도 하고, 다 자란 자식들이 부모의 집을 떠날 때처럼 '전형적인' 삶의 단계에서 일어나기도 한다. 또 어떤 때는 익숙한 삶이 (겉보기에) 특별한 이유 없이 궤도를 이탈해 갑자기 불확실해지고 무의미한 느낌을 받게 만들기도 한다. 이와 같은 의미 상실의 감정을 불러일으키는 요인이 무엇이든 간에 그것은 당사자에게는 언제나 심각한 삶의 위기를 의미한다. 갑자기 '왜?'라는 물음이 강한 독성을 띠면서 더 이상 반복되는 일상의 뒤편으로 사라지려 하지 않게 된다. 지금까지 아무런 의문 없이 소중하고 의미 있다고 여기던 것들—직장, 돈, 가정생활—이 의심스러워진다. 자신의 실존이 시험대 위에 오른 것이다. '의미의 위기'라는 말로 적절히 표현되는 이와 같은 위기는 방향 상실과 고독의 감정, 더는 지금까지처럼 살아갈 수 없을 것 같은 무력감, 습관적으로 연결된 익숙한 사람들 한가운데에서 느끼는 고독 등을 특징으로 한다.

소위 번아웃 증후군에 걸린 사람들에게도 의미 상실이라는 주제는 중요한 역할을 한다. 빌헬름 슈미트에 따르면 "의미는 힘을 선사하고, 무의미는 그것을 빼앗아간다".[39] 의미의 결핍은 영혼(과 육체)의 소진으로 이어진다. 무의미한 행동에서는 아무런 활력도 이끌어낼 수 없기 때문이다. 니체도 의미와 활력의 상관관계를 분명하게 의식하고 있었다. "자기 삶의 '왜?'를 찾은 사람은 거의 모든 '어떻게?'를 소화해낼 수 있다."[40]

위기의 인간은 니체의 광인이 자신이 겪고 있는 고통을 사람들에게 알리고자 할 때와 같은 느낌을 받을 수 있다. "하지만 삶은 그래도 아름답다"고 사람들은 그에게 말할 것이다. "그러니 너는 긍정적으로 생각해야 해! 네가 지금껏 성취한 모든 것들을 한번 봐! 네 아이들을 봐. 네가 얼마나 잘 지내는지, 네 삶을 살 만하게 만드는 것들이 얼마나 많은지 보라고. 너는 지금보다 훨씬 더 나빠질 수도 있어." 불행에 빠진 사람들은 빈번히 그들의 '나쁜 기분'을 최대한 빨리 극복하도록 강요받는다. 위로의 말로 진정이 안 되면 신경안정제를 처방받아서라도 의미 상실의 감정은 신속히 제거되어야 하는 것이다. 하지만 위기의 인간은 자신이 고통스러운 진실을 따라가는 중이라는 걸 어렴풋이 알고 있다. 그것은 간단히 무시해버릴 수 없는 진실이다. 흔한 위로나 기분 전환의 시도는 통하지 않는다. 기존의 구속들은 더 이상 의심할 바 없이 명백한 것으로서 기능하지 못한다.

이 지점에서 니체의 소위 '철학적 근치 요법'을 다시 살펴보자. 이제 위기를 회피하지 말고 직접 대면하고, 받아들이고, 견뎌내고, 그것의 정화 작용을 허용하라는 요구는 니체적 의미에서 타당성을 획득한다. 무의미의 감정은 거부되거나 은폐되지 않고 체험된다. 심지어 만끽된다는 표현까지도 가능하다. 이것이 단지 삶의 자극에 불과하지 않고 과도한 부담이라는 것이 명백한 경우에도 니체는 자유로운 정신으로 나아가는 길에 회피와 위로는 선택 사항이 아님을 분명히 한다. 물론 완전한 허무주의 안에서 자신을 잃어버리고 우울증으로 마비되지 않기 위해서는 많은 기술이 필요하다. 그래서 니체는 자유로운 (즉 기존의 구속에서 벗어난) 정신의 이상에 대해 다음과 같이 기술한다.

"위대한 탈출의 역사에는 나쁘고 고통스러운 것이 따른다. 힘과 의지가 자기결정, 자기가치로 나아가는 저 최초의 탈출, 자유로운 의지를 향한 저 의지는 인간을 파괴시킬 수 있는 질병과도 같다."[41]

이런 불안정한 단계에서 벗어나 성숙하고 자각적이고 굳건한 정신의 자유에 도달하기 위해서는, 니체에 따르면, "건강에의 의지"[42]가 필요하다. 이 의지가 있으면 치유가 빠르게 진행되며, 탈출한 정신은 놀라운 변화를 일으킨다.

"자유로운 정신의 주위가 다시 따뜻해진다. 말하자면 더 노랗게 된다. 감정과 동감은 깊이를 획득하고, 모든 종류의 훈풍이 그를 스치고 지나간다. 그는 이제 처음으로 주변을 볼 수 있는 눈이 열린 느낌이 들 지경이다. 그는 경이로움 속에 가만히 않는다. 그는 여태 어디에 있었던가? 가깝고 친밀한 사물들은 이제 그에게 얼마나 달라져 보이는가! 그 사이 그것들에 어떤 매력이 주어졌단 말인가!"[43]

무의미가 그리고 허무주의가 모든 극단에 이르기까지 궁극적으로 사유되고 견디어지고 나면—우리는 니체를 이런 식으로 해석할 수 있다—그때 비로소 삶은 해방되고 치유된 정신에게 강렬하고 뜨거운 어떤 것이 된다. 이 같은 벗어남의 고통에는 삶에 대한 즐거움이 뒤따른다. 그 삶은 마치 새로 시작된 듯하다.

니체는 의미를 찾는 이들에게, 영혼이 소진될 위기에 빠진 21세기의 사람들에게 어떤 말을 건네고 있을까?

허무주의의 위기를 정면으로 직시하고 부정하지 마라! 실존의 조건들을 있는 그대로 수용하라! '의술의 돌봄'에 기대지 말고 너희 고통을 너희 손으로 직접 받아들이라! 치유가 가능할 수 있도록 더 단단해지고 더 용감해져라! 단지 '겉보기에만' 필연적이고 의문의 여지가 없는 옛 구속들과 거리를 두라! 너희가 구속과 의무와 관계를 손에서 놓지 못한다면 혹은 새롭게 받아들인다면, 그것은 너희가 그것들을 '선택'하고 승인했기 때문이지 그것이 원래 그래서이기 때문이 아니다. 이런 방식으로 너희는 너희 자신의 실존을 획득하고, 자기 삶의 시인이 되어 너희의 현존을 형성해나간다. 너희 삶을 정상성의 기준에 맞추지 마라! 많이 지나다닌 길로 편히 가지 말고 너희 자신의 다리를 사용하라! 너희 자신을 상대로 실험하고 시험하라! 너희 운명을 단지 견뎌내는 데서 그치지 말고 사랑하는 법을 배워라! 예기치 못한 것들에 열려 있어라! 세상에 대한 긍정을 훈련하라!

확실성의 와해와 기존 방향과 의미로부터의 해방은, 니체의 말처럼, 고통 없이는 불가능하다. 그러나 "엄격히 말하면 이것이 모든 염세주의에 대한 근본적인 치료이다. (…) 자유로운 정신과 같은 방식으로 병에 걸리는 것, 한동안 그렇게 병을 앓는 것은 그러고 나서 더 오래오래 건강해지기 위해서, 그러니까 '더 건강해지기' 위해서이다."[44]

1844년	프리드리히 니체는 라이프니츠 근교의 작은 마을 뢰켄에서 개신교 목사인 아버지와 목사 딸인 어머니 사이의 아들로 태어난다.
1848년	독일 3월혁명 발발.
1864~1868년	본 대학과 라이프치히 대학에서 신학과 고전문헌학을 공부한다.
1869년	24세의 나이로 바젤 대학에 그리스어와 문학 교수로 취임한다.
1871년	독일 제국 수립. 빌헬름 1세가 독일 황제가 된다.
1879년	건강상의 이유로 교수직에서 물러나 유랑 생활을 시작한다. 이후 10년 동안 『즐거운 지식』 『차라투스트라는 이렇게 말했다』 등 대표적인 저서들이 완성된다.
1889년	토리노에서 발작을 일으킨 뒤 정신착란이 시작된다.
1900년	니체 사망. 뢰켄에 묻힌다.

의미에 대한 물음

- 48%의 독일인은 인생을 그냥 즐겨야 한다고 생각한다.
- 31%의 독일인은 인생을 하나의 과제로 봐야 한다고 생각한다.
- 26%의 독일인은 인생의 의미에 대한 물음을 놓고 더 자주 대화를 나눈다.
- 68%의 독일인은 물가와 물가 변동에 대해 더 자주 대화를 나눈다.
- 번아웃과 관련해 발급된 진단서의 수가 2004년 이후로 700% 상승했다.
- 80%의 독일인은 여가 활동에서 커다란 삶의 기쁨을 느낀다.
- 30%의 독일인은 직장 생활에서 커다란 삶의 기쁨을 느낀다.
- 1.9%의 독일인은 예로부터 내려온 전통을 고수하는 것을 매우 중요하게 여긴다.
- 71%의 독일인은 좋은 친구를 얻는 것을 매우 중요하게 여긴다.

현대철학의 인기 스타 '장 폴 사르트르' ———————

타인이 지옥처럼 느껴질 때

2011년 8월 6일, 순찰차 열두 대가 독일 뒤스부르크Duisburg 시 외곽 베에커베르트로 급히 출동했다. 경찰에 따르면 50여 명의 사람들이 그곳에서 싸움을 벌이고 있었다. 젊은 남성 3명의 주먹질로 시작된 싸움은 각자의 가족들이 개입하면서 커지더니 급기야는 가스총까지 발사되었다. 싸움의 발단은 이 나라에서 폭력적 태도와 동의어가 되어버린 말 한 마디였다. "뭘 봐?"

그냥 쳐다보기만 해도 집단 난투극이 발생할 수 있는 것이다. 쳐다보는 것에는 자제력이 부족한 이들을 극도의 분노에 사로잡히게 만들 수 있는 어떤 도발적이고 위협적인 요소가 있는 게 분명하다. 코미디언 카야 야나르는 이런 현상에 대한 짤막한 스케치를 통해 부조리의 극치를 보여준다. 한 남자가 관객에게는 보이지 않는 어떤 상대에게 호통을 친다. "뭘 봐? 한번 해보자는 거야?" 그때 여자가 나타나 흥분한 남자를 야단친다. "면도하면서 성질 좀 그만 부릴 수 없어?" 야단맞은 남자는 거울 속의 제 모습을 향해 소리 죽여 마지막 경고를 날린다. "쳐다보지 말라니깐!"

만약 사르트르가 이 장면을 봤더라면 틀림없이 자신의 주저인 『존재와 무』의 철학적 주제를 설명하는 데 사용했을 것이다. 왜냐하면 이 실존주의 철학자는 일상생활과 가까운 구체적 사례를 각별히 좋아할 뿐만 아니라 타인의 시선이 가하는 위협, 즉 타인의 시선에 대한 우리의 불안과 다른 사람들과 함께 있을 때 느끼는 부끄러움, 우리가 전혀 통제할 수 없는 우리에 대한 타인의 생각이 우리에게 불러일으킬 수 있는 고통과 같은 주제에 아주 관심이 많기 때문이다. 사르트르는 이러한 현상들의 기저에 깔린 깊은 의미를 철저히 규명해보고자 했다. 그리고 그는 "특정한 조건하에서 타인은 우리에게 지옥이 된다"는 결론에 도달한다. 사람들이 이런 지옥에서 벗어나기 위해 폭력 사용(또는 거울 앞에서의 원숭이짓)도 불사하는 것은 충분히 이해할 만하다.

*　*　*

1980년 4월 19일, 장 폴 사르트르Jean Paul Sartre가 그 자신이 태어난 도시 파리에 묻힐 때 5만 명 이상의 인파가 그의 장례 행렬을 뒤따랐다. 이 인상적인 작별은 철학자가 살아 있는 동안 누렸던 명성을 말해준다. 실제로 사르트르의 인기는 한때 사상가보다는 팝 스타의 그것에 더 가까울 정도였다. 심지어 그의 실존주의 철학 강연에서는 정신을 잃고 혼절하는 여자도 나왔다고 한다. 이와 같은 열광적인 반응은 동시대의 다른 철학자들로서는 꿈도 꿀 수 없는 일이었다.

하지만 사르트르의 사상과 행동이 동의만을 얻었던 것은 물론 아니다. 더욱이 그는 민감한 주제에 대한 공개 토론을 사양하지 않았으며, 1974년에는 독일 적군파 우두머리 안드레아스 바더를 찾아가서 만나는 정치적 활동으로 거센 비난을 불러일으키기도 했던 대단히 투쟁적인 인물이었다. 사르트르는 자신의 이런 활동에 대한 부정적인 반응을 알고 있었지만, 정치적 참여와 개입이 지식인의 필수 불가결한 과제라는 확신을 죽는 날까지 바꾸지 않았다. 사적 영역과 직업적 영역의 분리도 철학자로서의 삶에 대한 그의 생각에 역행하는 것이었다. 시몬 드 보부아르에게 보낸 한 편지에서 사르트르는 이렇게 말한다.

"내 삶을 뒤늦게 내 철학을 통해 방어하려는 지저분한 짓도, 내 삶을 내 철학에 맞추려는 옹졸한 짓도 하지 않겠어. 삶과 철학은 정말로 하나이니까."[1]

대중의 스타 사르트르, 바람둥이 사르트르, 정치활동가 사르트르 외에 또 하나의 사르트르가 있는데, 다름 아닌 수천 쪽에 이르는 작품을 남긴 작가 사르트르다. 그 사르트르의 수많은 소설, 희곡, 전기, 철학서 중 독일에서 특히 지속적인 인기를 얻고 있는 작은 책이 한 권 있다. 아비투어(독일 고등학교 졸업 시험 – 옮긴이) 준비용 불어 교재로 여전히 애용되고 있기 때문이기도 한데, 바로 희곡 「닫힌 방」이다.

지옥의 3인

서로 모르는 이방인 세 사람이 나폴레옹 3세의 제2제정 시대 스타일로 꾸며진 방에 함께 갇혀 있다. 벽난로 위 선반에는 동상이 한 개 놓여 있다. 이러한 실내장식은 방에 갇힌 이들이 그들의 새 '집'에서 대면하게 되는 부조리 중 일부에 불과하다. 우리는 곧 여기서 생각할 수 있는 최악의 상황과 마주치게 되기 때문이다. 세 명의 이방인은 곧 그들이 죽어서 지옥에 떨어졌음을 알게 된다. 도대체 지옥에서 제2제정시대 의자와 동상이 무슨 필요가 있단 말인가? 갇힌 이들은 혼란에 빠져 이렇게 묻는다. 지옥에 떨어진 자로서 받아야 하는 고통스러운 벌은 대체 어디 있는가? 고문하는 형리는 어디 있고 고문대와 불에 달군 석쇠는 어디 있는가? 왜 지옥불이 보이지 않는가? 방 안이 유난히 후텁지근하고 숨이 막히긴 하지만 전체 장면은 나쁜 농담 같을 뿐 지옥의 영원한 형벌처럼 보이지 않는다. 지옥 방의 거주자들은 최악의 처벌은 모면한 듯한, 아니면 무슨 착오가 있었던 게 아닐까 하는 인상을 받는 게 고작이다. 하지만 서로 맞춰보려는 노력을 하는 과정에서 이들은 지옥의 고통에 관한 자신들의 습관적인 생각이 바뀌어야 한다는 걸 깨닫게 된다.

"그러니까 이것이 지옥이로군. 정말 이런 줄은 몰랐어. (…) 당신들도 알잖아, 유황이니 불타는 장작 더미니 불에 달군 석쇠니 하는 (…) 다 어리석은 생각이었어. 석쇠는 필요하지도 않아. 타인이 바로 지옥이야."[2]

타인이 지옥이다

"타인이 바로 지옥이야."

이것은 프랑스 실존주의의 아이콘인 사르트르가 한 가장 유명한 말 중 하나다. 사르트르는 강렬한 언어를 좋아하는 경향이 있다.

"인간은 스스로 만들어가는 딱 그만큼의 존재다."

"우리는 가차 없이 혼자다."

"인간은 자유라는 유죄판결을 받았다."

이런 말들은 쉽게 기억되는 데다 실존주의의 아우라 같은 것을 전해준다. 하지만 이해도 그만큼 쉽게 될까? 자기 철학의 기본적인 진술들을 간단명료한 격언의 형태로 포착하려는 사르트르의 시도는 실제로 실존주의에 대한 일련의 오해와 편견을 낳았다. 사르트르의 사상이 염세적이고 절망적이고 인간 혐오적 철학이라는 비난도 이러한 오해에 속한다.

그에 따르면 사르트르의 철학은 아무런 방향이나 행동 지침을 제시하지 못하기 때문에 우리에게서 모든 희망을 앗아가고, 모든 가치와 확실성을 제거하고, 우리를 절망 속에 방치한다. 이를 이 책의 주제와 관련지어 말하자면, 실존주의는 무엇보다도 불안과 절망과 당혹감을 불러일으킨다는 것이다. 다시 말해서 실존주의는 고통을 가져올 뿐 그것을 줄여주거나 없애주지 못한다고 한다.

하지만 사르트르는 실존주의 철학이 박애적이고 낙관주의적인 철학이라고 굳게 믿었다. 물론 여기서 말하는 낙관주의는 인간에게 용기와 강함을 요구하는 '단단한' 낙관주의다. 이제부터 우리는 사르트르가 우리의 실존적 불안과 고통이 지닌 깊은 의미를 탐지했을 뿐만 아니라, 자신이 진단한 악에 대한 일종의 '치료제'를 실제로 우리에게 제공하고 있음을 보게 될 것이다.

하지만 먼저 사르트르가 희곡 「닫힌 방」에서 보여주고 있는 지옥 장면으로 돌아가보자. 그는 "타인이 바로 지옥이야"라는 저 유명한 대사를 통해 우리에게 무슨 말을 건네고 싶은 걸까? 이를 이해하려면 사르트르가 작품 속에 재치 있게 배치해놓은 인물 구성을 좀 더 자세히 들여다볼 필요가 있다. 이미 말했듯이 등장인물은 서로 전혀 모르는 이방인이자 앞으로 영원히 같이 살 동거인으로 지옥 방에서 처음 만난 세 사람이다.

제일 먼저 우리는 '가르생'이라는 인물을 알게 된다. 그는 남아메리카에서 평화주의 신문을 만들던 저널리스트로서 자신을 항상 영웅과 같은 존재로 여기던 사람이다. 하지만 전쟁이 터지자 탈영을 시도하다가 스스로 생각하기에도 남자답지 못하고 명예롭지 못한 죽음을 맞는다. "그런데 당신은 어떻게 죽었소, 가르생?" "별로 훌륭하지 않아요. (…) 아! 그냥 순식간에 정신을 잃고 말았어요."[3] 하지만 그가 지옥에 오게 된 이유는 따로 있었다. 그는 자기 아내를 아무 거리낌 없이 기만하고 굴욕을 주고 정신적으로 괴롭히던 남편이었다.

그다음으로 지옥 방에 들어온 사람은 '이네스'다. 이네스는 남다르게 명석한 여자로 아이러니한 거리를 두고서 상황을 관찰한다. 우리는 그녀가 연인에게 지속적으로 정신적 테러를 가하다 결국 연인의 손에 살해당했으며 연인 자신도 스스로 목숨을 끊었다는 사실을 알게 된다.

지옥의 트리오를 완성시키는 마지막 인물은 '에스텔'이다. 에스텔은 허영심에 가득 찬 피상적이고 거짓투성이인 여인으로 상류사회 출신이다. 그녀에게는 지옥 방에 거울이 없어서 타인의 시선을 통해서만 자신을 비추어 볼 수 있다는 사실이 무엇보다도 견디기 힘들다. 에스텔은 중년의 남편을 속이고 젊은 남자와 바람을 피웠고, 이 관계에서 태어난 아이를 죽였다. 이 일로 그녀의 정부는 자살하고 말았다.

예상치 못한 만남으로 인한 놀라움이 어느 정도 가라앉자 제일 먼저 상황을 이해하기 시작한 사람은 이네스였다. 그녀는 먼저 다른 두 사람에게 어떤 착오가 있었던 것도 아니고 판결이 잘못 내려진 것도 아니라는 점을 이해시킨다. "우리는 지옥에 있어요. (…) 아무 착오도 없었고, 죄 없이 지옥에 떨어진 것도 아니에요."[4] 그런 다음 그녀는 그들이 처음에 생각했던 것처럼 정말 지옥의 고문자가 없는 것이 아니라는 사실을 깨닫는다. "우리 각자가 다른 두 사람에게 고문자예요."[5] 이 말에 불안해진 가르생은 다른 이들과 깍듯하게 거리를 두면서 갈등을 피하려 시도한다. "나는 당신들의 고문자가 되지 않을 생각이에요. 나는 당신들에게 아무 해도 끼치고 싶지 않고, 당신들과 아무 관계도 맺고 싶지 않아요. 아무것도. 아주 간단해요. 그냥 각자 자기 자리에 있으면 돼요. (…) 그리고 입을 다무는 거예요. 한 마디도 하지 말고. 어려운 일이 아니잖아요, 안 그래요?"[6] 하지만 곧 이네스가 옳았음이 드러난다. 고문이 시작된 것이다.

그렇다면 갇힌 이들은 어떻게 서로의 고문자가 되는 걸까? 가르생을 예로 들어보자. 그는 살아 있을 때 늘 자신을 영웅적인 남자로 여겼지만 막상 용기를 증명해 보일 시간이 찾아오자 비겁하게 도망친다. 그러고는 자신이 그렇게 행동하게 된 동기에 대해 스스로 의구심을 품는다. 그를 도망치게 만든 것은 단순한 두려움이었을까? 아니면 그가 믿고 싶어하는 것처럼 합리적인 결정이었을까? 죽음은 결국 그에게서 다른 행위를 통해 용기를 증명할 모든 기회를 가져가 버렸다. 이제 살아 있는 자들의 판결이 그를 괴롭힌다. "가르생은 겁쟁이다! 이것이 그들이 내린 결정이에요. 내 동료들이. 열 달쯤 뒤에는 이렇게 말하겠죠. '가르생 같은 겁쟁이 녀석!'이라고 말이죠."[7] 그러나 그는 자신이 고통에서 벗어나는 방법을 알고 있다고 믿는다. "만약에 어떤 영혼이 있다면, 내가 도망친 게 아니라고, 내가 도망칠 리 없다고, 내가 용기 있는 어엿한 남자라고 온 힘을 다해 확언해줄 단 하나의 영혼이라도 있다면, 나는…… 나는 구원받을 수 있다고 확신해요!"[8] 이제 함께 방에 갇힌 두 사람 중 한 명은 그를 용기 있는 남자라고 인정해줄 수 있어야 한다. 그러면 가르생은 자신이 믿는 것처럼 자기 자신과 화해할 수 있을 것이다. 하지만 그러기에는 문제가 있다. 이네스가 가르생을 겁쟁이로 여기는 것에 막 재미를 느끼기 시작한 것이다.("당신은 겁쟁이에요, 가르생, 겁쟁이. 내가 그렇게 여기고 싶으니까요."[9]) 그리고 에스텔은 자신의 정체성 문제에 골몰하느라 같은 방 동료가 어떤 행위를 하는 이유 따위에 관심이 없다.("겁쟁이든 아니든 상관없어요. 중요한 건 그가 키스를 잘한다는 거죠."[10]) 그렇게 가르생은 두 여자 중 한 명에게 인정받기 위해 절망적이고 가망 없는 싸움을 벌이다가 결국 자신을 고문할 도구를 두 여인에게 넘겨주고 만다.

에스텔이 맛보는 지옥의 고통은 아주 비슷하게 만들어진다. 도덕적인 면에서 그녀는 자신을 "천한 년"[11]이라고 여긴다. 하지만 그럼에도 불구하고 그녀가 보기에 자기 삶에 의미와 가치를 부여해준 것은 그녀의 미모와 남자들 사이에서의 인기였다. 그녀 생각에 관능적 '대상'으로서 그녀는 '주체성'의 부담에서 벗어나 있다. 객체로서의 대상은 자유롭지도 않고 책임의 구속을 받지도 않는다. 그러니 누가 탐스러운 여성 대상에게 도덕적 훈계를 하려들겠는가? 에스텔에게 반한 남자들의 욕망 어린 시선에 그녀의 허물은 눈 녹듯이 사라져버릴 것이다. 에스텔의 마지막 남자였던 "어린 멍청이"는 심지어 그녀를 "자신의 샘물"[12]로 여겼다. 그렇게 미모와 매력은 에스텔의 삶에서 가장 중요한 것이 되었다. 하지만 여기에는 반드시 남자의 인정이 필요하므로 다른 선택의 여지가 없는 지옥 방에서 가르생은 에스텔이 관심을 끌려고 애쓰는 상대가 된다. 에스텔은 가르생이 그녀의 여성성을 확인시켜주기를 갈망하지만 가르생에게는 우리가 이미 보았듯이 다른 문제가 있다. 레즈비언인 이네스만이 에스텔의 여성성에 관심을 보이며 달콤한 말로 아첨하지만 에스텔에게 그녀는 적절한 대체물이 되지 못한다. "하지만 그녀는 계산에서 빼야 해요. 여자니까요."[13] 가르생은 얼마 뒤 에스텔의 대시에 응하는 태도를 보이지만 이는 그녀가 그를 자기회의에서 벗어나게 해주기를 기대하기 때문이다. 그런데 이네스가 그녀의 두 동거인 사이에 형성되는 이 기만적이고 위태로운 연대를 악의적으로 깨뜨려버린다. "좋아요, 좋아! 그녀를 믿고 싶으면 그렇게 해요. 하지만 분명한 건 그녀에게 남자가 필요하다는 거예요. 허리에 두를 남자의 팔이, 남자의 냄새가, 남자의 눈동자에 어린 욕망이 필요한 거라고요. 다른 건 전부 다…… 나 참! 그녀는 당신이 좋아한다면 당신을 하느님 아버지라고도 부를 거예요."[14]

지옥 방에 갇힌 세 동거인 사이의 갈등이 절정에 달한 순간 아주 이상한 일이 벌어진다. 갑자기 방문이 열리는데 아무도 밖으로 나가려

하지 않는 것이다. 이네스는 즐거운 표정으로 말한다.

"응? 누구지? 우리 셋 중 누구? 길은 열렸는데, 누가 우리를 붙잡아 두는 거야? 나 참! 이건 정말 배꼽을 잡을 일이군! 우린 떨어질 수 없는 거야."[15]

하지만 가르생은 완전히 심각하다.

"난 당신을 여기 그냥 놔둘 수가 없었어. 의기양양하게, 그 모든 생각들을, 나에 대한 그 모든 생각들을 머리에 담은 채로 말이야."[16]

"그럼 계속하지 뭐!"[17]

악의 근원인 존재 욕구

1965년에 쓴 희곡 「닫힌 방」 서문에서 사르트르는 이 희곡에 대한 오해를 없애려 시도한다. 그는 이 작품이 인간관계 일반을 일종의 지옥으로 묘사하고 있는 것으로 잘못 해석되는 점을 지적하면서, 실제로 작품이 말하고자 하는 바는 우리가 우리 자신과 타인에 대해 갖는 특정한 기대나 생각을 통해서 사람들 사이의 관계가 훼손될 때 그 관계는 지옥이 될 수 있다는 것이라고 말한다. 물론 사르트르가 보기에는 타인의 실존 자체가 하나의 '스캔들'이다. 그들의 생각, 의도, 판단 등이 원칙적으로 우리의 통제에서 벗어나기 때문이다. 하지만 그렇다고 해서 사람들 사이의 관계가 반드시 실패할 수밖에 없다거나, 타인과의 긍정적이고 애정 넘치고 정겨운 만남이 완전히 불가능하다는 것이 실존주의의 시각은 아니다. 그러므로 인간관계가 지옥의 모습을 띤다면 그것은 무언가가 잘못되었기 때문이다. 하지만 그것이 무엇일까?

지옥 같은 관계의 근원에는 가르생과 에스텔의 관계에서 볼 수 있듯이 악이 놓여 있다. 사르트르가 주저 『존재와 무』에서 깊이 탐구한 그와 같은 악을 우리는 존재하고자 하는 욕망의 악이라고 부를 수 있다. 하지만 존재에, 혹은 존재하고자 하는 욕망에 무엇이 잘못되었다는 것일까? 이 물음에 답하려면 사르트르가 인간적 현존의 특수성에 대해 언급한 내용을 살펴볼 필요가 있다. 이 실존철학자는 상당히 모호한 느낌을 주는 철학 용어를 사용해서 대자(對自)를 "있지 않은 있음으로서, 있는 있음이 아닌 것으로서 정의"[18]된다고 설명하고, 반면에 즉자(卽自)는 있는 그대로의 있음이라고 설명한다. 사람들은 그들이 행하는 탐구와 행위의 목표로 "즉자와 대자의 종합적 융해로서의 존재"[19]를 설정한다. 이것은 다시 말하면 "'자기원인 _causa sui_'이 드러나도록 하기 위해 인간을 희생시킨다는 뜻"[20]이다. 하지만 '자기원인자(自己原因者, _ens causa sui_)'의 관념은 모순이며 인간은 헛되이 희생되고 만다. 이것이 우리 실존의 문제성에 관해 사르트르가 자신만의 언어로 제시한 진단이다. 그는 우리에게 무슨 말이 하고 싶은 걸까?

'즉자'라는 단어로 사르트르가 말하는 것은 사물의 존재이다. 책상, 잉크병, 돌 등은 하나의 즉자이다. 그리고 이것들은 즉자로서 자기 자신과 일치한다. "이 책상에 대해서 나는 그것이 간단히 '이' 책상이라고 말할 수 있다."[21] 이 책상은 이 책상인 것이다. 너무 평범한가? 하지만 이를 대자의 존재, 즉 우리 인간이 그런 것처럼 자의식을 지닌 존재와 비교해본다면 전혀 그렇지 않다. 왜냐하면 "의식의 특성은 (…) 그것이 존재의 감압이라는 것이다. 실제로 의식을 자신과의 일치로 정의하는 것은 불가능"[22]하기 때문이다. 자의식을 지닌 존재에 대해 우리는 그가 간단히 그 자신이라고 말할 수 없다. 이는 대자가―이름이 이미 말하고 있듯이―자기 자신과 어떤 '관계'를 갖기 때문이다.

대자는 자기 자신을 관찰하고 판단한다. 그리고 자신에게 만족하는지 아닌지, 자신이 어떤 목표를 향해 행동해나가야 할지 따위를 묻는다. 대자는 미래를 계획하고, 자기 과거와 다투고, 자신이 거둔 성과에 자랑스러워하거나 실패에 부끄러워한다. 인간은 간단히 말해서 자기 자신에 대한 증인이 되도록 저주받은 존재다. 하지만 여기에는 사르트르가 말한 '존재의 감압', 즉 우리가 즉자에서 확인하게 되는 저 간단한 일치의 감소 또는 이완이 내포되어 있다. (물론 완전한 해체는 아니다.)

책상은 책상이다. 이에 대해 특히 책상 자체는 아무런 의심도 품지 않는다. 동화 속이 아니라면 책상은 결코 자신이 좋은 책상인지, "충분히 책상다운" 책상인지, 책상으로서의 존재를 완성시켰는지, 자신이 정말 책상인지 따위를 절대로 묻지 않는다. 책상은 또한 자신이 지금 무슨 행동을 하는지, 자신의 실존이 어떤 의미가 있는지, 책상으로서의 존재가 정말로 삶의 모든 것인지, 아니면 자신의 많은 가능성들 중 다른 어떤 것을 인식해야 하는 건 아닌지 따위도 묻지 않는다. 반면에 우리 인간은 이와 같은 질문들을 던지지 않을 수 없다. 명시적으로든, 무의식적으로든. 우리는 말하자면 끊임없이 우리 자신을 지원하고, 또 우리가 하는 행동을 똑바로든 어깨너머로든 지켜보아야 한다. 우리는 이와 같은 '이중적' 실존을 결코 하나로 통일시키지 못한다. 아무리 노력한다 해도 마찬가지다.

무(無)의 고통

대자는 "자신에게 현존"이라고 사르트르는 말한다. 대자는 자신과 관계를 맺으며 "자신과 존재의 분리를 내포"[23]한다. "동일성 원리는 즉자 존재의 내부에 있는 모든 종류의 관계에 대한 부정이다. 반면에 자신에게 현존은 존재에 감지할 수 없는 균열이 발생했음을 전제한다. 무엇이 자신에게 현존한다고 한다면 그것은 완전히 그것 자체로 있는 것이 아니기 때문이다. 이와 같은 있음은 분리를 전제하므로 일치의 직접적 감소를 의미한다. 하지만 주체를 그 자신과 떼어놓는 것이 무엇이냐고 묻는다면 그것은 무(無)라고 고백할 수밖에 없다."[24]

이제 드디어 사르트르의 철학적 대표작 제목에 언급된 무(無)가 등장했다. 이때의 무는 오직 우리 자신 안에서만 찾을 수 있는 무이다. 이로써 우리는 존재의 욕구 문제에 점점 더 가까워지고 있다. 사르트르의 말처럼 우리 안에 우리를 우리 자신과 떼어놓는 '무'가 있다면 존재하려는 욕망을 갖는다는 것이 무슨 의미인지도 이해할 수 있다. 우리는 우리를 우리 자신과 분리시키는 우리 내부의 균열을 존재를 통해서 채우기를 원한다. 우리는 우리 존재 안에서 우리를 치유하기를 원한다. 그런데 우리는 왜 그러기를 원하는가? 이 균열을 통해 우리의 동일성이 파괴되었다는 것은 인간을 사물보다 우월하게 만드는 모든 요소들의 원천이 된다. 자유, 선택의 가능성, 자신과 비판적 거리를 두는 능력, 과거에 했던 것과 다르게 행동하는 능력, 자기 자신을 변화시키는 능력 등이 그런 것들이다. 이는 조금도 나쁠 게 없다. 오히려 그 반대다. "이로써 우리가 말할 수 있는 것이 인간이 돌이나 책상보다 더 큰 가치를 지닌다는 사실 말고 달리 무엇이 있겠는가?"[25]

하지만 무와 함께 나타나는 우리 실존의 이런 특징에는 또한 "그늘진 면"도 있다. 책임감, 자유 앞에서의 불안, 자기회의, 선택의 고통 등이다. 여기서 특히 우리를 괴롭히는 것은, 사르트르의 믿음에 따르자면, 우리가 결코 완전한 의미로 존재하지 못한다는 것이다. 나는 교양을 갖추기 위해서, 호감이 가는 사람이 되기 위해서, 멋진 여자 또는 남자가 되기 위해서 아직 더 노력할 수 있다. 내가 하는 모든 노력에도 불구하고 "나에게 현존"은 그대로 유지되며, 이와 더불어 내게 물음을 던지는 작은 목소리도 여전히 들려온다. "나는 이미 그런 존재인가? 나는 지금 이 순간 그런 존재인가? 나는 앞으로 그런 존재가 될 수 있을까? 내 평판이 좋아질 텐가? 그것이 정말 내가 되고자 하는 바인가?" 등등. 우리 자신과의 내적 거리는 우리의 실존에 특별한 구조를 부여한다.

우리 인간은 삶을 살아가는 동안 말하자면 언제나 동시에 다른 곳에 있다. 예를 들면 미래가 그런 곳인데 우리는 그 미래에 맞춰 행위를 한다. 또 우리는 살아 있는 한 결코 완전히 끝나지 않는다. 우리의 삶은 역동적인 과정이므로 우리가 완결된 존재에 최종적으로 도착하는 일은 없다. 우리의 삶은 본질적으로 변화이고 운동이고 가능성이다. 하지만 우리는 책상에게 주어진 것과 같은 존재의 안정과 확실성을 꿈꾼다. 책상은 타인이 자신을 어떻게 생각할지에 대해 의심하지도 걱정하지도 않고 다른 가능성도 없다. 그냥 온전히 책상인 것이다. 멋지지 않은가! 하지만 우리는 이 같은 꿈이 사고의 오류를 내포하고 있다는 것을 이미 짐작하고 있다. 책상은 자신의 의심할 바 없는 동일성에 대한 의식이 없으며, 그렇기 때문에 그것을 만끽할 수도 없다. 반면에 우리는 우리의 의식을 포기할 마음이 전혀 없다. 우리는 다만 의식적 존재의 존재방식에 뒤따르는 부담스러운 단점들에서만 벗어나고 싶은 것이다.

우리가 기본적으로 얻고자 하는 것은, 사르트르의 말처럼 "대자와 즉자의 불가능한 종합이다. 그것은 무로서가 아니라 존재로서 나름의 근거가 있을 것이며, 자기 안에 의식의 필연적 반투명성을 지니면서 동시에 즉자적 존재의 일치도 지닐 것이다".[26]

설명을 위해 다시 가르생을 살펴보자. 그가 실제로 원하는 것은 무엇인가? 그는 영웅이 (혹은 겁쟁이가 아닌 남자가) 되고 싶어한다. 그가 어떤 존재인지에 대해서는 한 점의 의혹도 없어야 한다. 비판적 시선도, 불확실성도. 즉자의 전적인 동일성과 이론의 여지 없는 확실성이 있어야 한다. 그러나 그는 물론 책상이 책상인 것과 같은 방식으로 영웅이 되고 싶은 것은 아니다. 그렇게 되면 군이 영웅이 될 필요가 없기 때문이다. 가르생이 영웅이 되고 싶은 것은 그가 그렇게 되기로 결심했기 때문이다. 그래서 그는 이렇게 주장한다. "나는 (영웅을) 선택했어요. 사람은 자기가 원하는 대로 존재하는 거예요."[27] 그가 영웅이 되는 것은 그 자신의 공이라는 것이다. 어떤 우연이나 다른 누군가의 작품이 아니라 말이다. 그 밖에도 그는 당연히 자신의 의식을, 그리고 자기 존재 안의 무를 그대로 간직하기를 원한다. 그렇지 않다면 자신의 영웅됨을 만끽할 수 없을 테니까.

하지만 이런 생각은 사르트르가 분명히 보여준 것처럼 모순을 내포하고 있다. 자기 존재의 근거가 되는 존재는 자신의 창조자인 존재로서 자기동일성을 희생하지 않아도 된다. 즉, 자기 자신과 거리를 두지 않아도 된다. 이러한 존재가 바로 '자기원인자(自己原因者)'일 것이다. 다른 말로 하면 '신'이다. 하지만 이와 같은 정의가 종교에서 말하는 신과 아무 상관도 없다는 사실 때문에 혼란스러워할 필요는 없다. 이것은 살아 있는 신앙의 신이 아니라 철학의 신, 즉 순수하게 개념적인 규정일 뿐 종교적 경험이 아니기 때문이다. 우리가 '자기원인자'라는 개념에서 실제로 무언가 구체적인 것을 표상할 수 없다고 해서 의아해할 필요도 없다. 사르트르는 자기 자신의 원인이며 동시에 완전히 자신 안에 있는 어떤 존재에 대한 이와 같은 표상이 불합리함을 강조한다. 실존주의 시각에서 볼 때 이런 혼란스러운 생각은 (존재에 대한) 욕망에서 생겨난다.

우리는 어떤 의미에서는 신이 되기를 원한다. 물론 이때 전지전능을 원하는 것은 아니다. 다만 특정한 방식으로 우리 자신을 선택하고, 완벽하고 확실한 동일성 속에서 이 선택된 무언가가 되기를 원하는 것이다. 그러나 모순적이기 때문에 불가능할 수밖에 없는 이런 신의 이상을 실현시키려 노력하는 한 우리는 어쩔 수 없이 우리 자신을 불행하게 만든다. 이런 맥락에서 동일성 문제에 대한 이야기는 전혀 새로운, 말하자면 비극적인 의미를 띠게 된다. 왜냐하면 자신의 동일성을 찾으려는 꿈은 사르트르에 따르면 우리에게 가능한 일이 아니기 때문이다. 자기 자신과의 완전한 일치는 우리와 같은 의식적 존재에게는 결코 있을 수 없다.

우리가 이런 사실을 간단히 받아들이지 못하고 우리의 실존 구조에 대한 통찰을 회피한다는 것이 사르트르 작품의 핵심적 주제이다. 가르생이 그런 것처럼 동일성의 불가능을 거부하려는 노력을 사르트르는 '자기기만mauvaise foi'이라고 명명한다. 가르생처럼 자기기만적인 인간은 무언가가 되는 가능성에 집착하면서 즉자적 존재의 확실성을 자기 자신에게 부여하기 위해 다른 사람들을 이용하려 한다. 타인이 나를 영웅으로 여기도록 만들 수만 있다면 내 안에서 나의 용기를 의심하는 저 작은 목소리는 마침내 침묵하게 될 것이다. 나는 내가 용감한 '존재'라고 마침내 완전히 확신하게 될 것이다.

사르트르에 따르면 자기기만은 많은 상이한 모습으로 나타나며, 결코 예외적인 경우로 여겨져서는 안 된다. 사르트르는 자기기만이 오히려 상례에 속한다고 말한다. 거의 대부분의 사람들이 존재하려는 욕망에 사로잡혀 있으며, 그럼으로써 도달할 수 없는 것에 도달하려는 헛된 노력 속에 하루하루를 싸워나간다. 사르트르는 이런 현상을 '쓸데없는 수난'이라고 부른다. "그러므로 인간의 수난은 예수 수난이 거꾸로 전복된 것이다. 인간은 신으로 태어나기 위해 인간으로서 몰락하기 때문이다. 하지만 신의 이념은 모순적이며, 우리는 헛되이 몰락한다. 인간은 쓸데없는 수난이다."[28] 인간은 인간으로서 몰락한다. 다시 말해서 인간은 자기 자신을 괴롭히면서 자신의 인간성을 놓친다. 인간은 자신이 전혀 될 수 없는 무언가가 되려고 노력함으로써 자기 현존의 상태를 그르치는 것이다.

이제 「닫힌 방」에서 지옥 방의 거주자들을 고문하는 자이자 동시에 고문당하는 자로 만드는 것이 무엇인지가 좀 더 분명해진 듯하다. 예를 들어 가르생과 에스텔은 둘 다 존재하고자 하는 채워질 수 없는 욕망에 의해 고통받기 때문에 서로 (영원한) 삶을 지옥으로 만든다. 그들은 자기 자신에게 동일성을 부여하고 그들의 존재에 대한 확실성에 도달하려는 갈망에 굶주려 있다. 하지만 그와 같은 동일성과 확실성은 안타깝게도 우리 인간에게는 결코 주어질 수 없다. 오로지 이것이 「닫힌 방」에 등장하는 지옥의 거주자들을 그토록 상처받기 쉽게 만드는 것이다. 오로지 그 때문에 가르생의 거절은 에스텔을 그토록 깊은 절망에 빠뜨릴 수 있으며, 오로지 그 때문에 에스텔의 무관심은 가르생에게 실존적 위협이 될 수 있다.

'치료제'로서의 본래성

앞에서는 동일성 결핍과 타인의 시선으로 인한 인간의 고통이 존재하려는 욕망에 그 뿌리를 두고 있음을 살펴보았다. 그렇다면 이러한 고통의 치료는 어떻게 가능할까? 실존주의는 처음에 주장한 것처럼 존재의 고통에 대한 '치료제'를 우리에게 제공할 수 있을까? 사르트르는 실제로 이러한 불행에서 벗어나는 방법이 있다고 말한다. 그 방법을 그는 '본래성 Authenticité'이라고 부른다. 이때 이 실존주의 철학자가 염두에 두고 있는 것은 간단히 말하면 태도의 변화이다. 우리는 실존의 구조를 조금도 변화시킬 수 없다. 하지만 그에 대한 우리의 '태도'는 변화시킬 수 있다. 신의 삶(혹은 자족적인 책상의 삶)을 영위하는 것은 우리에게 허락되지 않는다. 우리 존재의 심장 안에 있는 무(無)에서 우리는 결코 도망칠 수 없다. 그러니 이런 실현 불가능한 욕망은 던져버리고 우리에게 가능한 것에 전념해야 한다.

하지만 사르트르가 실존주의는 단단한 낙관주의라고 말한 것을 다시 떠올려보자. 본래성으로의 태도 변화는 처음에 얼핏 생각되는 것처럼 그렇게 간단하지만은 않을 것이다. 그러기 위해선 지금까지 우리를 자기기만으로 도피하게 만들었던 몇 가지 사실들을 직시해야만 한다. 자유, 가차 없는 책임, 기존 가치도 없고 현명한 신의 인도도 없는 삶, 훌륭한 종말에 대한 전망 없음 등이 사르트르가 말하는, 우리가 의식적으로 대결하고 화해해야 하는 '단단한' 사실들이다. 그것만이 아니다. 우리는 이 사실들을 원하고 심지어 사랑하도록 배워야 한다. 이런 철저한 변화가 우리 자신에게서 정확히 어떻게 이루어지는지 우리는 끝내 알지 못한다. 하지만 변화가 실제로 가능하다는 것은 사르트르에게 확실하다.

본래성으로의 이행이 오로지 우리 자신의 급진적 전환으로서, 즉 포괄적인 변화로서만 가능하다는 것은 적어도 분명하다. 또한 본래성으로 가는 첫걸음이 우리 실존의 소여(所與)를 조금도 미화하지 않은 채로 직시하는 것이어야 한다는 사실도 분명하다. 그리고 이를 행한 뒤에는 새로운 통찰에 따라 살아가도록 노력해야 한다. 이를 위해서는 자신의 행위와 욕망에 대한 끊임없는 문제 제기와 비판적 검토가 요구된다. 사르트르는 이를 "지속적 전환"[29]이라고 표현한다. 본래성은 그러나 지속적인 자기비난이나 자기학대로 이해되어서는 안 된다. 오히려 그런 것에서 벗어나야 한다. 본래성의 토대 위에서 인간과 자기 자신의 완전히 새로운 관계가 가능해진다. 자신과의 일치도 아니지만 분열도 아니다. 그것은 '자신과의 연대'이다.

지금 언급된 것들이 「닫힌 방」에 나오는 지옥 방의 거주자들에게 어떻게 적용될 수 있을까? 예를 들어 가르생이 (최소한 근사하게라도) 본래적이 되려면 먼저 인간은 자신의 욕망과 꿈이 아니라 행위를 통해서 정의되어야 한다는 점을 받아들여야 한다. 가르생은 30년 동안이나 영웅이 되는 꿈을 꾸어왔지만 이 꿈이 그의 삶과 무슨 상관이 있는가? 자기 자신을 끊임없이 영웅이라 말한다고 해서 비겁한 행동이 용감한 행동이 되는 것은 아니다. 사실 이것은 심심치 않게 등장하는 '논리'다. "나는 내가 용감하다는 걸 알고 있기 때문에 비겁하게 행동했을 리 없어." 사르트르는 그런 식의 논리를 던져버리라고 말한다. 더 나아가서 사르트르는 우리의 행동에 대한 용서는 없다고 말한다. 우리는 우리 행위에 대한 책임을 결코 벗어던질 수 없다는 것이다. 가령 우리는 어떤 결정론을 가지고 말할 수 있다. 유전자라든가 환경이라든가 신경세포의 연결방식 같은 것에 책임을 전가하려는 것이다. "겁쟁이 기질이란 없다. (…) 겁쟁이는 그의 행동을 통해 정의된다. 사람들이 암담하게 느끼는 것, 그들을 전율하게 만드는 것은 비겁함의 책임이 겁쟁이에게 있다는 사실이다. 우리가 원래부터 겁쟁이로 또는 영웅으로 태어나는 것이기를 사람들은 원한다."[30] 정확히 말해서 '사람들'은 대개 그들의 비겁한 행위에 대한 핑계를 찾기를 원한다. 반면에 용감한 행위는 전적으로 자신의 공으로 삼고 싶어한다. 이런 종류의 모순이 자기기만의 특징이다.

사르트르에 따르면 자기 행위에 대한 절대적 책임은 사람들을 불안하게 만든다. 그래서 그들은 실존주의를 거부하려 한다. 하지만 구체적으로 가르생의 경우에서 그가 핑계를 대지 않고 자기 행위에 대한 책임을 스스로 짊어진다는 것은 무슨 의미일까? 병역을 피해 도망치는 것을 이해하지 못한다거나 용서할 수 없기 때문에 그러는 것은 아니다. 죽음의 공포는 도망친 이유로서 대부분의 사람들이 충분히 이해할 수 있는 것이다. 핑계를 대지 않는 것이 곧 무게 있는 이유를 찾을 수 없다는 뜻은 아니다. 가르생이 실존주의 시각에서 볼 때 모든 가능한 결론에도 불구하고 영웅적 행위를 선택했어야 한다는 뜻도 아니다. 자기 행위에 책임을 진다는 것은 오히려 자신의 행위 동기에 대해 환상을 품지 않는다는 것이며, 어떤 핑계를 찾아내서 둘러대려 하지 않는다는 것이다. 그것은 또 나중에 되돌아볼 때 더 이상 동의할 수 없거나 특정한 상황에서 전혀 다르게 생각했더라도 자기가 한 행위를 부정하지 않는다는 것이다. 책임을 진다는 것은 무엇보다도 자신을 내적·외적 힘들에 의해 휘둘리는 무기력한 노리개가 아니라 자신의 선택과 행위에 대한 주체로서 이해한다는 뜻이다.

가르생은 용기와 비겁에 대한 이야기를 더 이상 떠벌이지 않고 "나는 도망치기를 원했다"고 분명하게 말함으로써 자기책임으로 나아가는 결정적인 첫걸음을 내딛을 수도 있었다. 비록 가르생 자신이 아직 그렇게 도망치고 싶은 욕망의 근거를 정확히 알지 못한다 하더라도 이것은 의심할 바 없는 사실이다.

하지만 자기 행위를 부정하지 않는 것이 일종의 자기만족으로서 이해되어서는 안 된다. 예를 들면 이런 식으로 말이다. "아무튼 나는 그렇게 행동했어요. 나는 원래 그런 사람이에요. 그것이 누군가에게 방해가 된다면 그 사람은 운이 나쁜 겁니다." 이런 식의 말은 다시금 자기기만과 연결된다. "나는 원래 그런 사람"이라는 것은 사르트르에 따르면 우리 인간에게는 있을 수 없다. 바로 이 지점에서 실존주의적 낙관주의가 등장한다. "이런 조건하에서 우리에게 필요한 것은 염세주의가 아니라 사람들이 비난하는 낙관주의적 단단함이다."[31]

그런데 내가 내 성격이나 어린 시절 환경을 핑계 삼지 않고 내 행동의 모든 책임을 혼자서 다 짊어져야 한다는 것이 대체 낙관주의와 무슨 상관이 있다는 것일까? 간단히 말해서, 가르생이 스스로 영웅이 아니라고 통찰하는 순간 (왜냐하면 인간으로서 단 한 번도 자기동일성의 의미에서 어떤 존재인 적이 없었기 때문에) 그는 또한 자신이 겁쟁이인지 아닌지를 묻는 고통스러운 물음에서도 해방된다. 그는 겁쟁이가 아니다.

왜냐하면 그는 어떤 의미에서는 전혀 겁쟁이가 될 수 없기 때문이다. 비록 과거에 비겁하게 행동했더라도 말이다. 다른 사람들이 그를 겁쟁이라고 부르는 것까지는 어쩔 수 없다. 그것은 그가 그냥 살아내야 한다. (지옥 방에서 나온다고 자동으로 천국에 드는 것은 아니다.) 어떤 의미에서 그것은 또한 정당하기도 하다. "자신에게 현존"이 곧 완전한 분리로 이해되어서는 안 된다.

다시 말해서 내 행위가 나와 아무 관계도 없다는 의미에서 내가 내 행위와 분리되는 것은 아니다. 내가 행한 비겁한 행위는 내 과거의 일부이다. 중요한 것은 이 행위가 나의 비겁한 본질로 환원되어서는 안 된다는 점을 이해하는 일이다. 나의 비겁한 성격이 필연적으로 나의 비겁한 행위를 낳는다든지, 비겁함이 마치 독립적인 형태의 존재인 양 내 안에서 나쁜 짓을 자행하면서 나를 특정한 행위로 몰아간다든지 하는 식이 아니란 것이다. 무엇보다도 나의 현재와 미래가 마치 완전히 결정된 듯이 취급되어서는 결코 안 된다. 나는 두려움에서 어떤 행동을 했고, 그 행동을 후회한다. (또는 후회하지 않는다.) 내 행동은 타인에게 해를 끼쳤다. (또는 해를 끼치지 않았다.) 앞으로 나는 다르게 행동하고 싶다. (또는 다르게 행동하고 싶지 않다.) 이에 대해 나는 곰곰이 숙고할 수 있고, 또 그래야 하며, 나 스스로 책임져야 한다. 하지만 내가 용감한 사람인지 비겁한 사람인지를 묻는 물음에는 대답하지 않아도 좋다. "본래성은 용감하다(비겁하다), 고상하다(천박하다) 등의 모든 기투(企投)를 포기한다. 그런 것들은 실현 가능하지 않기 때문이다. (…) 본래성은, 유일하고 가치 있는 기투는 존재의 기투가 아니라 행위의 기투뿐이라는 사실을 발견한다."[32] 그러므로 앞으로 나는 영웅이기 위해 노력하는 대신 나 자신과 연대할 수 있는 방식으로 행동하는 일에 힘쓸 것이다.

무(無)의 기쁨

가르생이 자신에게 스스로 마련한 고문은 "나는 겁쟁이인가?"라는 물음을 중심으로 회전한다. 하지만 사르트르에 따르면 이 물음은 완전히 잘못된 것이다. 이 물음은 인간 실존의 구조를 놓치고 있다. 그렇기 때문에 이렇게 잘못된 물음에 집착하는 한 가르생은 고통에서 구제받을 길이 없다. '존재의 물음'의 과제는 인간을 해방시키는 것이다. 이때의 해방은 두 가지 측면에서 이루어진다.

첫째로, 인간은 무언가가 되고자 욕망하는 탓에 그 자신과 타인이 그에게 가하게 되는 고통에서 해방되어야 한다. 이와 더불어 그 전에는 지각하지 못하던 가능성의 지평이 열린다. 지금까지는 내 미래가 내 존재를 통해서, 즉 나의 불안한 성격을 통해서 결정된다고 생각했다면, 본래성은 나로 하여금 미래는 열려 있으며 (일정한 경계 내에서) 나에 의해 만들어진다는 점을 인식하게 해준다. 그리하여 확정적이고 불변적으로 보이는 존재의 껍질이 벗겨지고, 지금까지 등한시되었거나 전혀 인지되지 않았던 행위와 기투의 영역이 눈앞에 드러난다. 사르트르가 「닫힌 방」의 무대를 지옥(사후 세계)으로 설정한 이유도 주인

공들이 더 이상 발전하지 않기 때문이었다. 죽음은 사르트르에 의해 모든 가능성의 종말로 규정되며, 이런 의미에서 가르생과 에스텔과 이네스는 죽은 자들이다. 그들은 스스로 그들의 가능성을, 그리고 그와 더불어 그들의 살아 있음을 거둬들였으며, 살아 있는 죽은 자로서 그들의 현존을 연명한다.

둘째로, 본래적 인간은 어느 순간 갑자기 오직 동일성만을 확인받기 위한 관계가 아닌 인간관계를 타인과 맺을 수 있게 된다. 에스텔의 예는 사람들 사이의 관계가 존재의 욕망을 통해 얼마나 오염될 수 있는지를 잘 보여준다. (이 희곡의 등장인물들은 아무 이유 없이 지옥에 떨어진 것이 아니다!) 에스텔에게 그녀의 현존이 갖는 가치와 의미는 전적으로 그녀의 여성성에 있다. 그리고 그녀가 보기에 여성성은 관능적 대상이 되는 것을 의미한다. 그녀의 가장 큰 욕망은 그러므로 아름답고 매력적으로 보이고, 또 그런 대상으로 인정받는 것이다. 물론 남자들로부터. 그녀가 남자나 여자 모두와 상호적이고 우애로운 관계를 맺지 못하는 것은 이러한 욕망에 필연적으로 따르는 결과이다. 함께 갇힌 이들에 대한 그녀의 태도는 이를 분명하게 보여주고도 남는다. 에스텔에게 이네스는 "계산에서 빼야" 하는 존재다. "그녀는 여자"이기 때문이다. 또 가르생은 일반적 타입의 "사내"의 한 표본으로서만 관심을 끌 뿐이다. 가르생 스스로 말했듯이 말이다. "그것은 누구나 될 수 있어요. 나는 우연히 여기 있어서, 그래서 내가 된 거예요."[33] 여성들에게서 어렵지 않게 찾아볼 수 있는 에스텔의 이런 태도는 남자와 여자 모두에게 모멸적이다. 그녀는 자기 자신을 대상으로 여긴다. 그렇기 때문에 타인들은 그녀에게 이런 대상적 존재를 확인시켜주는 한에서만 관심을 끈다. 인격 그리고 개인으로서의 타인은 에스텔에게 완전히 관심 밖이다. 이것은 물론 여성에서 남성으로 역할이 바뀌어도 마찬가지다. 자신의 남성성을, 즉 그의 남자 존재를 확인시켜줄 때에만 타인에게 관심을 보이는 남자는 상대가 남자든 여자든 타인과 본래적인 관계를 맺을 능력이 없다. 성 역할을 떠나서 아주 많은 사람들에게 그들의 동일성을 부여하는 것은 그들의 국적, 그들의 문화, 그들의 종교이다. 그리고 타인에게는 자신의 동일성을 증명해주는 '과제'가 부여된다. 타인은 마음이 맞는 사람으로서 받아들여지거나 아니면 이방인으로, 이교도로, 격이 떨어지는 사람으로 백안시된다.

지금까지 보았듯이 사르트르는 사람들이 「닫힌 방」의 지옥 거주자들처럼 완전히 엉뚱한 곳에서 그들의 치유를 모색하고 있음을 우리에게 보여주고자 한다. 자신이 이런 또는 저런 존재라는 걸 자신과 타인에게 납득시킬 수 있을 때만 마음의 평화를 얻을 수 있다고 스스로 믿는 사람은 필연적으로 자신(과 타인)을 불행하게 만든다.

성공적인 삶으로 나아가는 길은 실존의 구조를 인정하고 받아들이는 데에 있다. 우리가 적절한 방식으로 지속적으로 우리 자신을 지지하고 또 이런 상황이 우리의 자유와 그에 따른 우리의 책임을 뒷받침해준다면 우리는 우리 자신과 세계를 우리의 행위를 통해 변화시키기 시작할 수 있다. 물론 우리는 한 가지 사실을 분명히 알아야 한다. 지옥 방의 문은 열려 있다. 다시 말해서 우리는 우리 몫의 존재를 위한 지옥의 춤을 끝낼 수 있다. 하지만 그렇다고 해도 문 저편에서 우리를 기다리고 있는 것은 천국이 아니라 (단단한) 현실이다. 우리는 타인이 그들의 존재하려는 욕망을 위해 우리를 이용하려 한다는 사실을 언제나 염두에 두고 있어야 한다. 반대로 동일성을 확인받기 위한 이런 놀이에서 벗어나 다른 사람들에게 본래적 관계를 제안하더라도 사람들은 좀처럼 이 제안을 받아들이려 하지 않을 것이다. 아마도 많은 관계는 이와 같은 전환을 감당하지 못하고 깨질 것이다. 그렇기 때문에 처음에 언급했던 것처럼 용기와 강함이 요구된다. 사르트르에 따르면 결국 우리는 지옥 방의 거주자들처럼 근본적인 선택을 해야만 한다.

"함께할 것인가, 함께하지 않을 것인가?"[34]

1905년   장 폴 사르트르는 파리에서 태어난다. 아버지는 같은 해에 사망하고, 사르트르는 어머니와 조부모 밑에서 자란다.

1929년   인문고등사범학교에서 국가 시험을 치른다. 그곳에서 시몬 드 보부아르와 만난 뒤 죽을 때까지 연인 관계를 지속한다.

1939년   제2차 세계대전 발발. 철학 교사로 일하다 군에 복무한다.

1943년   주저 『존재와 무』 발표.

1964년   자서전 『말』 발표. 노벨문학상 수상자로 선정되지만 수상을 거부한다.

1968년   파리 학생운동. 사르트르는 저항하는 사람들과 연대한다.

1980년   파리의 한 병원에서 사망한다.

- 15%의 독일인은 직장 생활에서 한 번 이상 괴롭힘을 당한 적이 있다고 한다.

- 51%의 독일인은 남들이 자신을 어떻게 생각하는지가 중요하다고 여긴다.

- 62%의 독일인은 직장에서 한 번 이상 남들의 헐뜯는 말을 들은 적이 있다.

- 44%의 독일인은 직장에서 무시를 통한 괴롭힘을 당한 적이 있다.

- 54.8%의 독일인은 자신을 있는 그대로 받아들여주는 사람이 주변에 부족하다고 생각한다.

- 33.8%의 독일인은 자신이 전혀 부끄럼을 타거나 소극적이지 않다고 여긴다.

- 50%의 독일인은 사회 관계망에 접속할 때 자신의 프로필을 활성화시킨다.

현대 여성운동의 핵심 철학자 '시몬 드 보부아르' ───────

'여자답게'라는 말에
주먹을 날리고 싶을 때

2010년에 『참을 수 없는 가벼움 : 잃음과 얻음의 이야기 *The Unbearable Lightness: A Story of Loss and Gain*』라는 제목의 책이 출간됐다. 호주 출신의 미국 여배우 포티아 드 로시 Portia de Rossi가 자신의 거식증을 기록한 책이다. 드 로시의 어머니는 일찌감치 그녀에게 다이어트를 가르쳤다고 한다. 열두 살 때 이미 그녀는 극단적으로 철저하게 식사를 조절하기 시작했으며, 스물다섯 살 때는 거의 굶어 죽을 뻔했다. 체중은 37킬로그램에 불과했으며 하루에 섭취하는 열량이 300킬로칼로리를 넘지 않았다. (이는 대략 바나나 두 개 분량의 영양가다.) 뭔가 부조리한 상황이었다. 세계에서 가장 부유한 나라에 사는 신체 건강한 여성이 아사 직전의 상태로 연명하고 있는데, 그것도 가까운 지인들뿐만 아니라 수백만의 관객이 지켜보는 가운데 그러고 있었던 것이다. 사람들은 매주 인기 텔레비전 드라마 〈앨리 맥빌 Ally McBeal〉에 등장하는 드 로시의 연기에 감탄했는데, 그녀가 거식증에 걸렸는지는 꿈에도 몰랐다고 말한다. 하지만 바로 이 점이 부조리의 극치를 보여준다. 사람들이 이런 사실을 전혀 몰랐다는 것은 소위 사진발 잘 받는 날씬한 몸매와 목숨이 오락가락하는 영양실조의 경계가 (적어도 모델들과 할리우드 여배우들의 경우) 대단히 모호해서 얼핏 봐서는 둘의 차이를 분간할 수조차 없다는 뜻이기 때문이다.

거식증이나 폭식증 같은 식이장애는 전형적인 여성 질환이다. 다시 말해서 오직 여성들만 이 병에 걸리는 것은 아니지만 거식증이나 신경성 과식증 환자의 대다수는 여성이다. 그에 반해서 반사회적 인격장애를 앓는 비율은 남성이 훨씬 높다. 그러므로 여자들이 잘 걸리는 병과 남자들이 잘 걸리는 병은 다르다고 말할 수 있다. 정신장애는 명백히 (적어도 대부분은) 사회적 성(젠더)의 게임 규칙 안에서 진행된다. 말하자면 우리는 병을 앓거나 슬픔에 잠기거나 절망에 빠질 때도, 심지어 무례하게 행동할 때조차도 우리의 성 역할에 묶여 있는 셈이다. 어떻게 그럴 수 있을까? 정신적 질환의 젠더 특수성은 본성에 의해 주어진 실제 사실인가, 아니면 문화적으로 형성된 변화 가능한 현상인가? 이 마지막 물음은 지난 수십 년 동안 다른 어떤 철학적 논쟁보다도 감정적이고 비이성적이고 공격적으로 이루어져 온 논쟁의 핵심으로 우리를 데려간다. 이 논쟁의 주제는, 남성과 여성의 차이 안에는 얼마나 많은 본성 혹은 문화가 숨겨져 있는가 하는 것이다.

프랑스의 여성 작가이자 철학자인 시몬 드 보부아르도 이 질문을 던졌다. 『제2의 성(性)』은 이 물음에 대한 포괄적인 사회학적·철학적 연구의 결과물이다. 보부아르의 답은 도발적이고 극단적이었으며, 이와 더불어 그녀는 현대 여성운동의 핵심적인 인물이 되었다. 우리는 여성으로 혹은 남성으로 세상에 태어나지 않는다. 우리는 그렇게 만들어질 뿐이다!

혹시 여기까지 읽고 성급하게 이 장의 내용은 자신과 관계가 없다는 결론을 내리는 남성 독자가 있을지도 모르겠지만, 성 역할의 속박에서 벗어나는 해방이 순전히 '여자들만의 일'이 아니라는 것은 너무나도 분명하다.『제2의 성』이 여성의 '운명'을 연구하는 일에 역점을 두고 있는 건 사실지만, 보부아르의 관심은 여성의 남성화가 아니라 여성과 남성 모두의 인간화에 있다. 이것이 이 실존주의 여성 철학자에게 의미하는 바는 오직 하나뿐이다. 영원한 진리의 이름으로 가해지는 여성성과 남성성에 대한 부당하고 폭력적이고 고통스러운 제약으로부터의 해방.

* * *

시몬 드 보부아르 Simone de Beauvoir는 무척 특이하고 흥미진진한 삶을 살았다. 하지만 그 시발점에는 불행한 사건이 있었다. 재산이나 인맥으로 볼 때 원래 프랑스 부르주아 계층에 속했던 보부아르 집안은 제1차 세계대전이 끝난 뒤 거의 모든 재산을 잃고 빈곤층으로 추락했다. 그래서 딸들에게 줄 지참금이 없었던 시몬의 아버지는 일찌감치 두 딸에게 이렇게 선언했다. "내 아가들아, 너희는 결혼하지 말고 일을 해야 한다."[1] 하지만 아버지가 계층 하락으로 받아들였던 것은 딸에게 긍정적 선택으로 해석되었다.

보부아르는 그녀의 "현존을 정신적 작업에 바칠 것을"[2] 결심했다. 그녀는 아내와 어머니의 삶을 살아가지 않게 된 것을 조금도 아쉬워하지 않았다. 그것은 "아이들을 낳고, 그 아이들이 다시 아이들을 낳고, 그렇게 무한대까지 영원한 옛 노래를 반복하는 일일 뿐이었다. 학자, 예술가, 작가, 사상가는 밝고 유쾌한 다른 세계를 창조하고 있었다. 그 세계 안에서는 모든 것이 자기 현존의 권리를 부여받았다. 나는 그 세계에서 내 나날들을 보내고 싶었다. 나는 그 안에 내 자리를 만들어내기로 굳게 결심했다!"[3] 이런 언급 때문에 보부아르는 나중에 여성 혐오자라는 비난을 받았다. 하지만 그와 같은 비난은 그녀의 사상을 잘못 이해한 데서 기인한다. 게다가 그것은 20세기 초의 프랑스 부르주아 출신 젊은 여성에게 전통적으로 주어진 여성적 삶의 궤도에서 벗어난다는 것이 무엇을 의미하는지에 대한 시선도 왜곡한다. 젊은 보부아르에게는 자기 삶을 스스로 결정해나갈 수 있는 당시로서는 지극히 예외적인 기회가 주어졌고, 그녀는 그러한 모험을 기쁨과 기대에 가득 찬 눈으로 바라보았던 것이다.

보부아르는 지난날을 회고하면서 자신을 예외적인 여성으로 묘사했다. "스무 살 시절에 나는 나의 여성성 때문에 고통받기는커녕 오히려 양성의 장점을 모두 만끽하고 있었다."[4] 보부아르는 직업적으로는 "남성들의 영역"에서 활동했지만 동시에 그녀의 여성적인 면에도 (적어도 피상적으로는) 가치를 두고 있었다. 그녀는 사람들이 자신에게서 여성과 작가를 동시에 보는 것을 즐겼다. "하지만 내게 『제2의 성』을 쓸 용기를 주었던 것은 바로 이런 유리한 위치였다."[5] 여자로서 보부아르는 그 주제에 곧바로 부합했고, 지식인으로서는 평범한 여성적 삶과 멀찌감치 거리를 두었던 덕분에 자기 안에서 남자들 세계에 대한 미움도, 그들과의 공범의식도 발견하지 않을 수 있었다. 이렇듯 보부아르는 그녀의 예외적 위치를 이용해 '여성'에 대한 탁월한 연구를 진행할 수 있었다. 1949년에 발표된 『제2의 성』은 전통적 성 역할의 회복과 유지에 큰 가치를 두고 있던 시대에 커다란 파문을 일으켰다. (예를 들어 그 무렵 보부아르와 친분을 맺고 있던 알베르 카뮈Albert Camus는 이 책을 쓴 여성이 프랑스 남성을 웃음거리로 만들었다고 평했다.)

진짜 여자와 가짜 여자

여자란 무엇인가? 보부아르는 『제2의 성』 서문에서 독자들에게 이런 야릇한 질문을 던진다. 아마도 인간 암컷이라고 대답할 수 있을 것이다. 또는 암컷 성기를 지닌 인간 종의 다 자란 표본이라는 대답도 가능하다. 아무튼 그쯤이다. "그런데 어떤 여자들에 대해 전문가들은 '이들은 여자가 아니다'라는 판단을 내린다. 그들에게도 다른 여자들처럼 엄연히 자궁이 있는데 말이다."[6] 때때로 '새로운' 여성성이라거나, 위험에 처한 여성성, 다시 발견되어야 하는 여성성 따위가 이야기되기도 한다. 어떤 여자들은 심지어 그들의 여성성에 문제가 있다는 말을 듣기도 하는데, 그들의 성기에 무슨 문제가 있다는 뜻은 아니다. 아무튼 일이 간단하지는 않아 보인다. "모든 인간 암컷이 필연적으로 여자인 것은 아니다. 그러기 위해서는 먼저 여성성이라 불리는 저 비밀스럽고 위험한 현실에 참여해야 한다."[7] 여성 인간이 또한 자동적으로 여자인 것은 아니라는 말이다. 이는 남성 인간도 마찬가지다. 이 말이 무슨 뜻인가?

남성 인간과 여성 인간의 생물학적 정의와 그 차이는 별로 문제될 것 없어 보인다. 하지만 '진짜' 남자, '진짜' 여자라고 말할 때 이게 무슨 뜻인지 우리는 모두 이해하고 있다. 여기에는 진짜가 아닌 '가짜' 남자나 여자 같은 어떤 것이 존재한다는 암시가 담겨 있다. 우리가 '가짜' 남자나 '가짜' 여자를 말할 때 무슨 생물학적 자웅동체 이야기를 하려는 것은 물론 아니다. 그리고 우리 문화권에서 '진짜' 남자나 여자로 간주되려면 어떤 행동방식이나 특징을 내보여야 하는지도 우리는 알고 있다.

'진짜' 남자는 저돌적이고, 패기 있고, 말수가 적고, 육식을 좋아하고, 축구에 관심이 많고, 남의 말을 잘 안 듣고, 정서적으로 야만스럽고, 늘 섹스 생각을 하고, 보호자나 부양자 역할을 자임하는 등의 특징을 지닌다. '진짜' 여자는 허영심이 많고, 수다스럽고, 언제나 구두 생각을 하고, 모성 본능이 있고, 늘 쇼핑을 하고, 초콜릿을 좋아하고, 보호받고 부양받기를 원하고, 주차가 서툴고, 정서 과잉이다. 이런 특징들은 별로 변하지 않으며, 대부분 아주 옛날부터 그런 것처럼 보인다. 남성과 여성의 차이는 종종 누구나 웃고 즐길 수 있는 대상이 되기도 한다. 가령 코미디언 마리오 바르트Mario Barth는 "남자들은 원시인들이지만 행복하다!"라든가 "남자들은 다 돼지 같은 놈들이지만 여자들도 똑같다" 같은 우스갯소리로 큰 인기를 끌었다.

무엇이 전형적으로 남성적이고 여성적인가 하는 문제는 과학적 논문의 주제로도 인기가 있다. 앨런 피즈Allan Pease와 바버라 피즈Barbara Pease 부부는 "남자들은 왜 남의 말을 듣지 않고, 여자들은 왜 주차를 못하는가?"라든가 "왜 남자들은 늘 섹스를 원하고 여자들은 사랑을 꿈꾸는가?" 따위의 문제를 진화생물학의 시각에서 설명하고자 했다. 여기서 유쾌하고 재미있게 읽히는 대목들에는 또한 매우 심각한 면도 있다. 익살맞거나 최소한 무해하게 여겨지는 상투적인 성적 담론들이 개인에게는 정체성 상실의 대가를 치르게 할 수도 있기 때문이다. 남성적 혹은 여성적 표준에서 조금 벗어나는 것은 사회적으로 어느 정도 받아들여질 수 있겠지만, 자기 성의 특징과 자신을 전혀 동일시할 수 없거나 그럴 마음이 없는 사람은 확실히 문제가 생길 것이다.

인간의 경우 생물학적 특징들이 온전한 의미에서 남성으로 또는 여성으로 간주되기에 충분하지 못하다는 특수성, 즉 우리가 "여자란 무엇인가?"라는 보부아르의 간단한 물음을 통해서 대면하게 되는 저 특수성은 우리를 현대 성 연구의 중심에 있는 분류로 이끈다. 바로 생물학적 성으로서의 '섹스'와 사회적 성으로서의 '젠더'의 구분이다.

본성 대 문화

'섹스'와 '젠더'는 서로 어떤 관계가 있는가? 이는 논쟁의 여지가 있는 흥미로운 질문이다. 사회적 성은 생물학적 성으로 환원될 수 있는가? 아니면 성 특유의 속성과 행동방식은 문화와 교육의 결과인가? 사회적 성을 곧바로 생물학적 성으로 환원하려는 이론들은 큰 인기를 누리고 있다. 이런 이론들은 남성과 여성의 행동에서 나타나는 '작은' 차이들이 궁극적으로 그들의 신체 구조에 근거한 것이라고 말한다. 이 경우 유전자, 신경세포의 연결성, 호르몬 등은 여성적 모성애나 남성적 공격성의 궁극적 원인으로 간주된다. 그에 따르면 남성과 여성의 특정한 차이는 극복될 수 없는 것이다. 양성 간의 불평등과 역할 분할에 대한 변호도 그와 같은 가정에서 출발한다. 예를 들어 자녀 교육이 여자들의 일이라는 주장은 이 시각에서는 생물학적 근거에 따른 필연성으로서 설명된다. 여자들이 남자들보다 본성적으로 그런 일을 더 잘하도록 유전자, 뇌, 호르몬 등이 배려한다는 것이다. 이에 따르면 전통적인 역할 분할―여자들은 가사 영역을 돌보고 남자들은 공적 영역을 담당하는―과 이런 분할에 뒤따르는 모든 것들은 생물학적 성 차이로 인해 필연적이다. 신체 구조가 곧 운명인 것이다!

실존주의 철학의 대표자로서 보부아르는 그와 같은 생물학적 결정론을 거부한다. 실존주의는 인간의 자유를 강조하는데, 이러한 자유는 모든 외적·내적 제약들에도 불구하고 늘 자신의 현존으로부터 무언가를 만들어가도록 인간을 압박하기 때문이다. 그러므로 우리처럼 의식을 지닌 생명체에게서는 본성과의 연속적 관계를 찾아볼 수 없다. 이는 우리가 늘 문화 속으로 던져지는 존재여서 그런 것만은 아니다. 그것은 무엇보다도 우리가 우리의 본성과 늘 특정한 관계를 맺고 있기 때문이다. 우리가 우리 본성에 대한 이론들을 만들어낼 수 있다는 사실은 이미 우리가 우리 본성과 사유적이고 가치판단적인 관계를 맺을 수 있으며 또 그래야 한다는 것을 보여준다. 실존주의적 의미에서 자유는 우리에게 주어진 것들, 즉 소여(所與)와 관계를 맺는 것이다. 이것은 생물학적 결정론자들이 한 가지 결정적인 측면을 완전히 놓치고 있음을 의미한다. 그것은 바로 인간적 자유의 차원, 즉 스스로 관계 맺음의 차원, 선택과 가치판단의 차원이다.

양성 간의 관계는 생물학으로부터 곧바로 도출되는 것이 아니라고 보부아르는 강조한다. 왜냐하면 "생물학적 소여는 (…) 실존하는 자들이 그에 부여하는 바의 가치를 지니기"[8] 때문이다. 예를 들어 평균적으로 더 큰 신체적 힘이 그 자체로 남성의 주도권을 설명해주는 것은 아니다. 오히려 결정적인 것은 자유로운 주체들이 그러한 생물학적 소여에 어떤 의미와 가치를 부여하느냐이다. "실제로 이러한 사실(생물학적 소여)은 이론의 여지가 없다. 하지만 그것은 그 자체로는 아직 의미를 갖지 못한다."[9] 여성의 생리학적 '약함'은 "인간이 스스로 정하는 목적, 인간이 사용하는 도구, 인간이 스스로에게 부과하는 법률 등에 비추어 볼 때만 '약함'으로서 나타난다."[10] 생리학적 차이는 양성 관계에서 우리가 그것에 가치를 부여할 때 비로소 중요해진다.

보부아르에 따르면 양성 관계, 특히 남성적 구조의 사회적 우위를 이해하기 위해서는 남성과 여성의 해부학적 차이에만 주목하는 것으로는 부족하다. 마찬가지로 태곳적 관계와 역할 패턴에 대한 추측에 의지하는 것도 만족스럽지 못하다. 이런 식의 추측은 대부분 현재 상태를 상상의 원시 사회에 투사하는 것에 불과하다. "이 세계는 언제나 남자들 차지였다. 그러나 이를 위해 사람들이 끌어다 댄 모든 이유들은 우리에게 충분하지 않아 보인다. 하지만 실존주의 철학의 빛을 통해 선사시대의 민족학적 소여들을 관찰해보면 성의 위계질서가 어떻게 이루어져왔는지 이해할 수 있다."[11] 그리고 바로 이것이 『제2의 성』 1권에서 다루고 있는 내용이다.

다른 성

보부아르는 『제2의 성』 집필을 시작할 때 자기 연구의 중심 사상과 맞닿아 있는 한 가지 특이점에 주목했다. "남자는 인류 안에서 남자들이 처한 특수한 상황에 대해 책을 쓸 생각을 전혀 하지 못할 것이다. (⋯) 남자는 자신을 특정한 성의 개체로서 생각할 마음이 조금도 없다. 그가 남자라는 사실은 그토록 당연한 일이다."[12] 남자들에게 자신이 남자라는 것은 특수성이 아니라 자명함으로 받아들여진다. 이는 아주 오래전부터 '남자'와 '인간'이 동일시되었고 지금도 여전히 동일시되고 있기 때문이다. (보부아르의 모국어에서 '옴므homme'라는 단어는 남자와 인간을 모두 지칭하는 말이다.) 이에 대한 문화적 예증들은 수없이 많다. 예를 들어 유럽 찬가로 채택된 프리드리히 실러Friedrich Schiller의 〈환희의 송가An die Freude〉를 떠올려보자. "기쁨이여, 아름다운 신들의 불꽃, 낙원에서 온 딸이여. (⋯) 모든 사람들이 형제가 되리, 그대의 부드러운 날개가 머무는 곳에서." 아마도 이런 식의 단어 선택에 진지하게 반감을 느끼는 사람들은 별로 없을 것이다. 반면에 가사가 "모든 사람들이 자매가 되리"라면 사람들은 몹시 당혹스러워하며 당장 안 된다고, 잘못된 것이라고 느낄 것이다. 남자들은 자기 자신을 말하자면 평범한 인간으로 (인간의 표준으로) 여긴다. 하지만 여자들은 자신을 무엇으로 여길까? 그리고 남자들은 여자들을, 만약 평범한 인간으로가 아니라면 무엇으로 여길까? 대답은 "타자로 여긴다"는 것이다.

"인류는 남성이다. 남자는 여자를 그 자체로 정의하지 않고 자신과의 관계 안에서 정의한다. 여자는 자율적 존재로 간주되지 않고"[13] '상대적' 존재로서 간주된다. "여자는 남자와 관련해서 규정되고 구분된다. 하지만 남자는 여자와 관련해서 그렇게 되지 않는다. 여자는 본질적 존재와 대비되는 비본질적 존재이다. 남자는 주체이고 절대자이다. 하지만 여자는 타자이다."[14] 실생활에서의 언어 사용은 다시 보부아르의 주장을 직접적으로 증명해준다. 예를 들어 여자가 남편의 이름과 함께 소개되는 것은 이제 더 이상은 통용되지 않는다. 하지만 반대로 남자가 아내의 이름과 함께 소개되는 것은 완전히 말도 안 되는 생각이다. 그 이유는 남성은 당연히 여성과 무관하게 생각되고 정의되지만 반대로 여성에게는 남편과 관련지어 정의되는 것이 예나 지금이나 여전히 통례이기 때문이다. 예를 들면 여자들은 여전히 익명의 남성들 눈에 누구의 부인으로서―의사 부인, 선수 부인 등의 명칭을 생각해보라―혹은 관능적 대상으로서 비친다.

보부아르는 남녀 양성의 현저히 불평등한 관계를 '절대자'와 '타자' 개념을 통해서 기술한다. 절대자 혹은 본질적 존재와 타자의 대비는 그 자체로는 하나도 특별할 게 없다. "'타자'라는 범주는 의식 자체만큼이나 오래된 것이다. (…) 타자는 인간적 사유의 근본에 깔린 범주다. 어떤 공동체도 곧바로 타자와 대비되지 않고는 일자(一者)로서 정의되지 않는다. 세 명의 여행자가 기차에서 우연히 한 객실에 함께 앉은 것만으로도 나머지 여행자들은 모두 설명하기 힘든 방식으로 적대적 '타자'가 되기에 충분하다."[15] 사람들이, 특히 사람들 집단이 그들을 다르게 여기는 이들과 거리를 둠으로써 자신을 정의한다는 사실은 보부아르에 따르면 사회적 현실의 기본 소여에 속한다. "시골 사람들에게는 자기 마을에 살지 않는 모든 사람이 의심스러운 '타자'이다. 어느 나라 원주민에게는 자기 나라가 아닌 나라들의 주민은 모두 '이방인'으로 보인다."[16]

보부아르에 따르면 이런 현상은 "우리가 (…) 자신의 의식 안에서 모든 다른 의식에 대해 근본적으로 적대적인 태도를 발견한다면" 잘 이해될 수 있다. "주체는 무언가와 대비함으로써 자신을 규정한다. 주체는 자신을 본질적 존재로서 긍정하고 타자를 비본질적 존재, 즉 대상으로서 규정하려는 욕구를 갖는다."[17] 따라서 주체가 모든 다른 의식에 대해 자신을 본질적 존재로서 규정하고, 본질성에 대한 자신의 요구를 인정받으려 노력하는 것은 의식의 특징에 속한다. 그리고 이것은 불가피하게 의식적 존재들 사이의 근본적인 갈등 잠재력으로 이어진다. 왜냐하면 '타자' 또한 본질적 존재이고자 하는 요구를 갖기 때문이다. "여행에 나선 원주민은 이웃 나라에 사는 그곳 원주민이 자신을 이방인으로 여긴다는 사실을 분노와 더불어 확인하게 된다. 시골 사람들, 씨족, 민족, 계급 사이에는 그들이 지닌 절대적 의미의 '타자' 관념을 벌거벗기고 그 상대성을 드러내는 전쟁 (…) 협정, 논쟁 따위가 존재한다."[18] 타자의 눈에는 누구나 다 타자이고, 모든 사람이 다른 곳에서는 이방인이며, 모두가 다 특정 집단과의 관계에서 아웃사이더이다. 다시 말해서 "좋게든 나쁘게든 개인과 집단은 관계의 상호성을 인정하도록 강요받는다".[19] 이런 상호성이 모든 혹은 다수의 사람들에게 별 저항 없이 받아들여지리라고 기대하기는 힘들다. 오히려 반대다. 인류 역사는 상이한 집단들이 본질성에 대한 자신들의 요구를 폭력적으로 관철시키려 한 노력들로 점철되어왔다. 하지만 전쟁과 다툼은 이미 다른 집단이나 개인들도 그들 자신의 요구를 주장할 수 있다는 사실을 인정한다는 뜻이기도 하다. 다른 개인들이나 집단에게 비본질적이고 상대적인 존재로서의 역할을 강요하고자 하는 사람은 또한 잘 알고 있다. 아무런 외부의 압박 없이 순순히 주권에 대한 자신의 요구를 포기하는 사람은 없으며, 적어도 그래야 마땅하다는 사실을 말이다.

사회적 삶의 기본 구조에 대한 이와 같은 일반적 고민을 바탕으로 보부아르는 양성의 관계에 대해 전혀 새로운 방식의 질문을 던진다.

"양성 간에 이런 상호성이 생겨나지 않고, 두 개념 중 하나가 자신만이 홀로 본질적이라고 주장하면서 상대 개념에 대해서는 일체의 상대성을 인정하지 않고 단지 '타자'로서만 정의하는 일이 대체 어떻게 가능한가? 여자들은 남성의 주도권을 왜 문제 삼지 않는가? 그 어떤 주체도 자발적으로 자신을 덮어놓고 비본질적 존재로서 규정하지 않는다."[20]

보부아르는 여기서 놀라운 현상을 지적하고 있다. 자신을 본질적 존재로서 관철시키려 노력하는 서로 다른 집단이 적대적으로 대립하는 것은 인간들이 공동생활을 해나갈 때 벌어지는 기본 상황에 속한다. 하지만 한 집단이 아무 저항 없이 자신이 타자로서, 비본질적 존재로서 규정되는 것을 방치하고, 이 같은 비하에 반대하지 못하는 것은 매우 특이한 일이다. 보부아르에 따르면 이 같은 상황은 오직 양성 관계에서나 찾아볼 수 있는 것이다. "길거나 짧은 기간 안에 한 범주가 다른 범주를 절대적으로 지배하는 데 성공한" 다른 경우들도 분명히 있을 것이다. "종종 수적 불균형이 이 같은 우위를 가능케 한다. (…) 하지만 여자들은 미국에 사는 흑인들이나 유대인들처럼 소수가 아니다. 지구상에는 남자들만큼 많은 여자들이 있다."[21] 남성에 대한 여성의 종속을 초래한 어떤 역사적 사건(예를 들어 전쟁에서의 패배)이 있었던 것도 아니다. 이런 위계적 불평등 상태에 예전이란 없다. "전투도 승리도 패배도 없었다."[22] 이런 상황은 양성 불평등을 타당성 여부를 떠나 최소한 문제로 인식하려는 많은 사람들을 오늘날까지도 당혹스럽게 만들고 있다.

내재와 초월

보부아르의 사유 안에서 핵심적인 물음은 이런 것이다. 앞서 언급된 양성 관계의 바탕에는 어떤 판단이나 가치평가가 있는가? 위계적 불평등은 어떻게 그리고 왜 유지되는가? 어떤 이유로 여자들은 그들의 성이 경시되는 것에 저항하지 않는가? 『제2의 성』은 실존주의 철학의 틀 안에서 관련 개념들을 가지고 이 물음들에 답하고 있다. 실존 철학은 생물학적 인류학처럼 인간의 해부학적 특징과 특이성에 매달리지 않고 인간의 '존재 상태', 즉 우리 현존의 기본 구조 또는 실존의 조건을 다룬다. 실존주의 철학은 인간이 '존재하는' 정황이 아니라 '존재해야 하는' 정황을 인간 존재의 결정적 특수성으로서 강조한다. 자의식을 지닌 생명체로서 오직 인간에게만 존재는 과제가 된다. 다시 말해서 오직 인간만이 자기 삶에 형태를 부여해야 하고 기투(企投)를 통해 자신을 규정해야 한다. 인간은 자유로운, 미래로 기투된 자기 자신을 "뛰어넘어서 성장하는" 존재로서 언제나 이미 앞서 존재하고 있으며, 부단히 자기 자신에게로 가는 도정에 있다. 우리 현존의 이와 같은 기본 구조를 가리키는 철학 개념이 바로 '초월'(라틴어 *transcendere* : 넘어가다, 능가하다)이다. 보부아르에 따르면 초월의 중심 범주는 기술적 기능과 규범적 기능을 동시에 지닌다. 다시 말해서 초월의 중심 범주는 인간의 존재 상황을 기술하면서 동시에 현존의 일탈 위험을 지적하는 역할을 수행한다. 인간이 자신이 지닌 초월 능력을 강하게 제약당하거나, 또는 능동적으로 그와 같은 실존 조건을 기피한다면 이것은 수동성과 유사 물성 Quasi-Dinglichkeit을 특징으로 하는 '내재 Immanenz'로의 회귀를 의미한다. 이처럼 물건과 비슷한 상태로 돌아가는 것을 보부아르는 "절대악"[23)]이라고 보았다.

초월과 내재의 범주 및 그에 대한 평가와 관련해서 보부아르는 먼저 다음과 같은 물음에 답한다. "남자는 여자를 지배하려는 의지가 있다고 흔히들 생각한다. 하지만 남자에게 대체 어떤 장점이 있기에 그와 같은 소망을 실현하도록 허락되는 것인가?"[24)] "모든 비밀의 열쇠"[25)]는 인간 종족의 재생산에 기여하는 양성의 차이에 있다. 출산과 양육은 생물학적 의미의 종족 보존을 위해 여자들이 '담당'한다. 이로써 여자들은 "단지 형태만 달리하며 언제나 똑같이 반복되는 삶"[26)]을 책임진다. 반면에 남자는 "목표를 세우고 이에 도달하는 방법을 계획한다.

그는 실존 안에서 자신을 실현한다. 그는 보존하기 위해 창조한다. 그는 현재를 뛰어넘고 미래를 연다".[27] 이로써 남자는 공동체를 동물적 현존을 넘어서도록 이끌고, '남성적이고' 초월적인 활동이 단순히 생명을 보존하는 것보다 우선하게 한다. "이렇게 하는 이유는 인류가 단순히 자연적 종에 그치지 않기 때문이다. 인류는 또한 단지 그와 같은 존재로 계속 남아 있으려고 노력하지 않는다. 인류는 현상 유지를 기도하는 것이 아니라 자신을 넘어서려고 노력한다."[28]

간단히 요약하면, 양성 간의 위계적 불평등 관계에서 여자들은 남자들에 의해 타자로 간주되는데 이에 대해 여자들은 대부분 적극적으로 방어하지 않는다. 남성의 우월적 지위는 보부아르에 따르면 종족 재생산에 대한 양성의 기여가 서로 다른 데 그 뿌리가 있다. 물론 불평등이 직접적으로 해부학적 특수성에서 나오는 것은 아니며(또한 불변의 진리로 이해되지도 않는다), 그보다는 인류 공동체에 대한 양성 특유의 기여를 설명하고 평가하는 일에 주의를 기울여야 한다. 인류 공동체에 대한 양성 특유의 기여는 다시금 인간의 존재 상황에서 비롯된다. 남성은 동물적 본성의 우위를 통해 초월을 체현하는 반면 여성은 생명의 단순한 보존을 통해 내재의 영역을 체현한다. "실존의 관점은 우리로 하여금 원시 사회의 생물학적 경제적 상황을 통해 남성의 우월적 지위가 실현된 방식을 이해할 수 있게 해주었다."[29] 하지만 이 모든 것은 현재의 우리에게 (우리는 이제 여자들이 더 이상 출산과 양육에만 얽매이지 않고 '남성적 초월'에도 참여할 수 있는 사회에 살고 있다) 어떤 의미가 있는가?

아무런 싸움 없이 생겨나고 여자들에 의해 수용된 남성의 주도적
지위는 인류의 수천 년 역사를 통해 계속 유지되어왔으며, 앞에서도
언급했듯이 한 번도 심각하게 이의가 제기된 적이 없다. 법률뿐만 아
니라 신화, 예술, 문학의 영역에서도 (오늘날에는 여기에 텔레비전, 인터
넷, 컴퓨터 게임이 추가된다) 그리고 사회적 실제, 제도, 교육 등의 분야에
서도 양성 간의 불평등을 공고히 하고 영구화하고 있다.

보부아르에 따르면 이 같은 불평등은 우리의 실존 조건과 관련해
양성 모두에게 나름대로 장점을 가진 듯이 보인다. 실존주의 사상가인
보부아르는 우리 인간이 자유, 책임, 무상, 타인과의 대립 같은 우리의
실존적 조건들에 쉽사리 적응하지 못한다고 여겼다. 실제로 우리는 다
양한 방식으로 실존의 특정한 측면을 회피하고자 노력하는데, 이때 우
리가 주로 쓰는 방식은 그러한 측면 자체를 부인하는 것이다. 가부장
적 사회질서는 이와 같은 회피의 노력을 통해 자신의 안정성을 유지한
다고 보부아르는 말한다. 간단히 말해서 가부장 권력은 여성에게 초월
의 위험(구체적으로 말하면 자율적, 자기책임적 실존의 위험)에서 벗어나게
해주겠다고 약속하고, 반면에 남성에게는 저항 없이 손에 넣은 불공정
한 우월적 지위를 통해 인정의 싸움에서 해방된다고 믿게 한다. 두 약
속은 물론 지켜지지 않는다. 이유는 간단하다. 우리는 아무도 우리의
실존 조건에서 도망칠 수 없기 때문이다. 우리는 현존의 요구와 위험
이 우리 마음대로 쉽게 없어지는 것이 아님을 어렴풋이 짐작하고 있
다. 하지만 몸에 밴 반사적 도피 반응은 억세고 완고하며, 실존 조건에
대한 무의식적 불안은 안전을 약속하는 성적 위계질서가 해체되는 것

을 방해한다.

보부아르는 양성 관계에 대한 사유를 통해 오늘날에도 쉽게 간과되는, 혹은 불평등의 구실로 왜곡되는 한 가지 중요한 측면을 드러낸다. 여성의 '부권과의 공범성'이다. "실제로 남자들은 보통 억압자가 피억압자에게서 발견하는 것보다 더 훌륭한 공범을 그들의 여성 배우자에게서 발견한다."[30] 하지만 남자들은 "그들이 여성에게 부과한 운명을 여성이 스스로 원했다고 악의적으로 공언하려 든다".[31] 그러나 보부아르는 전통적으로 모든 여성 교육이 "여성에게 반항과 모험의 길을 가로막는"[32] 방향으로 이루어졌다고 강조한다. 여성들은 어릴 때 자율성을 교육받지 못하기 때문에 성인이 되어서 부권과의 공범관계를 별다른 저항 없이 받아들이는 것이라고 보부아르는 설명한다.

예를 들어 삶이 평생 가사 영역에만 국한된 여성, 자신을 기꺼이 성적 대상으로 축소시키는 여성, 자발적으로 부르카를 입는 여성 등은 그렇게 함으로써 자신이 겪게 되는 명백한 사회적 불리나 인격 훼손을 자율적이고 책임 있는 실존의 위험으로부터의 해방이라는 장점으로 뒤바꿔 생각하게 된다. 서구 사회와 같은 자유롭고 다원적인 사회에서도 여자들이 (심지어 여성 해방의 이름으로) 성적 대상이나 하등 인간으로의 자기 비하를, 혹은 전통적 역할 모형으로의 퇴보를 자발적으로 받아들이는 모순된 상황을 심심치 않게 목격할 수 있다. 남성 패권과의 이런 공범성은 여자들 간의 연대를 방해해 양성 불평등을 지속시키는 데 근본적으로 기여한다는 점에서 치명적이다.

하지만 그렇다고 해서 남자들이 면죄부를 받는 것은 아니라고 보부아르는 말한다. 남자들은 흔히 "여자들이 억압과 비하를 당하는 것은 그들 스스로의 잘못이 크다"고 말하고 싶어한다. 하지만 그렇지 않다. 억압이나 착취 그리고 사회적으로 확립된 위계적 불평등은 그에 대한 저항이 미미하거나 아예 없다 하더라도 여전히 절대적으로 부당한 것이다. 남자들과 여자들은 모두 그들 자신이 위계적 불평등 상황과 양성 간 싸움에 어떤 기여를 하고 있는지 스스로 답해야만 한다.

여자, 분열적 존재

"여자로 태어나는 것이 아니라 여자가 되는 것이다."[33]

이 유명한 문구와 더불어 "살아온 체험"에 바쳐진 『제2의 성』 2권이 시작된다. 우리는 세상에 나오기가 무섭게 성 역할을 준비시키는 조련을 받기 시작한다. 이것은 어쨌든 양성 모두에게 공평하게 적용된다. 이러한 조련은 대부분 무반성적으로 그리고 비언어적으로 진행되며, 그 성과는 우리에게 몸에 밴 습관이 되어 자연스러움의 외양을 얻는다. 보부아르는 물론 이 점을 잘 알고 있다. 그럼에도 불구하고 그녀는 자연적으로 생겨난 것처럼 보이는 '작은' 차이들이 문화적·사회적 산물임을 강조한다.

가령 어떤 소녀가 "사춘기가 되기 한참 전부터, 경우에 따라서는 심지어 아주 어린아이일 때부터 성적 차별성을 나타내는 것처럼 보일 때 이것은 어떤 은밀한 본능이 그 소녀에게 직접 소극적 태도, 애교, 모성 따위를 부여했기 때문이 아니다. 외부의 영향은 처음부터 아이의 삶에 개입한다. 생애 초기에 이미 아이에게는 자기 운명이 부과된다."[34]

젠더가 문화적 산물이라는 주장에 대한 반박은 흔히 자녀를 기르는 부모들로부터 나온다. 이들은 남자아이와 여자아이가 태어날 때부터 서로 다른 교육을 받는다는 말에 결코 동의하지 않는다. 양성의 차이는 스스로 만들어지는 것이며, 학습이 채 이루어지기도 전에 일찌감치 발현된다는 것이다. 하지만 실제로 양성 간의 불평등은 우리에게 너무나 당연한 것이어서 남자아이와 여자아이를 대할 때 우리의 행동에 나타나는 차이는 대부분 전혀 의식되지 않는다.

젖먹이 아이를 대상으로 한 경험적 연구는 남자아이와 여자아이가 실생활에서 결코 똑같은 대접을 받지 않고 있음을 잘 보여준다. 사람들은 아이들에게 다른 방식으로 말을 건네고, 다른 방식으로 스킨십을 하고, 심지어 다른 방식으로 눈길을 주었다. 한 실험에서는 두 집단의 성인 실험 대상자들에게 똑같은 갓난아기의 사진을 보여주면서 한 집단에게는 남자아이라고 말하고 다른 집단에게는 여자아이라고 알려주었다. 그런 다음 실험 대상자들에게 사진에서 연상되는 것들을 말해보라고 했다. 그러자 두 집단의 실험 대상자들은 지극히 상이한 것들을 떠올렸는데, 이것은 우리 사회에서 통용되는 틀에 박힌 양성 이미지에 정확히 상응했다. 즉, 남자아이는 모험심이 강하고 적극적이고 저돌적이며, 여자아이는 착하고 사랑스럽고 얌전하다는 식이었다. 이처럼 어른들이 아이에게 투사하고 아이에게서 보고자 하는 것은 그들이 아이를 대하는 방식과 결코 분리되지 않는다.

여자가 되는 것은 남자가 되는 것과 마찬가지로 앞에서 기술한 위계적 양성 관계를 통해 각인된다. 남자아이와 관련해 보부아르는 이렇게 말한다. "사람들은 사내아이를 타이를 때 남자는 능력이 우월하므로 더 잘해야 한다고 말한다. 힘든 일을 앞둔 아이에게 용기를 불어넣기 위해서 작위적으로 아이로 하여금 자신이 남자임을 자랑스럽게 여기도록 만드는 것이다."[35] 그에 반해서 여자가 되는 것과 관련해서는 "문명 전체"[36]가 여성 인간들을 타자의 역할로 내몬다. 그들은 비본질적이고 비생산적이며 열등하고 소극적이고 대상적인 존재로 취급된다. 여자아이는 아주 일찍부터 여자에게 외모가 어떤 의미를 갖는지에 대해 배운다. 진짜 여자는 남들의 눈에 아름다운 대상으로 보이기 위해 뭐든지 한다는 것이다. 하지만 남자들은 이를 보면서 여자들의 허영심을 비웃거나 경멸한다. 여자아이는 얌전함의 이름으로 그리고 '약함'에 대한 끊임없는 암시를 통해 남자아이들이 하는 시합이나 힘겨루기를 멀리하도록 교육받는다. 이로써 여자아이는 자기 주장을 관철시키거나 남자들과 경쟁하기 위한 용기나 자신감을 자기 안에서 찾아볼 수 없게 된다. 그 대신 애교와 경솔한 언행으로 남자들을 멋대로 부리고, (대부분의) 다른 여자들을 질투와 적대감으로 대하는 습성을 익히게 된다. 이 두 가지는 모두 상호적이고 우애로운 관계를 배제한다. 그 밖에도 여자아이는 자신의 성이 후손을 돌보고 교육하는 일을 담당해야 한다고 배운다. 하지만 이 일에는 놀라울 정도로 낮은 가치가 부여된다.

보부아르에 따르면 문화적으로 각인된 여성성의 이런 측면은 여자

를 초월로부터 멀어지게 만든다. 그리하여 가부장적 사회에서 초월은
남자에게만 해당되는 것으로 남고, 그 대신 여자에게는 내재의 영역이
주어진다. "부모와 교육자, 책과 신화, 여자들과 남자들이 모두 여자아
이에게 감언이설로 수동성의 기쁨을 주입한다. 사람들은 여자아이가
아주 어릴 때부터 이미 이것을 좋아하게 되도록 가르친다. 유혹은 점점
더 솔깃해진다."[37] 보부아르는 조심스럽게 '유혹'을 입에 올린다. 여자
가 된다는 것은 오로지 여자로 '만들어지는' 기계적인 과정이 아니다.
여기에는 선택의 순간이 있다. 더 정확히 말하면 (천부적이기 때문에) 선
택의 여지가 없어 보이는 '운명'을 받아들이는 동의의 순간이다. 여자
는 이러한 동의의 유혹을 받는다. 타자의 역할은 "자기포기의 꿈"[38]을
미끼로 유혹한다.

하지만 여자아이를 비본질적 타자의 역할에 밀어 넣으려는 목표로
진행되는 교육과 문화적 주조는 자유롭게 자아를 펼치고자 하는, 본질
성과 초월을 향한 모든 주체들의 근원적인 노력과 원칙적으로 모순된
다. 그러므로 여자의 일생이 깊은 모순성의 특징을 띠는 것도 놀라운
일이 아니다. 이렇듯 여성성과 인간성이 서로를 배제하는 측면이 있
기 때문에 여성은 분열적 존재가 된다. '진짜 여자'처럼 행동하면 여성
은 비본질적이고 하등한 존재로 비하된다. 남성적 활동에 대한 욕망과
본질성에 대한 요구를 겉으로 드러내면 여성은 '진짜 여자'로 간주되
지 않는다. "여자에게는 처음부터 자율적 실존과 타자성 사이의 갈등
이 존재한다. 여자는 상대의 마음에 들도록 노력해야 하고, 그러기 위
해 자신을 객체적 대상으로 만들어야 한다. 그러므로 여자는 자율을

포기하는 것이 마땅하다."[39] 여자는 이런 제한을 머릿속에 자주 떠올릴수록 "점점 더 자신감이 떨어지고 자신을 주체로서 관철시키기 힘들어진다".[40] 사회에서 여자의 역할이 최소한 서양 문화권에서는 어느 정도 달라졌다는 것을 보부아르도 인식하고 있었다. 그럼에도 불구하고 여자로 존재하는 것의 모순은 간단히 극복될 수 없다고 보부아르는 말한다. "여성운동의 성취 덕분에 여자들이 대학에 진학하고 스포츠 활동을 하는 것은 점점 더 흔한 일이 되고 있다. 하지만 누가 무언가를 제대로 하지 못할 때 사람들은 남자들보다 여자들에게 훨씬 더 관대하다. (…) 이때 사람들은 그들이 여성성을 잃지 않고 여전히 여자로 머물러 있기를 요구한다."[41] 『플레이보이』지를 위해 사진을 찍는 많은 여성 프로 선수들을 생각해보라. 이런 사진에서 그들은 복싱이나 축구에서 명백히 패배의 위험 요인이 될 수 있는 자신들의 여성성을 증명해 보이려 한다. 여성성의 의미는 예나 지금이나 여전히 아름답고 순종적이고 알뜰하고 섹시하고 수동적이고 상대적인 존재라는 뜻이다.

그러므로 여성의 성 역할에는 특별한 문제가 있다. 그것은 여성에게 실존의 본질적 측면을 포기하도록 요구하는데, 이러한 요구는 한편으로는 유혹적이면서도 다른 한편으로는 자유로운 주체로서의 여성의 저항을 불러일으킨다. 하지만 여성적 역할의 제약은 이 저항조차도 좁은 경계 안에 가둔다. 그래서 여성의 저항은 사회적 성인 젠더의 요구와 갈등을 일으킨다. 여자는 "자연과 사회가 그녀에게 부여한 운명을 그대로 받아들이지 않지만 그렇다고 그것을 결정적으로 거부하지도 않는다. 여자는 세상과 싸움을 벌이기에는 내적으로 너무 분열되어 있다. (⋯) 그들의 모든 욕망은 불안과 나란히 간다".[42] 마음속 깊이 자리 잡은 이런 불안은 무엇보다도 여성적 정체성에 대한 것이다. 양성의 차이가 강조되는 사회에서 자신의 성 역할에 불편함을 느끼는 사람은 문화적 관습보다는 자기 자신에게 의심의 눈초리를 보내게 된다. 문화적이고 사회적인 구조가 변할 수 없는 것, 지극히 자연스러운 것으로서 나타나기 때문에 여성적 저항은 (대부분) 여성성의 게임 규칙 내에서 이루어진다. "젊은 여성들이 모든 몸가짐과 행동에서 자연적 질서와 사회적 질서를 넘어서려 시도하지 않는 것은 특이한 일이다. 그들은 가능성의 경계를 밀어젖히려는 의도도 없고 가치의 전도를 감행하지도 않는다. 그들은 확고하게 유지되는 세계의 규범과 경계 안에서 저항의 몸짓을 표현하는 데 만족한다."[43] 따라서 우리는 거식증처럼 '전형적인 여성적' 정신 병리학을 이렇게 해석해볼 수 있다. 더 이상 견딜 수 없는 상황에 저항하고자 하지만 동시에 기존의 여성적 역할에서 벗어나지 않으려 하는 여자들의 모순된 시도가 병으로 나타난 것이라고 말이다. 끊임없이 외모에 신경을 쓴다든지 날씬해지려고 지속적으로 다이어트를 하는 등의 '정상적인' 여성적 행동방식은 그와 같은 전형적인 여성 장애를 거쳐 원치 않는 병적 상황으로 치닫는다. 이때 여성적 저항과 상징적 거부는 역설적이게도 사회적 성의 제약, 즉 '전형적인 여성적' 테두리 안에서 이루어지며, 이 제약은 극복될 수 없다. 역할 강요를 깨뜨리고 나오는 진짜 반항은 '여성적' 방식으로 고통받는 여자들에게는 불가능하다.

신데렐라 콤플렉스

『제2의 성』이 발표되고 세월이 25년가량 흐르는 동안 미국의 여성 저널리스트 콜레트 다울링Colette Dowling은 여자로 살아가는 것의 분열성에 대한 보부아르의 이론이 얼마나 정확하며, 초월과 내재의 갈등이 얼마나 뿌리 깊은 것인지 몸소 경험할 수 있었다. 다울링은 자신의 책 『신데렐라 콤플렉스 : 독립에 대한 여성의 감춰진 불안』에서 그녀가 세 자녀를 키우는 독신 엄마로서 삶을 자립적이고 책임 있게 꾸려가기 위해 어떤 강요를 받아야 했는지, 새 파트너와 함께 시골로 이사했을 때 상대의 보호와 보살핌을 받기 위해 얼마나 기꺼이 그녀의 자립성을 포기했는지 기술했다. 이를 통해 다울링은 (인간적) 자율과 (여성적) 의존에 대한 모순적 욕망이 불가피하게 내적 긴장과 정신적 문제로 이어진다는 사실을 인식했다. "갈등에 혼자 맞서고자 하면서 동시에 누군가에게 의지하려 하는 것은 (…) 에너지를 소진시키는 만성적인 양가적 감정 상태를 불러온다."[44] 이는 자율적이고 책임감 있는 실존과 여자로 살아가는 것의 양가적 감정과 똑같다.

다울링은 '신데렐라 콤플렉스'의 뿌리와 영향을 연구했다. 그 결과 독립에 대한 여성적 불안의 귀결과 증상으로는 성과에 대한 조바심, 관철 능력의 결핍, 경쟁에 대한 불안("우리는 우리 자신을 스스로 보살피고 자기 주장을 관철시키는 것이 여성답지 못하다는 믿음 속에 길러졌기 때문이다."[45]), 비판에 대한 두려움, 세상살이에 대한 무기력, 굴종적 태도, 수동성, 어린아이 같은 행동방식(토라지고 애교 부리고 천진난만하고 동의를 강요하는 등)이 관찰되었다. 에너지를 앗아가고 발전을 저해하는 이런 콤플렉스로부터 다시 직업적 무능력이나 정체, 잠재력에 못 미치는 성과, 이용되지 못하는 재능, 야망의 소실, 재정적 예속이나 낮은 소득, 불안한 미래 대비, 열등감, 낮은 자존감 등이 생겨난다.

다울링에 따르면 여성의 실존은 독립의 불안과 자기포기의 불안이라는 이중의 불안을 특징으로 한다. 하지만 이러한 갈등이 늘 의식되는 것은 아니며, 오히려 많은 여성들이 (사회적으로 용인되거나 심지어 장려되는) 합리화를 통해 이에 맞서려는 시도를 한다. 가령 여성해방은 여자가 직업 활동과 재정적 독립에 대한 결정을 스스로 내릴 수 있는지로 판가름 난다는 식의 논의가 오늘날 다시 목청을 높이고 있는 것이 그런 예다. 다울링은 이러한 '페미니즘적' 요구를 조심해야 한다고 경고한다. 실제로 여성적 자의식의 겉모습 뒤에는 "남자들 세계"의 도발과 위험에 대한 뿌리 깊은 불안이 감추어져 있는 듯이 보이기 때문이다. 그리고 이 같은 불안에 대해 가부장적 사회는 여성에게 일반적으로 용인된, 그러나 의심스러운 해법을 제시한다. "일명 '아직 어린아이' 증후군, 즉 집에 머물러 있기 위한 (또는 다시 집으로 돌아가기 위한) 사회적으로 허용된 방법이다."[46] 다울링이 어머니로서의 여성의 역할을 근본적으로 부정하려는 것은 아니다. 이는 보부아르도 마찬가지다. 다만 자녀를 낳아 기르고자 하는 자신의 동기에 대해 여자들이 좀 더 진솔하게 답해야 한다는 것이다.

'신데렐라 콤플렉스'의 뿌리와 관련해 보부아르는 앞에서 언급했듯이 여자들이 지닌 억압과 공범의 양가적 감정 상태를 매우 예리하게 지적하면서 여성 사회화의 덫을 노출시켰다. 다울링은 이를 (전적으로 보부아르의 의미에서) 이렇게 요약한다. "문화적이고 심리적인 여러 이유에서—실제로 우리에게 높은 기대를 하지 않는 시스템과 우리로 하여금 세계에 맞서거나 저항하지 못하도록 가로막는 우리 자신의 개인적 불안이 결합되어—여자들은 자기 스스로를 억압"[47]하고, 그럼으로써 외부의 억압을 지속시킨다.

모든 사람들이 형제자매가 되리

우리는 여자로 태어나는 것이 아니라 그렇게 되는(만들어지는) 것이다. 그리고 여자가 되는 것은 보부아르가 이미 설명했듯이 근본적인 갈등 가능성을 통해 고통받는다. 왜냐하면 그것은 여자들에게 그들의 주권과 자율성에 대한 요구를 부정하고 상대적이고 소극적인 태도를 취하도록 요구하기 때문이다. 소위 '여성적' 특성에 대한 조직적인 강요와 장려는 많은 여자들로 하여금 자율적이고 독립적인 삶에 대해 의식적·무의식적 불안을 느끼도록 만들 뿐만 아니라, 이러한 불안에 남자들보다 훨씬 일찌감치 기가 꺾여 우울한 예속 상태로 도피하도록 만드는 결과를 가져온다. 문화와 교육은 어린 소녀가 자율적 실존에 필요한 도구를 갖출 수 있도록 하는 방향으로 맞춰져 있지 않다. 오히려 여자로 살아가는 것은 무한히 연장된 아동기를 의미하고(지금도 상당 부분 여전히 그러하다), 이로써 의존, 불안정, 무기력, 예속이 계속된다.

앞에서 나는 『제2의 성』에 기술된 생각들이 여자에게만 해당되는 것이 아니라고 말한 바 있다. 보부아르는 자신의 연구를 의식적으로 그리고 명시적으로 여성적 '운명'에 관한 탐구로 제한했다. 그에 따라 이 장의 관찰도 일단 여자로 살아감으로써 겪게 되는 고통에 초점을 맞추었다. 하지만 문제를 좀 더 일반화시켜보면 여기서 언급된 내용들은 양성 모두에게 중요한 것임을 알 수 있다. 여자들만이 아니라 남자들도 먼저 남자로 만들어진다. 가부장 사회에서 남자들의 위계적 우위에도 불구하고 남성의 성 역할 역시 그늘진 면을 가지고 있다. 예를 들어 여자들에게 스스럼없이 허락되는 불안, 두려움, 회피 등이 남자들에게는 금기사항이다. 굳세고 용기 있고 유능하고 중요한 인물로 보여야 하는 강박은 어린 시절부터 남자들에게 자기 성격의 약함이나 '여자 같은' 면을 결코 인정하지 않도록 요구한다.

실존주의 시각에서 보는 남녀 성 역할의 핵심은 이런 것이다. 사회적 성의 제약은 우리가 행위하는 공간뿐만 아니라 욕망하고 체험하고 상상하고 느끼는 공간을 모두 크게 제한한다. 바꿔 말해서, 사회적 성은 우리의 자유를 심각하게 축소시킨다. 보부아르에 따르면 자유는— 행복이 아니다—좋은 삶의 척도이며, 또한 '함께하는' 좋은 삶의 척도이다. "타인의 행복을 측정할 수 있는 방법은 없다. 하지만 자신이 누군가에게 강요하고자 하는 상황을 행복하다고 단언하기는 언제나 쉬운 일이다."[48] 또한 자신이 감히 벗어나려 하지 못하는 상황을 행복하다고 말하는 것도 쉽다. 행복은 "그러므로 우리가 여기서 다루려는 개념이 아니다".[49] 우리가 '진짜' 여자나 남자로 간주되기 위해 받아들여야만 하는 규범이나 규칙과 관련해서는 그것이 우리의 자유가 활동할 수 있는 외적·내적 공간을 얼마나 제약하는지 검토되어야 한다. 이 관점에 따르면 사회적 성 게임의 규칙에 대한 개인적 만족 여부는 해당 제약을 견지하기 위한 기준으로서 충분치 못하다. 이는 사회적 성의 표준에 대한 개인적 태도가 전적으로 사사로운 것으로 간주되어서는 안 되기 때문이기도 하다. 여기서 문제가 되는 영역은 사회적, 정치적, 윤리적으로 모두 중요하다. 예를 들어 내가 여성성의 규범을 다루는 방식은 나 자신에게만 해당되는 문제가 아니다. 왜냐하면 나는 나의 태도를 통해서 여자들이 일반적으로 어떤 삶을 살아야 하고, 사회에서 어떤 역할을 수행해야 하는가에 대한 판단을 내리기 때문이다. 보부아르는 이러한 판단에서 자유가 직접적인 개인적 이점, 불안, 편의 등보다 더 무겁게 고려되어야 한다고 말한다. "이는 개인의 가능성에 관심을 둔 우리가 이러한 가능성을 행복이 아니라 자유의 개념을 통해 규정하리라는 것을 의미한다."[50]

사회적 성의 요구와 한계는 우리를 제한하고, 우리의 기투를 틀에 박히고 경직된 것으로 만들고, 우리의 욕망과 판타지를 형성(변형)하고, 강박을 통해 내적 갈등을 부채질하고, 생각된 적도 없고 (외견상) 생각할 수도 없는 새로운 가능성에 대한 시각을 가로막는다. 우리가 남자 혹은 여자로서 어떻게 행동해야 하는가는 태어난 날부터 우리에게 제시되고 주입된다. 우리는 남자가 무슨 꿈을 꾸어야 하고, 여자가 무엇을 욕망해야 하는지 배운다. 이 모든 것은 우리에게 몸에 밴 습관이 된다. 이는 너무도 자명해 우리들 대부분은 우리의 개성과 자유가 사회 규범에 비해 얼마나 뒤쳐져 있는지 알아차리지도 못한다. 사회에 통용되는 성 규범을 과감히 무시하고자 하는 사람은 누구든지 눈에 보이지 않는 족쇄를 아주 빨리 느끼게 될 것이다. 특히 역할 강요로부터의 탈출을 가로막는 '내적' 저항의 형태로 말이다.

여기서 결정적인 물음은 이런 것이다. 우리는 사회적 성의 (최소한 몇 가지) 제약으로부터 어떻게 벗어날 수 있는가? 보부아르에게 답은 분명했다. 양성 평등 그리고 이를 통한 역할 강요로부터의 탈출과 관련하여 우리는 거대한 과제에 직면해 있다. "(여성의) 사회적 상황을 바꾸는 것으로 (…) 충분하다고 믿어서는 곤란하다."[51] 불평등은 훨씬 더 깊이 자리 잡고 있으며 "법률, 제도, 도덕, 사고방식 그리고 모든 사회 조직"[52]에 침투해 있다. 게다가 많은(거의 대부분의) 여성과 남성이 '작은' 차이들을 계속 유지하는 데 큰 관심을 보이고 있다. 보부아르는 그 이유로 실존의 특정한 측면에 대한 두려움을 지적했다. 여자는 종속을 '구원'이라고 믿고, 남자는 다툼 없는 우위를 '구원'이라고 믿는다. 하지만 이는 우리를 사회적 성의 제약에 단단히 얽어매는 치명적인 자기기만이다.

그럼에도 불구하고 보부아르는 남녀 사이에 사회적 평등과 연대가 지배하는 세계를 충분히 생각해볼 수 있고, 또 가능하다는 의견이다. 그와 같은 세계에서는 "남자와 여자가 그들의 본성적 차이를 넘어서 기탄없이 서로를 형제자매로 여기게"[53] 될 것이다. 실러 식으로 말하면 "모든 사람들이 '형제자매'가 되리"이다. 보부아르는 회의론자, "좋은 옛날" 질서의 옹호자, 양성 평등을 암울한 동질성으로 그리고 섹시한 긴장감의 상실로 여기는 자, 인류의 종말을 우려하는 자 등을 여기에 대비시킨다. "우리의 부족한 상상력이 미래의 인구를 감소시키지 않도록 조심해야 한다. (…) 양성 간에는 우리가 상상할 수도 없는 새로운 육체적·정신적 관계가 생겨날 것이다."[54] 실제로 고전적 성 역할은 단조로움과 상상력 고갈을 가져온다. 가령 똑같이 생긴 『플레이보이』지 바니걸들이 펼치는 끝없는 퍼레이드를 생각해보라. 그들은 너무나 천편일률적이어서 심지어 머리 색깔이 달라도 서로 구별이 안 된다.

우리는 지금도 여전히 모든 사람들이 형제자매가 되는 보부아르적 의미의 이상적 사회와 멀리 동떨어져 있다. 그래서 우리의 개인적 삶과 발전 가능성을 외적으로 또 내적으로 제한하는 성 이데올로기의 강요를 밝혀내는 일은 더욱 중요하다. 『제2의 성』 같은 책은 비단 비판적 자기검토를 위해서뿐만 아니라 이 같은 작업을 위한 도구로서도 중요하다. 이는 헬렌 필딩Helen Fielding의 『브리짓 존스의 일기』 같은 요즘의 대중소설도 마찬가지다. 이런 책들은 우리의 성격, 욕망, 관념 등이 문화적으로 형성된 것임을 확인시켜준다. 자신의 고유한 생각과 개인적 체험이 일반적 규범에 의해 침투당한 사실은 내부적 관점을 통해서는 쉽게 인식되지 않는다. 그러므로 같은 성의 타인들이 경험한 기록들을 살펴보는 것은 대단히 유익하다.

젠더에 가해지는 강요를 찾아내기 위해서는 사유를 통해 자신이 받은 교육을 재구성해보는 것도 중요하다. 어린 시절에 내게 남자 혹은 여자로 살아가는 삶에 대한 어떤 신념이 전해졌으며, 이러한 신념이 지금 현재 얼마만큼이나 나의 행동을 규정하는가? 성별에 근거해서 어떤 행동방식이 어린 시절 나의 보호자들에 의해 장려되거나 금지되었으며, 이를 통해서 어떤 가능성이 나에게 체계적으로 주입되었는가? 이제 성 역할의 보이지 않는 경계와 자유의 활동 공간을 더욱 늘려나가야 할 때가 되었다. 길들여진 습관에서 조금 벗어나는 것만으로도 예측할 수 없는 결과를 발생시킬 수 있다. 당신이 여자라면 일단 시작으로 '남자처럼' 앉는 자세를 한번 시도해보기 바란다. 두 다리를 벌리고 공간을 널찍하게 차지하면서 의식적으로, 그리고 두 발을 확고하게 땅에 딛고서 앉아보라. 당신이 남자라면, 다른 사람이 있는 자리에서 자신의 '약함'을 드러내보기 바란다. 예를 들면 당신이 애완동물을 얼마나 사랑하는지, 얼마나 겁이 많은지 따위를 말이다.

1908년	시몬 드 보부아르는 파리 몽파르나스에서 태어난다.
1929년	인문고등사범학교에서 국가 시험을 치른다. 장 폴 사르트르와 연인이 되어 그가 1980년에 죽을 때까지 관계를 지속한다.
1931년	마르세유에서 처음으로 교편을 잡는다. 1943년에 (미성년자 유혹으로) 해임될 때까지 철학 교사로 일한다.
1940~1944년	독일군의 파리 점령.
1949년	『제2의 성』 발표.
1958년	첫 자서전 『얌전한 처녀의 회상』 발표.
1986년	파리에서 사망. 몽파르나스 공동묘지에서 사르트르 곁에 묻힌다.

- 35%의 독일 남자들은 여자들에게 히스테리 성향이 있다고 여긴다.

- 31%의 독일 여자들은 남자들은 감정이 메말랐다고 여긴다.

- 27%의 독일 남자들은 여자들이 비이성적이라고 여긴다.

- 26%의 독일 여자들은 남자들이 비이성적이라고 여긴다.

- 30%의 남자들은 여자들이 인생을 좀 더 쉽게 살아간다고 믿는다.

- 52%의 여자들은 남자들이 인생을 좀 더 쉽게 살아간다고 믿는다.

- 22.6%의 독일 여자들이 2011년에 불안장애 진단을 받았다.

- 9.7%의 독일 남자들이 2011년에 불안장애 진단을 받았다.

- 3.9%의 독일 여자들이 2011년에 알코올장애 진단을 받았다.

- 18.4%의 독일 남자들이 2011년에 알코올장애 진단을 받았다.

인생에서 좀 더
자유롭고 싶을 때

독일 음악과 청소년 전문 채널인 VIVA가 2012년 가을부터 '180도'라는 제목으로 방영한 다큐멘터리 시리즈에는 자기 삶을 근본적으로 변화시킨 여자들과 남자들이 등장한다. VIVA 홈페이지에는 다음과 같은 글이 적혀 있다. "마약 범죄자든 사이비 종교 이탈자든 거식증 환자든 가출 청소년이든 상관없다. 우리는 젊은이들이 어떻게 자기 힘으로 뱃머리를 돌려 그들의 삶을 180도 선회할 수 있었는지 알고 싶다." 코트부스 출신의 스물네 살 대니는 이런 젊은이들 중 한 명이다. 카메라 앞에서 그는 자신의 어린 시절을, 특히 초등학교를 마치고 종합학교에 진학하면서 그때까지 잘 보호받던 그의 삶이 무너지기 시작한 과정을 이야기했다. 종합학교에서 그는 금방 친구들을 사귀었는데, 새 친구들은 이미 담배, 술, 마리화나 등에 손대고 있었다. 대니는 주저하지 않고 동참했다. "그때는 그게 쿨해 보였으니까요." 대니는 마약에 취하면 기분이 좋아졌기 때문에 마약이란 마약은 모두 경험해보고 싶은 생각이 마음속에서 점점 커져 갔다. "늘 뭔가를 주둥이에 처넣었죠." 술과 마리화나는 금세 어린 학생의 일상이 되었다. 그는 코카인, LSD, 엑스터시, 크리스털메스 등에도 손을 대기 시작했다. 결국 대니는 — 15세의 나이에 — 헤로인 중독자가 되었다. 그는 자신의 마약 구매용 돈을 대기 위해 도둑질을 하고 강도질도 했다. 이런 범죄 행위를 통해 아들의 중독 사실을 알게 된 대니의 부모는 대니에게 마약을 끊을 것을 요구했다. 소년에게 마약 해독 과정은 예상보다 혹독했다. 하지만 그것은 수많은 과정 중 첫 번째에 불과했다. 대니는 몸의 해독만으로는 충분치 못하다는 걸 곧 깨달았다. "너는 정말로 너의 삶 전체를 거꾸로 물구나무세워야 해." 대니는 스무 살 때 이 같은 프로젝트에 착수했고, VIVA에서 볼 수 있듯이 성공했다.

우리는 정말로 우리의 삶 전체를 거꾸로 물구나무세울 수 있을까? 만약 할 수 있다면 그것은 어떻게 가능할까? 철학적 관점에서 우리는 여기에 "이것이 인간의 자유와는 어떤 관계가 있는가?"라는 물음을 덧붙일 수 있다. 우리에게 완전히 새로운 삶을 선택할 자유가 있을까? 우리는 강박이나 중독 혹은 특정한 성격에서 벗어날 능력이 있을까? 아니면 자유는 단지 공허한 말에 불과한 걸까? 현대 신경생물학 지식을 통해 이미 진부한 것으로 밝혀진 환상이 아닐까? 우리는 근본적으로 신경세포 결합의 노예와 다름없지 않을까? 스위스의 철학자 페터 비에리는 그의 책 『자유 논고 *Das Handwerk der Freiheit*』에서 이러한 물음들을 탐구했다. 그의 해방적 통찰에 따르면, 자유는 환상이 아니다. 자유는 오히려 성취적 현실에 가깝다. 다시 말해서 자유는 우리가 그것을 사용하고 그것을 위해 힘쓰는 한 진실이다. (더) 자유롭기를 원하는 사람은 그것을 위해 무언가를 해야 한다!

* * *

인간의 두개골 아래에는 뇌가 들어 있다. 이 기관은 생각이나 의식을 '담당'한다고 한다. 이에 대해서는 아주 오래전부터 의견이 일치하고 있다. 물론 최근 들어 뇌를 관찰하는 기술적 가능성이 달라졌다. 기능성 자기공명영상은 뇌 연구의 혁명으로 간주된다. 이 영상진단 방법은 활동 중인 뇌를 들여다보는 것을 가능하게 해주었다. '뇌 스캔'이라고도 불리는 이 기술 덕분에 뇌 연구는 최근 수십 년 동안 비약적인 발전을 이루었다. 이때부터 어디서나 신경이 언급되기 시작했다. 포커판의 속임수, 인간의 악의, 종교적 심성, 수학 재능 등 어느 것도 뇌 스캔을 피해 가지 못한다. 이런 식으로 인간의 실체에 대한 모든 물음이 하나도 남김없이 답을 얻고, 인간의 모든 행동방식이 설명될 수 있는 듯 보인다.

우리의 사고 기관은 21세기 초에 들어 대단한 인기를 얻고 있다. 수없이 많은 책들이 뇌에 바쳐졌다. 제목은 감동적이거나(『우리는 우리의 뇌이다 : 우리가 생각하고 괴로워하고 사랑하는 방식에 관하여』), 모험적이거나(『뇌에 관한 작은 책 : 미지의 나라로 떠나는 여행 안내서』), 당혹스럽거나(『뇌, 자연의 재난 : 그럼에도 불구하고 뇌가 기능하는 이유』), 짜증스럽거나(『익명 : 우리 뇌의 은밀한 사생활』), 단순하다(『뇌 입문』). 범죄소설 팬이라면 선택의 고통을 느낄 만하다. 누구의 뇌가 흥미진진한 대화의 중심을 차지할 것인가? 신의 뇌? 아인슈타인의 뇌? 케네디의 뇌? "우리는 뇌를 믿는다 In Brains We Trust"라는 문구가 찍힌 티셔츠를 입고 책을 읽으면 더욱 좋을 듯하다. 책 읽기를 좋아하지 않는 사람은 간단히 뇌가 주인공으로 등장하는 수많은 다큐 영화들 중 하나를 고를 수도 있다. 가령 〈뇌 탐험 Expedition ins Gehirn〉은 어떤가? 어린아이들도 『아이들을 위

한 뇌 연구 : 펠릭스와 펠리네, 뇌를 발견하다』라든가 『우리 머리에서는 무슨 일이 벌어지고 있을까? 너의 뇌는 이렇게 작동하고 있어!』 같은 책들 덕분에 일찌감치 뇌와 신경에 관심을 갖게 된다. 이른바 교양 있는 잡지들은 정기적으로 뇌를 커버스토리와 별책부록으로 다루거나, 아예 잡지의 부제를 '뇌와 정신'으로 정한다. 그 밖에 뇌 모양 푸딩, 뇌 퍼즐, 유리병에 담긴 플라스틱 뇌, 뇌 모양 얼음과 지갑, 뇌 풍선, 사과 맛 뇌 사탕 같은 깜찍한 캐릭터 상품들도 있다. 누가 뇌에 대한 이런 컬트적 분위기에서 쉽사리 벗어날 수 있을까? (또는 그러고 싶어할 텐가?) 이런 상황에서 과연 신경 연구의 통찰에 의문을 제기할 수 있을까?

야심에 찬 뇌 연구는 특히 철학의 고전적 물음에 주목했다. 그것은 인간에게 자유의지가 있는가 하는 물음이었다. 신경과학의 대표자들은 잔인하게도 그렇지 않다는 답을 내렸다. "신경세포의 연결성이 우리를 결정한다. 우리는 더 이상 자유를 말해서는 안 된다!"라고 볼프 싱어Wolf Singer는 이 문제를 인상적으로 요약했다. (이런 경고가 자유롭지 못한 존재인 우리에게 무슨 소용이 있는가 하는 문제는 더 이상 논하지 말자.) 언급한 대표자들은 자신들의 주장을 뒷받침하기 위해 최신의 과학적 방법을 사용했으므로 아무도 그들에게 감히 반박할 수 없었을 것으로 보인다. 기껏해야 몇 사람의 고집 센 철학자들이 고작이었을 것이다.

실제로 우리의 자유를 부정하는 이들은 게르하르트 로트Gerhard Roth 나 볼프 싱어 같은 뇌 과학자들이 처음은 아니었으며, 또한 그들이 마지막이 되지도 않을 것이다. 자유의 물음에 비관적 입장을 견지한 대표적 인물로는 피에르 시몽 드 라플라스Pierre Simon de Laplace나 아르투르

쇼펜하우어 Arthur Schopenhauer 같은 이들도 있다. 인간의 자유를 부정하는 사람들에게 지난 수백 년 내지 수천 년에 걸쳐 달라진 게 있다면 그것은 무엇이 자유를 가로막고 있는가 하는 점이었다. 고대에는 그것이 자유와 좀처럼 일치되려 하지 않던 운명이었다면, 자유에 대한 중세의 회의론에서는 두말할 필요 없이 신의 전능이 그 중심에 위치했다. 그 다음으로는 생산 관계, 본능적 충동, 구조론 등이 자유에 대한 반박 논리로 제시되었다. 그리고 오늘날에는 뇌가 그렇다. 뇌의 활동은 자유의 관념과 일치하지 않는 듯 보인다.

인간의 자유를 둘러싼 논쟁은 오랜 전통을 지닌 싸움이다. 이 문제를 공정하게 언급하려면 먼저 양측이 '의지의 자유' 문제가 지금까지도 최종적으로 혹은 일반적으로 받아들여진 해답에 도달하지 못했다는 점을 인정해야 한다. 그럼에도 불구하고 자유에 대해서는 지금까지 흥미롭고 영향력 있는 많은 이론들이 나왔다. 자유는 보기보다 꽤 복잡한 주제이다. 그래서 2000년대 초에 "신경세포의 연결성이 우리를 결정한다" "인간은 자유롭지 않다" "나는 나의 뇌에 불과하다"와 같은 주장을 통해서 자유에 대한 논의가 다시 활기를 띠었을 때 철학자 페터 비에리 Petter Bieri는 자신에게 이런 질문을 던졌다. "이 주제에 대해 우리는 과연 무엇을 이해했는가?"[1] 그의 책『자유 논고』는 이 물음에 답하려는 노력의 결과이다. 이를 위해 비에리는 무엇보다도 자유롭지 못한 것으로 경험된 의지의 현상을 자세히 분석한다. 강요된 욕망과 행동이라고 말할 때 이것이 과연 무엇을 의미하는가? 부자유의 경험의 자리에 자유를 대입시킨다면 어떤 일이 발생할까?

강요된 욕망

"당신이 중독에 빠진다고 가정해보자. 쉴 새 없이 새로 담배를 꺼내 물거나 약이나 술을 먹는 것이다. 아니면 허구한 날 발걸음이 카지노로 향하는 도박 중독일 수도 있다. (…) 몇 번이나 힘들게 끊었는지 모른다. (…) 하지만 소용이 없었다. (…) 당신은 자유롭지 못하다. 중독의 노예다. (…) 결국 당신은 병원이나 빈민구제소 신세로 끝난다."[2]

이야기의 이런 비참한 결말에 대해 누가 책임을 져야 할까? 한편으로 중독이 반드시 자유를 박탈한다는 가정은—적어도 중독자의 행위와 관련해서는—상식에 속한다. 우리는 중독자들이 "그렇게 할 수밖에 없다"고, 그들의 행위가 거역할 수 없는 내적 강요에 의해서 이루어지는 거라고 말한다. '중독' 개념은 자유로운 결정과 행위의 반대로서 정의될 수 있다. 다른 한편으로 우리는 음주자는 음주를 '원하고', 흡연자는 흡연을 '원한다'는 사실을 인정해야 할 것이다. 이렇게 볼 때 병원이나 빈민구제소에서의 비참한 종말은 중독자가 행한 일련의 의지 표출에 따른 결과로서 간주되어야 한다. "그러므로 우리는 당신에게 이렇게 말할 수 있다. '유감스럽지만 이것은 당신이 원한 일이다.' (…) '아무도 당신에게 음주를 강요하지 않았다.' '누구에게나 그렇듯이 당신에게도 카지노를 피해서 지나갈 수 있는 가능성이 주어져 있었다.' (…) 이것은 맞는 말이기도 하고 아니기도 하다." 여기서 비에리는 묻는다. "하지만 이것이 그렇게 간단한 문제가 아니라는 걸 당신은 어떻게 설명할 텐가?"[3]

중독에서 벗어나려는 시도를 해본 사람이라면 이것이 그렇게 간단한 문제가 아니라는 걸 안다. 한편으로 중독자를 움직이게 만드는 도박이나 음주 등에 대한 욕망은 "필요한 물건을 손에 넣기 위한 교묘한 머리 회전이나—그에 따르는 끊임없는 자금 부족, 습관적인 거짓말과 사실 은폐 같은 불편한 상황에 전혀 개의치 않는—놀라울 정도의 집념과 쌍을 이루고 있다".[4] 또 한편에는 현실에 대한 중독자의 통찰이 있다. 그는 자신의 행동이 자기파괴적이고, 자신이 체계적으로 스스로를 신체적·재정적 폐허로 몰아가고 있으며, 중독물질을 구하기 위해 자신의 품위를 떨어뜨리고 있음을 자각하고 있다. 그리고 자기 안에 중독에서 벗어나려는 소망이 있다는 사실도 의식한다.

하지만 진짜 문제는 이런 부정적 결과들에 대한 통찰과 다르게 행동하고픈 소망이 실제 행위에 아무런 영향도 미치지 못한다는 점이다. 자기 행동이 이성적 고려에 위배되고 있음에도, 그리고 모든 반대 소망에도 불구하고, 비합리적인 내적 강요에 따르게 되는 것이다. 중독에 빠진 사람은 자기 행동과 욕망에 동의하지 못하지만, 자신이 거부하는 그러한 의지에서 벗어날 능력이 없다는 감정에 사로잡힌다. "강박에 빠진 사람의 무력함은 그가 자기 의지를 제어할 능력이 없다는 데 있다. 그는 자신이 욕망하는 바에 대해 생각하고 판단할 수 있지만, 제멋대로인 그의 의지는 이에 조금도 개의치 않고 그를 언제나 같은 방향으로 움직이게 만든다."[5] 이렇게 볼 때 강박적 의지는 곧 통제 불가능한 의지이다.

우리를 항상 똑같은 방향으로 움직이도록 만드는 의지가 반드시 중독물질 섭취와 관련 있는 것은 아니다. 강박적 의지는 또한 무조건 사람들의 비난을 사거나 당사자에게 심각한 해를 입히는 결과를 초래하지도 않는다. 어떤 사람이 보이는 특정한 행동 패턴이 일반적으로 정상이라고 (본받을 만하다고까지는 아니어도) 간주되지만 그럼에도 불구하고 강박적 의지에 뿌리를 두고 있는 경우도 드물지 않다. "다른 사람들에게 유익하고 당신에게 박수갈채를 안겨주는 강박적 의지도 있을 수 있다. 가령 성과에 대한 강박이 그렇다."[6] 당신의 욕망과 행위가 최고가 되는 것에 맞추어져 있는 경우를 상상해보자. 자기 자신에 대한 당신의 요구는 엄청나게 높으며, 여기에 못 미치는 모든 것을 당신은 실패로 여긴다. 과제를 완벽하게 실행하지 못하거나 어느 한 영역에서 두각을 나타내지 못하는 것 등이 다른 사람들에게는 허락될 수도 있겠지만, 당신은 그런 어중간한 성과를 결코 받아들일 수 없는 것이다. 당신에게 휴식은 없다. 왜냐하면 당신은 자기 기준에 맞춰 완벽하게 과제를 처리하고 나면 "곧바로 다음 성과를 원하게 될 것이기 때문이다. 마음속으로는 잠시 숨 돌릴 휴식을 꿈꾸거나 실제로 고려할 수도 있겠지만 말이다. 그렇기 때문에 당신은 그 모든 성취에도 불구하고 번아웃의 감정과 불행을 느끼게 된다".[7]

아마도 당신이 성공을 위해 그토록 노력하는 그 근원에는 자신들이 이루지 못한 목표와 야망을 자식인 당신에게 떠넘긴 당신의 부모가 자리 잡고 있을 수도 있다. 아이들은 어른들이 자신들에게 어떤—종종 무의식적이거나 말로 표현되지 않은—요구를 하고 있으며, 가족 내에서 자신들이 어떤 역할을 해야 하는지에 대해 놀라울 정도로 예민한 촉각을 지니고 있다. 그래서 그들은 운동 능력이나 학업 성적 같은 성과들이 부모의 애정을 확보하는 길이라는 사실을 아주 일찍부터 배운다. 그들은 결코 2등에 만족하지 않도록 배운다. 그들은 아주 작은 태만도 스스로 용납하지 못하고 자신에게 아무런 약점을 허락하지 않는 완벽주의자로 성장한다. 그리하여 이제 더 이상 어린아이가 아니게 되었지만 그럼에도 불구하고 "그들의 많은 행위는 여전히 내면화된 부모의 권위에 복종하여 행한 것이다".[8] 그들은 행위의 동기가 어디서 오는지 알지 못한 채 언제나 그랬듯 최고가 되려는 의지에 자신을 내맡긴다. 이렇게 강박적 행동 패턴은 직업적 성공이나 사회적 명망을 가져다줄 수 있겠지만 그럼에도 불구하고 깊은 정신적 고통의 원천이 될 수 있다. "당신은 행복하지 못하다. 왜냐하면 당신은 끊임없이 가쁜 숨을 몰아쉬어야 하면서도 아무것도 그만둘 수 없기 때문이다."[9]

의지박약

성과 강박에 대한 서술은 강박적 의지의 문제점이 정확히 어디에 있는지를 더 잘 이해할 수 있게 해준다. 우리는 먼저 중독에 관해서 살펴보았다. 비에리에 따르면 사람들은 대개 중독자를 의지박약으로 여긴다. 하지만 성과의 노예가 된 사람들을 보면 이와 같은 평가가 잘못임을 알 수 있다. 성공을 위해 노력하는 야심가를 의지박약자라고 부를 수는 없는 노릇이기 때문이다. 오히려 반대다. "성과의 노예가 된 사람을 (…) 우리는 강한 의지력의 진수를 보여주는 사람으로 찬양한다. 그는 절대로 포기하는 법이 없다."[10] 강박적 성공 중독자에게 부족한 것은 기강이나 자기절제 같은 것이 아니다. 그는 일단 눈에 들어온 목표를 집요하게 그리고 체계적으로 실현시키는 데 아무런 문제도 없다. 그는 상황에 따라 힘겨운 난관도 타개해나갈 것이며, 완벽한 성과를 내기 위해서 필요한 모든 것을 자신에게 요구할 것이다. 그러므로 여기서 의지박약 개념은 우리가 강박의 내적 역동성을 이해하는 데 실제로 별 도움이 안 된다. 적어도 기존에 사용되던 의미에서는 그렇다. 그보다는 강박적 의지의 문제를 좀 더 차별화시켜서 파악할 필요가 있다. 이때 중요한 물음은 이런 것이다. 강박에 빠진 사람이 잘하지 못하는 것은 무엇인가?

비에리는 이렇게 묻는다. "그가 잘하지 못하는 것은 처음의 의지를 계속 고수하는 일이 아니라 자기 판단에 맞춰 옛 의지를 새 의지로 교체하는 일이다. 그의 실패는 소망의 무력함이 아니라 숙고와 판단의 무력함에 있다. 그는 자신이 최고라고 여기는 것을 욕망하지 않고 오히려 자신이 거부하는 것을 욕망한다."[11] 강박에 빠진 사람은 자신이 음주를 원하지 않기를 소망하고 쉼 없이 완벽을 추구하지 않기를 소망하지만, 그럼에도 불구하고 그러한 것을 욕망한다. 이러한 내적 모순에서 강박의 고통이 생겨난다. 강박에 빠진 사람은—이성적 판단에 따라—자신이 욕망하고 싶어하지 않는 것을 욕망한다. 이는 마치 낯선 무언가가 욕망에 빠진 사람의 내부에 자리 잡고 그의 욕망과 행동을 제멋대로 조종하면서 그를 절망으로 몰아가고 있는 듯한 형국이다.

그러므로 강박적으로 행동하는 사람을 의지박약이라고 말할 경우 이는 의지박약 개념을 아주 특별한 의미로 이해하고 있는 것이다. "그를 (강박에 빠진 사람을) 의지가 약한 자로 만드는 것은 스스로 숙고를 통해 소유하고자 소망한 의지를 만들어내는 데 실패한 경우다."[12] 합리적 숙고와 결심은 행동에 영향을 미치지 못한다. 즉, 강박에 빠진 사람을 실제로 움직이게 만드는 의지로 바뀌지 못한다. "그의 약함은 결정박약 때문이라고 말할 수 있다."[13] 다양한 선택 사이에서 결정을 내리지 못하는 무능력의 의미에서가 아니라 "결정의 본질을 이루는 일, 즉 인식하는 자와 판단하는 자로서 자기 의지에 대해 지배력을 행사하는 일에 성공하지 못한다는"[14] 의미에서 결정박약이다. 이러한 결정박약의 결과, 강박적 행위자는 자신의 숙고와 판단에 역행하는 의지에 의해 좌우된다.

자기 의지의 낯섦

강박적 의지가 행위자의 숙고와 판단에 역행하는 것은 자기소외의 감정을 낳는다. 강박적 의지는 "형식적 관점에서 자기 자신의 의지가 틀림없다 하더라도"[15] 낯선 것으로서 경험된다. 이 같은 경험은 어떻게 해석될 수 있을까? 우선 여기 언급된 낯섦과 정반대의 경우를 살펴볼 필요가 있다.

'낯선' 의지는 '익숙한' 의지와 대비되는 것이 아니다. "당신이 낯선 것으로서 뿌리치고 싶어하는 성과에 대한 의지는 평생을 함께한 것으로 당신에게 질리도록 익숙하다."[16] 실제로 우리는 강박적 의지의 낯섦을 익숙함의 반대가 아니라 소속성의 반대로 보아야 한다. 형식적으로 볼 때 이 의지는 나 자신의 의지이며, 따라서 어떤 의미에서는 명백히 나에게 속하는 것임에도 불구하고, 나는 이 의지를 나에게 속하는 것으로서 경험하지 못한다. "강박적 의지로 인해 고통받을 때 당신이 분노하고 절망하게 되는 이유는 이 미심쩍은 의지가 당신 안에 있는 것이긴 하지만 당신으로부터 '분리된' '외부적인' 것이기 때문이다. 그렇기 때문에 이 의지는 당신에게 자유롭지 못하게 여겨진다."[17]

처음에 언급한 특수성을 떠올려보자. 중독자의 행위는 분명히 자기 자신의 의지에서 비롯된 것이지만 그럼에도 불구하고 자유와 자기책임의 영역에서 벗어난 듯 보인다. 이와 같은 기이한 상황은 강박적 의지의 경우에도 되풀이된다. 나를 고통받게 만드는 강박적 의지가 '나'의 의지라는 것이다. (그렇지 않다면 대체 누구의 의지란 말인가?) 그러나 어떤 면에서는 또한 나의 의지가 아니기도 하다. (그렇지 않다면 내가 왜 이것으로 인해 고통받겠는가?) 우리가 '자유 의지'로서 경험하는 의지는 우리에게 속한 의지이며, 따라서 우리 자신과 '동일시'되는 의지이다. 하지만 내가 가진 의지를 내가 합리적인 이유로 거부하는 경우 우리는 그와 같은 동일성을 말할 수 없다.

내적 부자유의 경험은 언어적으로 쉽게 표현될 수 있다. "그것이 나를 엄습하는데 나는 아무런 저항도 하지 못한다"라든가 "그것이 나보다 훨씬 더 강하다" 같은 식이다. 여기서 '나'와 '그것'의 구별은 "우리가 우리 자신의 소망과 욕망에 대해 소망하는 태도를 취할 수 있다는 사실을 반영한다".[18] 이때 우리는 욕망과 판단의 더 높은 영역에서 긍정하는 것을 '나'로 지칭한다. 반면에 욕망과 판단의 더 높은 영역에서 거부하는 것을 '그것'이라고 부른다. 내 안에 직장에서 승진하고자 하는 의지와 정기적으로 담배를 피우고자 하는 의지가 있다고 가정해 보자. 나는 심사숙고와 가치평가에 근거해서 더 나은 직장 경력을 쌓고자 하는 내 의지에 절대적으로 동의한다. 나로서는 새로운 도전, 더 큰 성공과 보수에 대한 전망을 나쁘게 볼 이유가 없으며, 여가 시간이 줄어드는 것은 기꺼이 감수할 준비가 되어 있다. 나는 이와 같은 의지를 긍정하고 나를 이 의지와 동일시하며, 이것을 나의 자유 의지로 경험한다.

반면에 정기적으로 담배를 피우고자 하는 의지를 나는 합리적 판단에 근거해 거부한다. 흡연은 건강에 해롭다고 나는 스스로에게 말한다. 비용도 많이 들고 혈액순환에도 나쁘다. 담배는 반드시 끊어야 한다! 하지만 그게 생각만큼 쉽지 않다. 담배를 피우려는 의지는 나의 숙고에 근거해서는 불쾌하고 성가신 것으로 경험된다. 하지만 '그것'은 '내'가 혐오스럽고 짜증 나는 것으로 여기는 이 나쁜 습관으로 나를 내몬다. 나는 내가 타율적이며, 그래서 흡연과 관련해서 자유롭지 못하다고 느낀다. 이때 흡연 의지와 합리적 숙고는 둘 다 나 자신에게서 나온다.

우리가 자유롭거나 자유롭지 못하다고 느끼는 것은 다양한 요인에 종속되어 있다. 우리의 자유는 한편으로는 외부에 의해 제한될 수 있다. 우리가 통제하지 못하는 정황이나 사건을 통해서 말이다. 예를 들어 나의 심한 근시는 내가 비행기 조종사로 일하는 것을 허락하지 않는다. 나쁜 날씨 탓에 예정된 바비큐 파티가 무산된다. 부족한 은행 잔고는 이런저런 물질적 소망의 실현을 가로막는다. 음악적 재능이 모자라서 가수가 되려는 꿈이 물거품이 된다. 자유의 제약, 더 정확히 말해서 행위의 제약은 이 경우 세상의 속성이나 수단의 속성에 근거해서, 혹은 부족한 능력 탓에 특정한 의지가 실현될 수 없다는 데 있다.

또 한편으로 자유는, 강박적 의지에 대한 앞서의 기술에서도 보았듯이, 내부에 의해 침해될 수도 있다. 여기서 문제는 어떤 의지가 특정한 외적 제약 탓에 실현될 수 없다는 것이 아니라, 행위에 영향을 미치는 의지가 우리의 숙고와 판단을 거부한다는 것이다. 이 경우 우리는 우리의 자유가 의지에 의해 제약을 받는 것으로 경험한다. 그것은 우리 자신의 의지이긴 하지만 우리는 그것을 거부하고 우리로부터 분리된, 우리에게 속하지 않은 것으로 느낀다. 프로이트가 언급한 '내적 외국'이라는 말은 이러한 경험을 정확히 표현하고 있다.

비에리는 우리의 자유 경험을 내부로부터 위협하는 강박적 의지의 특징을 다음과 같이 요약한다. "내적 강요의 경험은 (⋯) 두 가지 요소로 이루어진다. 의지의 통제 불능과 (거부 반응을 일으키는) 낯섦이다."[19] 우리는 자유의 이러한 내적 제약에 맞서 무엇을 할 수 있을까? 비에리가 보기에 우리가 내적 자유를 (다시) 획득할 전망이 있을까? 타율성의 고통스러운 감정을 치유해줄 철학적 '치료제'가 과연 가능할까?

자유를 얻기 위한 작업

우리는 어떻게 살기를 원하는가? 이와 같은 실존적 물음을 주제로 비에리가 진행한 일련의 강의는 2010년에 책으로 출간되었다. 책의 첫 문장은 이렇다.

"우리는 우리의 삶에 대해 스스로 결정하기를 원한다."[20]

이 말은 한편으로는 "우리가 무엇을 생각하고 말하고 행동해야 하는지 다른 누군가가 우리에게 지시하는 것"[21]을 우리가 원하지 않는다는 뜻이다. 즉, 여기서 중요한 것은 외부의 폭군으로부터 벗어나는 자유다. 하지만 자기결정성은 또한 다른 의미로, 즉 "삶에 대한 내면의 지휘"[22]로도 이해될 수 있다. 이 두 번째 방식에서 중요한 것은 타인에 대한 독립성이 아니라 "내 삶의 원작자와 주체가 되는 것이다. 그러려면 내 행위가 비롯되는 나의 내면 세계, 즉 나의 생각과 욕망과 경험의 영역에 대한 영향력이 내게 있어야 한다".[23] 내적 자기결정성은 앞에서 기술한 강박적 의지 같은 현상과는 서로 맞지 않는다. 우리는 이런 강박적 의지를 거부하지만 그럼에도 불구하고 거기서 벗어나지 못한다. 우리의 삶이 자기결정적인 것이 되는 순간은 "우리가 자신의 모습과 내적·외적으로 모두 일치한 가운데 살아갈 수 있을 때, 행위와 생각과 감정과 욕망 안에서 우리가 되고 싶은 사람이 될 수 있을 때이다".[24]

분명한 것은 우리가 "무엇을 생각하고 느끼고 욕망할 것인지에 대해 임의로, 아무런 유보나 전제 조건 없이 결정하지 않는다"[25]는 사실이다. 우리의 내적 삶은 예를 들어 가문이나 가족처럼 기본적으로 우리가 선택하지 않은 요인들을 통해 영향을 받으며 형성된다. 우리에게―우리의 신경세포 연결성에―각인된 것들 중 다수는 아주 어린 시절에 이루어졌다. 그리고 현재까지도 우리의 경험과 욕망에 작용하는 많은 요인들을 우리는 더 이상 기억하지 못한다. 이렇게 볼 때 내적 자유는 자동적으로 주어지는 것이 아니라 "노력해 얻어내야 하는 것이다. 이때 우리는 어느 정도 성공을 거둘 수 있지만, 오히려 더 후퇴할 수도 있다".[26] 의지의 자유를 획득하는 작업은 일회적 사건이 아니라 "부서지기 쉬운 재화"[27]를 얻으려고 애쓰는 평생에 걸친 장기적 노력으로 이해되어야 한다. 이렇게 부서지기 쉬운 성질과 높은 가치 때문에 자유는 각별한 보살핌이 필요한 것이다. 그 밖에도 이러한 내적 자유가 완전히 성취된 적이 있는지, 그리고 내적 삶의 낯설고 통제되지 않은 측면에서 벗어나는 것이 우리에게 과연 가능한지는 의문으로 남는다. "어쩌면 그것(의지의 자유)은 우리가 우리 자신의 의지를 가꾸고자 할 때 모범으로 삼아야 하는 이상과 같은 것일지도 모른다."[28]

그렇다면 우리는 우리의 의지를 어떻게 가꾸어나갈 것인가? 비에리는 우리의 주제와 관련해서 핵심적이라 할『자유 논고』마지막 장에서 이 문제를 언급하고 있다. '의지의 습득'이라는 소제목을 단 이 장에서 그는 의지의 자유라는 이상에 가까이 다가가기 위해 "우리가 시도할 수 있는 모든 것"[29]을 제시한다. 그에 따르면 내적 자유를 획득하는 작업은 표현, 이해, 평가의 세 차원에서 이루어진다. 그리고 이에 상응하는 ('작업'되어야 할) 부자유의 차원으로는 자신이 원하는 바의 불확실성, 낯선 느낌을 초래하는 자기 의지에 대한 몰이해, 앞서 성과의 노예가 된 사람들의 예에서 살펴보았던 것처럼 행위를 이끌어내는 의지에 대한 부정을 꼽을 수 있다.

의지의 표현

"자신이 무엇을 원하는지 알기란 놀라울 정도로 어려운 일이다."[30] 일상적이고 단기적인 욕망은 물론 대체로 그다지 신비로울 것이 없다. 가령 나는 오전 8시 버스를 타고 출근하기를 원하고, 내일 새 노트북을 사기를 원하고, 오늘 저녁에 스파게티를 만들어 먹기를 원한다. 하지만 우리가 전체적인 삶에서 진정으로 원하는 것이 무엇이며, 일상적 행위를 이끌어가는 보편적인 상위의 동기는 무엇인가와 같은 질문을 받았을 때 이에 답하기란 때로 굉장히 어려운 일이 되기도 한다. "특히 장기적인 의지는 정확히 알기 힘들 때가 많다. 잠시 하던 일을 멈추고 우리를 살아가게 하는 총체적인 힘이 무엇이고, 어떤 소망이 우리를 지금의 삶으로 이끌었는지 우리 자신에게 질문을 던져보자. 그러면 갑자기 도무지 알 수 없는 무지의 벽에 부딪힌 느낌이 들지도 모른다."[31]

하지만 자신의 의지를 가꾸어가려면 먼저 그것을 알아야 한다. 먼저 알아야 무슨 행동이든 할 수가 있다.

자기 의지에 대해 명확해지려면 어떻게 해야 할까? 내면을 직접 들여다보는 것은 가능하지도 않을뿐더러, 문제는 장기적 의지를 투명하게 들여다볼 수 없다는 데에 있는 것이 아니다. 자신의 의지를 언어적으로 명료하게 파악하기 위해서는 우회로를 통해 그것에 접근할 필요가 있다. 그러려면 먼저 일상적으로 이루어지는 행위, 소망, 판단 등과 거리를 두어야 한다. 이런 것들에 대한 상위의 함축적 감각이 바로 지금 언급되고 있는 의지이다. "자기 자신으로부터 한 걸음 뒤로 물러나서 자신의 경험과 내적 거리를 두는"[32] 인간의 원칙적 능력은 내적 독립을 획득하는 작업에서 핵심적 의미를 지닌다. 우리 인간은 자기 자신을 주제로 삼을 수 있으며, 이를 토대로 "우리 자신을 보살필"[33] 능력이 있다.

우리는―아마도 처음으로―습관적으로 행하는 일에서 의식적으로 벗어나, 이러한 거리두기를 통해 우리 자신에게 다음과 같은 질문을 던져야 한다. 나는 지금 여기서 무엇을 하고 있는가? 장기적 시각에서 내 행위는 어디를 향해 나아가고 있는가? 이렇게 함으로써 나는 어떤 상황을 창출하는가? "여기서 중요한 것은 의지의 내용이 말을 통해서 표현되는 것이다. 이것을 언어로 포착하면 외부로부터 이에 대응할 수 있고, 그러면 우리는 이제 검토하고 교정하고 더 정확히 할 수 있는 무언가를 마주하게 된다."[34] 자신이 어떤 의지와 상대해야 하는지 알고 나면 비로소 그 의지를 '손질'할 수 있다.

어떤 의지가 장기적으로 우리를 움직이게 만드는지 알기 위해서는 내부로의 전환보다는 외부로의 전환이 필요하다. 우리가 개방적이고 솔직하게 이러한 자기관찰을 행하면 이런저런 자기기만이 마침내 모습을 드러내게 된다. 예를 들어 나는 지금까지 항상 직장에서의 성공을 장기적 목표로 여겨왔다. 다들 이 목표를 추구하는데 나라고 못할 이유가 무엇이냐는 생각이었다. 하지만 나의 일상적 소망과 행위를 거리를 두고 관찰해보면 여기에 착각(혹은 거짓)이 작용하고 있음을 알 수 있다. 실제적으로 나는 직업적 성공에 대한 의지로 귀결되는 행동을 전혀 하지 않기 때문이다. 오히려 반대다. 솔직히 말하면 나는 직업적 도전을 회피하는 편이다. 더 나은 지위에 오르려는 야심도 찾아볼 수 없다. 내 의지를 명료하게 파악하려는 노력은 나 자신에 대해 더욱 현실적인 시각을 얻게 해준다. 그 결과 나의 의지는 즉흥적으로 떠오르곤 했던 것처럼 직업적 성공을 추구하는 대신 조용한 삶을 영위하고 가족과 친구를 위한 여가 시간을 더 많이 확보하는 방향으로 나아가고 있음을 알게 된다.

비에리의 설명에 따르면 "습득의 첫걸음으로서 표현은 무엇보다도 의지와 관련된 삶의 거짓을 녹여 없애고 그 대신 자신이 품은 소망에 대한 편견 없는 검토를 행하려는 노력이다".[35] 자기 자신에 대한 솔직함은 내적 자기결정성을 위해 없어서는 안 될 요소다. 자기기만과 합리화는 참된 소망에 대한 시각을 왜곡하며, 그럼으로써 "그것(자신의 참된 소망)과 대결하여 자유의 전제조건인 현실적 자아상을 획득할 기회를 빼앗아간다".[36] 비에리는 의지를 표현할 수 있도록 돕는 것이 단지 '언어'만이 아니라고 (혹은 일차적으로 언어가 아니라고) 강조한다. "내가 욕망하는 것은 내가 그리는 그림들과, 나의 판타지와 꿈을 규정하는 이미지들 안에서도 드러날 수 있다. 문제는 그 기호들을 올바르게 해석하는 일이다."[37] 비단 "나는 무엇을 하는가?"만이 아니라 "나는 무슨 꿈을 꾸는가?"라는 물음도 결정적으로 중요하다.

의지의 이해

표현은 가능하지만 그 존재를 이해할 수 없는 어떤 의지를 우리는 우리 내부에서 우리의 자유를 위협하는 낯선 것으로서 감지한다. 하지만 자기 자신의 의지를 이해하지 못한다는 것이 대체 무슨 뜻인가? 비에리는 이 문제를 좀 더 명확히 드러내기 위해 또 다른 예를 제시한다. "당신이 다른 사람들과 가까워지려고 (육체적 관계를 포함해) 애쓰는 사람이라고 가정해보자. 당신이 하는 행위의 많은 부분은 친밀함에 대한 이런 소망을 겨냥하고 있다. 그런데 엉뚱하게도 주변에 아무도 없는 텅 빈 공간에 대한 참을 수 없는 욕구가 문득문득 당신을 사로잡는다. 멀리 떨어진 외딴 곳을 원하는 당신의 욕구는 널찍하고 텅 빈 광장의 한 귀퉁이에서 비로소 진정된다."[38] 텅 빈 광장을 좋아하는 이런 마음은 "당신에게 자신의 의지에 대한 깊은 부자유의 감정을 준다".[39] 그 이유는 낯설게 느껴지는 아무도 없는 공간에 대한 소망이 "그 사람의 다른 소망들과 내용 면에서 서로 맞지 않기"[40] 때문이다. 이 의지는 나머지 소망들과 일치하지 않는 듯이 보인다. 달리 말하면, 이해되지 못한 의지는 개인이 자기 자신에 대해 지니고 있는 자아상과 맞지 않는다. 이렇게 맞지 않는 의지를 자기 것으로 삼으려는 시도는 그것을 이해하는 것, 즉 언뜻 무의미해 보이는 이런 의지에 담긴 의미를 발견하는 것이어야 한다. 이에 상응하는 탐구는 "처음에는 도무지 뭐가 뭔지 알 수 없는 의지를 이해가 가능하도록 만드는 해석"[41]에 방향을 맞추어야 한다.

해석을 통해 이해되지 않는 의지에 접근하기 위해서는 먼저 그 의지에 대한 정확한 관찰과 표현이 필요하다. 세심한 자기분석이 요구될 수도 있다. 비에리의 예에서는 텅 빈 광장에 머물고자 하는 소망을 좀 더 정확히 설명하는 것이 중요하다. "당신이 소망하는 것이 말 그대로 아무것도 없는 빈 공간인가? 아니면 당신과 관계된 '특정한' 사물의 부재인가? (…) 아니면 당신이 주변에서 보고 싶지 않은 어떤 '사람'인가?"[42] 이와 같은 검토와 질문을 통해서 우리는 문제에 좀 더 명확히 접근하고, 특정한 의지를 더 정확히 해석할 수 있다. 그리고 이때 해당 의지가 어떻게 생겨났는지를 추적해보는 것도 도움이 된다. 개인적인 발달사에 있었던 어떤 사정, 어떤 사건이 —"의미심장한 상황에 대한 의미심장한 대답으로서"[43] — 해당 의지에 대한 이해를 가능하게 해주는가? 언뜻 이해된 듯이 보이는 "별문제 없는" 소망들을 좀 더 세심하게 살펴보는 것도 필요할 수 있다. "어쩌면 당신은 거리를 두려는 소망이 아주 적절하다는 사실을 인식하기에는 자기 소망의 내부 모습을 충분히 알지 못할 수도 있기"[44] 때문이다. 예를 들어 당신은 친밀함에 대한 당신의 욕구가 양가적 감정 상태에서 나오는 것이며, 종속에 대한 불안을 내포하고 있음을 발견하게 될 수도 있다. 이 경우 당신의 도피반사는 이러한 불안의 표출로 이해될 수 있을 것이다.

무엇이 이해되지 않는 의지에 담긴 의미로 드러나든 이해를 통한 접근은 처음에 불쾌하게 느껴졌던 의지에서 차츰 그 낯섦을 제거해나간다. "이는 마치 소망이 점점 커지는 이해를 통해서 당신에게 더욱 가까이 접근하는 것과 같다. 그리하여 당신은 그 소망을 점점 더 당신에게 속한 것으로 경험하고, 점차 당신의 자유를 위협하는 것으로 여기지 않게 된다."[45] 이해되지 않는 의지에 담긴 의미를 추적하는 데 성공하면 내적 자유의 공간은 더욱 커지게 된다. "이는 이중적인 의미로 그러하다. 한편으로 우리를 관통하고 있는 균열의 느낌과 어떤 낯선 소망이 우리 내부에서 자라고 있는 듯한 느낌이 사라진다. (…) 또 한편으로 이해는 내적 변화로 이어져서 소망들 사이의 갈등을 해소한다."[46] 의지의 표현과 이해는 내적 삶을 그대로 두지 않는다고 비에리는 강조한다. 그것은 변화의 활력으로 작용한다. 이와 함께 자신을 변화시키는 작업이 시작되고, 해당 의지가 내가 나 자신과 동일시할 수 있는 의지로 바뀌기 위한 두 가지 중요한 전제가 이행된다. 의지를 자기 것으로 만들고 내적 자유를 획득하는 과정에서 솔직한 자기분석은 그 자체로 이미 커다란 진보다.

의지의 평가

"인식의 증진은 자유의 증진을 의미한다. 이런 의미에서 자기인식은 의지의 자유를 가늠하는 척도이다."[47] 그러나 내적 자기결정성의 핵심적 측면은 거기서 한 걸음 더 나아가 자신과의 일치로서 기술될 수 있다. 자기가 지닌 의지를 확인하고 이해하는 일은 자유로 나아가는 필수 불가결한 출발점이다. 하지만 "생각하고 이해하는 태도가 유일하게 중요한 요소는 아니다. (…) 여기에 의지에 대한 내적 거리가 추가되어야 한다. 이로써 우리는 우리 자신의 의지를 '평가'한다".[48] 우리는 표현되고 이해된 의지를 인정하고 받아들일 때 비로소 이 의지를 자기 의지라고 말할 수 있다.

비에리는 자기 의지를 평가할 필요가 있다고 말하면서 이러한 평가가 어떤 관점에서 나오는 것인지를 묻는다. 평가는 어디서 나오는 것이며, 우리가 어떤 의지를 거부하거나 받아들이는 기준은 무엇인가? 생각할 수 있는 가능성은 기능성에 근거해서 자기 의지를 평가하는 것이다. 이때 중요한 물음은 이런 것이다. "내 소망들 중 어떤 것이 기능적으로 유리하고, 어떤 것이 반대로 불편하고 해로운가? 이런 시각은 내가 현실 세계에서 나의 소망들을 잘 이루어나갈 수 있는 방식에 대해서 냉정하게 계산해보는 것을 의미한다."[49] 나는 언제 어떤 상황에서도 최고이기를 원한다? 바람직하다. 우리는 야망과 경쟁심이 중요한 성공 기준인 사회에서 살고 있으니까. 나는 누구에게나 호감을 사기보다는 진실한 사람이 되고 싶다? 셀프마케팅이 중요한 역할을 하고 비판적 사고는 환영받지 못하는 세계에서는 결코 유리하지 못한 태도다. 하지만 이런 식으로 자기 의지를 순전히 기능적으로 평가하는 것이 정말로 더 많은 내적 자기결정성을 가져다줄 수 있을까? 아마 그렇지 않을 것이다. 이와 같은 관점에서는 자기 자신에 대한 작업의 결정적인 요소로 사회적 소여와 규범이 꼽힌다. 어떤 의지를 받아들이는 기준이 우리 자신의 외부에 있기 때문에 여기서 중요한 것은 고집스러운 자기결정성이 아니라 최대한 마찰 없이 이루어지는 적응이 된다. 그래서 비에리는 "아주 다른 형태의 평가"를 제안하는데, 이때 중요한 물음은 다음과 같은 것이다.

"나에 대한 유용성과 무관하게 내가 갖고 싶거나 갖고 싶지 않은 의지는 어떤 것인가? 여기서 문제는 내가 어떤 종류의 인간이 되고 싶은가 하는 것이다. 다시 말해서 나의 자아상과 관계가 있다."[50] 이 같은 관점은 나의 욕망에 대해 전혀 다른 빛을 던져준다. 기능성이 결정적인 기준이 아니라면 "나의 괴짜 같은 소망이 나를 엉뚱한 곳으로 몰고 가더라도 나는 조금도 개의치 않는다. 오히려 나의 실용적 성과 의지가 나를 짜증 나게 만든다".[51]

자신이 되고 싶은 사람이 되는 법

우리의 자아상과 일치하는 삶을 살아갈 수 있다면 우리 삶은 자기결정적인 것이다. 다시 말해서 우리는 우리의 욕망에 동의할 수 있을 때 자기결정적인 사람이 된다. 우리의 욕망은 우리가 되고 싶은 사람에 대한 우리의 생각과 일치하기 때문이다. 자기결정성은 일종의 자기 자신에 대한 동의다. 물론 이때 다음과 같은 것이 고려되어야 한다. 자아상은 소망을 자기 것으로 삼고 평가하기 위한 척도이지만 이 척도는 불변의 것도, 불가침의 것도 아니다. 그렇기 때문에 "자아상이 평가된 소망에 순응을 강요함으로써 오직 한 방향에서만 영향을 받는" 일은 발생하지 않는다. "오히려 정반대의 경험도 가능하다. 자아상은 그에게 맞지 않는 소망들의 영향을 통해 변화되고 발전한다. 이것은 내 안에 하나의 의지가 만들어지는 경험이다. 이 의지는 이제까지의 자아상에 맞지 않지만 그렇기 때문에 낯선 것이라는 낙인이 찍히는 대신 오히려 자아상의 검토를 강요한다."[52]

텅 빈 광장에 머물고 싶어하는 소망에 대한 기억을 다시 떠올려보자. 비에리의 예에서 이 소망은 낯선 것으로 받아들여졌다. 해당 인물의 나머지 다른 소망이나 자아상과 어울리지 않았기 때문이다. 하지만 이와 같은 어울림은 다름 아닌 내적 자유의 경험을 위한 전제조건이기도 하다. 따라서 언뜻 보기에는 텅 빈 광장에 홀로 있고 싶어하는 불편한 소망이 문제인 것처럼 여겨진다. 하지만 세심한 성찰이 진행되면서 실제로 어울리지 않는 것은 오히려 자아상이고, 반면에 낯설게 느껴졌던 도피 충동이 진정한 체험의 표현임이 밝혀질 수도 있다. 그러고 나면 자신이 타인과의 친밀함을 원하는 사람이라는 자기이해는 외부로부터 주입된 요구와 표상의 연장선상에 있는 것으로 드러날 수 있다. 가령 어린 시절부터 사랑스럽고 친절하고 사교적인 사람이 되도록 주입받으며 자란 결과 이런 특징들이 자신의 가장 내면적인 본질을 이룬다고 확신하게 된 것이다. 그렇다면 다 떨쳐버리고 뛰쳐나가 홀로 있고 싶어지는 이런 당혹스러운 소망은 자신의 자아상을 시험대 위에 올려놓고 검사하고 교정하는 좋은 기회가 될 수 있다. 당사자는 어느 순간 갑자기 명확해진다. 나는 본래 이런 사람이 되고 싶었던 것은 아니다! 그렇기 때문에 자유를 획득하기 위한 작업에서 '이해'는 무척 중요하다. "평가를 통한 나 자신과의 일치가 자유의 경험에 기여하려면 그것이 나 자신에 대한 이해에서 얻어진 것이어야 한다."[53]

비에리에 따르면 내적 자유 여부에 대한 판결은 뇌 스캔의 결과나, 인과성과 절대성 개념을 둘러싼 철학 논쟁에 의해 내려지는 것이 아니다. 자기결정성으로서의 자유는 오히려 하나의 프로젝트, 즉 온힘을 기울여 작업해야 하는 실천적 과제이다. 자유는 환상이 아니다. 그러나 또한 단순히 주어진 소여도 아니다. 자유는 사람들이 적극적으로 관심을 가질 때 현실이 될 수 있다. 이것이 비에리의 낙관적 확신이다. 자유를 위한 작업에서 중요한 것은 "표현의 깊이와 정확성이다. 이것은 더 큰 폭의 이해를 가능하게 하고, 더 큰 폭의 이해는 다시 평가로 이어져서 우리가 받아들일 수 있는 의지를 통해 더 큰 영역에서의 삶을 허락한다. 이 같은 맥락은 언뜻 공허한 언사로 보일 수 있는 자기 의지와의 '일치'라든가 그 의지가 우리 자신에게 속한다는 등의 말에 풍부하고 정확한 의미를 부여한다".[54]

비에리가 언급한 자유를 획득하기 위한 작업을 관찰할 때 표현, 이해, 평가의 3단계 과정으로 이루어지는 이 작업을 지나치게 도식적으로 생각하는 실수를 범하면 안 된다. 무엇보다도 이 작업을 일종의 재고 조사나 '분류 작업'으로 이해해서는 곤란하다. 예를 들면 이쪽은 내가 동의하는 좋은 소망들이고, 저쪽은 내 자유를 제한하는 나쁜 소망들이라는 식의 구분이 그렇다. 그보다는 특수성에 주목할 필요가 있다. "대부분의 경우 어떤 일을 인식하려는 노력이 그 일을 변화시키지는 않는다. 가령 우리가 행성들과 그 궤도를 인식하고자 할 때 이를 통해서 행성들과 그 궤도가 조금이라도 바뀌는 것은 아니다. (…) 하지만 인식을 통해서 우리의 생각과 경험과 욕망에 접근하는 일은 이와는 다르다. (…) 여기서 인식은 인식된 것에 개입한다."[55] 자기인식에는 자기 변화가 따른다. 자유를 위한 작업의 다양한 측면들은 의지와 자아상에도 영향을 미쳐 자기변형 과정에 활력을 부여한다. 이 과정이 어떤 결과로 이어질지는 불분명하다. 강박적 의지에서 벗어나게 될 수도 있고, 자아상이 바뀌게 될 수도 있다. 어쩌면 미처 짐작도 못 했던 내적 갈등이 드러나게 될지도 모른다. 아무튼 자유를 위한 작업은 우리의 내적인 삶에 움직임을 가져다줄 것이다. "의지와 관련된 옛 평가와 통찰이 무너지고 새 구조가 생겨난다. 이 모든 과정은 계획된 일이라기보다는 지질학적 지층 변화에 더 가깝다."[56]

내적 자유의 물음에 "그렇다/아니다의 최종적이고 구속력 있는 답변"[57]이 주어지지 않는다는 점은 분명하다. 의지의 자유는 "생기고 사라지고 획득하고 다시 잃어버릴 수 있는 어떤 것이다. 그럴 수밖에 없는 것이 우리는 매 순간 끊임없이 흘러가는 세계와 대결해야 하며, 따라서 우리의 소망들과 그에 대한 우리의 모든 생각도 그 흐름 속에 있을 수밖에 없기 때문이다".[58] 자유는 또한 우리가 최종적으로 도달해 그 안에 온전히 머물 수 있는 어떤 것이 아니다. "의지를 습득하는 일은 언제든 후퇴를 맛볼 수 있는 평탄치 않은 과정이다."[59] 그러나 이 평탄치 않은 길은 가볼 만한 가치가 있다. 자유를 위한 작업은 "우리가 내면 세계의 더 큰 부분을 자기 것으로 삼는" 경험과 연결되기 때문이다. "우리는 내면으로 점점 더 멀리 확장되면서 우리의 주체가 된다. 그리하여 맹목적인 방식으로 소망에 좌우되던 체험은 차츰 줄어들고, 주인의식이 점점 더 빈번히 나타난다."[60]

1944년	페터 비에리가 스위스 베른에서 태어난다.
1963년	베른을 떠나 런던으로 가서 인도학과 영문학을 공부한다. 1년 뒤 하이델베르크 대학으로 자리를 옮겨 철학과 문헌학을 공부한다.
1973~1975년	미국 버클리 대학과 하버드 대학에서 연구원으로 일한다.
1990~1993년	마르부르크 대학의 교수가 되어 철학사를 가르친다.
2001년 9월 11일	미국의 주요 민간 건물과 군 건물에 이슬람과 관련된 테러가 자행된다.
2004년	'파스칼 메르시어(Pascal Mercier)'라는 가명으로 소설 『리스본행 야간열차』를 발표한다.
2007년	대학 교수직에서 때 이르게 물러난다.

뉴런의 가소성

우리 뇌는 컴퓨터처럼 회로로 고정되어 있지 않다. 우리 뇌는 끊임없이 개축되면서 새로운 요구에 적응해나간다. 이는 새로운 지식을 습득하는 환경 조건에 대한 반응일 수도 있고, 뇌가 손상에서 회복되는 과정일 수도 있다. 이와 같은 뉴런의 가소성은 평생 우리와 동반한다.

연구에 따르면 런던의 택시 운전사들은 공간적 방위를 담당하는 뇌 부위가 더 크다. 또 곡예를 배우면 운동을 담당하는 뇌 부위의 형태가 달라진다. 심지어 성인의 뇌에서 새로운 신경세포가 생겨난다는 보고도 점차 늘고 있다. 이는 오랫동안 불가능한 것으로 여겨졌던 일이다.

출처 : www.mpg.de

현대철학의 트레이너 '페터 슬로터다이크' ──────

생존을 위한 호신술이
필요하다 느낄 때

UN 대표부는 2011년 10월 31일 마닐라에서 태어난 다니카 마이 카마초Danica May Camacho를 지구촌의 70억 번째 아기로 선언했다. 물론 이것은 상징적인 행위다. 지구상에 정확히 몇 명의 사람이 살고 있는지는 아무도 모르니까. 게다가 '70억의 날'에만 35만 명의 아기가 태어났으니 이는 지극히 자의적인 선택이었다. 아무튼 다니카의 부모에게 2011년 10월 31일은 기쁘기 그지없는 날이 되었다. 갓 태어난 딸에게는 앞으로 받게 될 모든 교육에 대한 장학금이 주어졌고, 가족은 상점을 여는 데 필요한 재정 지원을 받게 되었기 때문이다. 하지만 다니카의 출생은 또한 지구의 인구 과잉과 이로써 인류가 직면한 도전을 상징한다. 세계 인구와 함께 여러 가지 문제들도 증가하기 때문이다. 생태계, 자원, 기후 등에 대한 압박이 커지면서 인류가 함께 살아가는 삶은 더욱 어려워지고 있다.

70억으로 추산되는 사람들이 이미 지구에서 살아가고 있는데 인구는 매년 8천만 명씩 빠른 속도로 계속 늘어나고 있다. 오늘날 11억 명의 사람들이 깨끗한 식수를 얻지 못하고 있으며, 9억 2,500만 명 이상이 세계 각지에서 기아로 고통받고 있다. 7,200만 명 이상의 어린아이들은 아무런 교육도 받지 못한다. 식량과 교육의 결핍은 아동 노동, 매춘, 폭력, 탄압 등 치명적인 결과로 이어진다. 이런 비참한 상황은 수없이 많은 사람들에게 일상이 되었다.

하지만 우리가 대결해야 하는 폐해와 문제는 여기서 그치지 않는다. 인류가 하루에 소비하는 석유는 자연적으로 생겨나는 데 1천 년 이상 걸리는 분량이다. 이산화탄소 배출량의 증가는 지구온난화를 가속화시켜 우리의 생활 공간을 지속적으로 해치고 파괴한다. 그러나 이 모든 문제에도 불구하고 직면한 도전을 해결하기 위한 전 지구적 연대는 찾아볼 수 없다. 인류는 아직 70억 인구의 의미를 제대로 이해하지 못하는 듯하다. 세계의 상황은 오히려 민족적, 문화적, 종교적 집단들 간의 끊임없는 갈등으로 점철되고 있다. 그래서 독일 시사주간지 『디 차이트』는 70억 번째 지구 주민의 탄생을 계기로 다음과 같은 질문을 던진다. "우리는 진정으로 우리 종(種)의 성공을 축하할 수 있을까? 오히려 우리 자신을 두려워해야 하는 건 아닐까?"[1] 이에 대해 페터 슬로터다이크는 축하할 일이 전혀 아니라고 말한다. 세계의 발전은 단지 격정스러운 수준을 뛰어넘어 파멸로 치달으려 하고 있다. 우리는 반드시 넘어서야 하는 극단적인 도전에 직면해 있다. 슬로터다이크는 이제 수직 긴장vertical tension을 더욱 높이고 자신이 나아갈 방향을 "위쪽을 향해" 맞추어야 할 때라고 말한다.

* * *

『철학 매거진 *Philosophie Magazin*』과의 인터뷰에서 페터 슬로터다이크Peter Sloterdijk는 "철학의 귀환" 현상을 언급했다. 그의 설명에 따르면, 방향을 탐색할 때 "우리는 불가피하게 철학이라는 옛 주소를 찾아가 문을 두

드리게 된다. 비밀의 문과 마주하지 않기를 바라며".[2]

슬로터다이크 자신도 노크에 반응해 문을 열고 나오는 사람에 속한다. 그는 방향을 탐색하는 사람들에게 긴장을 특징으로 하는 '치료 개념'을 제시한다. 대부분의 사람들이 압박에 쫓기고, 심지어 완전히 소진되었다고 느끼는 시대에는 오히려 '긴장 완화'의 치료 효과가 더 중요하지 않겠느냐고 말할 수도 있다. 그러나 슬로터다이크는 이런 우려에 대해 실제로는 스트레스에 시달리는 동시대인들 중 매우 소수의 사람들만이 "진정한 수직 긴장 속에 살아간다"고 답한다. "대부분의 사람들은 뒤에서 쫓길 뿐 위에서 끌어당겨지지 않는다."[3] 그렇기 때문에 도처에서 광고하는 내용은 긴장 완화를 통한 건강한 삶이지만, 슬로터다이크는 반대로 사람들에게 더 많은 긴장을 권한다. 니체식으로 말하면, 너희들은 내가 보기에 아직 충분히 팽팽하게 당겨지지 않았다는 것이다.

일종의 '철학적 피트니스 트레이너'로서 슬로터다이크는 사람들에게 삶의 대결을 준비하는 연습을 시키고자 한다. 무기력과 게으름 속으로 가라앉는 것을 막기 위해서는 연습이 필요하기 때문이다. 그러므로 트레이너 철학자의 첫 번째 과제는 사람들 안에 이미 암시적으로 현존하는 명령을 큰 소리로 알려주는 메가폰이 되는 것이다. 명시적 명령으로의 전환은 단지 개개인만이 아니라 인류 전체가 다 겪는 고통을 끝내기 위해 반드시 필요한 일이다. 명령은 단순하면서도 감동적이다. "너는 네 삶을 바꿔야 한다!"

연습하는 존재로서의 인간

슬로터다이크의 책『너는 네 삶을 바꿔야 한다! *Du musst dein Leben ändern!*』
는 철학적 인류학이라는 전통적 학문 분야에 적잖이 기여하는 것으로
보인다. 이 책의 주된 물음이 "인간이란 무엇인가?"이기 때문이다. 다
른 철학적 주제들과 달리 인간의 본질에 관한 이 물음이 갖는 특징은
바로 '자기관계성'이다. 즉, 인간에 관해서 말할 때 우리는 우리 자신
을 이야기하고 있는 것이다. 인간은 자기 존재에 대해 의심을 품는 생
명체이다. 서양 사상사에는 이 물음에 대한 일련의 대답들이 제시되
어 있다. 예를 들면 인간은 '정치적 동물(아리스토텔레스)' '상징의 동물
(에른스트 카시러)' '노동하는 동물(한나 아렌트)' '생각하는 인간(칼 폰 린
네)' '고뇌하는 인간(빅터 프랭클)' '보완적 인간(마르크바르트)' '결핍의
존재(아르놀트 겔렌)' '깃털 없는 두 발 동물(플라톤)' 등으로 묘사되었
다. 여기에는 두 가지 유의할 점이 있다.

첫째로 우리는 인간의 본질에 대한 물음에 오랜 세월 몰두하면서
대답을 찾기 위해 노력했지만 아직도 우리 자신에 대한 확실한 정의에
도달하지 못했다. 의심할 바 없이 확정된 유일한 인류학적 상수는 자
기 자신에 대한 인간의 회의와 끊을 수 없는 자기관계성뿐이다. 둘째
로 자신의 존재 혹은 본질을 개념적으로 파악하려는 인간의 다양한 시
도는 결코 일상적 삶과 무관한 이론적 유희가 아니라는 점을 분명히
알아야 한다. 모든 자기해석은 우리의 사고와 행위에 다시 소급적으
로 영향을 미친다. 구체적인 삶을 살아갈 때 자신을 신화적 자연 질서

의 일원으로 볼 것인가, 아니면 이기적 유전자의 운반자, 신의 자녀, 출세한 원숭이 등으로 볼 것이냐는 아무래도 상관없는 일이 아니다. 인류학이 마지막 확신에 도달할 수 없다면, 그리고 인간의 본질에 개념적으로 접근하려는 인류학의 시도가 인간의 자기이해, 자기 자신에 대한 생각, 욕망, 행위 등에 곧바로 다시 영향을 끼친다면, 그렇다면 우리는 질문을 다음과 같이 바꿔 던질 필요가 있다. 즉 "인간이란 무엇인가?"가 아니라 "우리는 우리 자신을 어떻게 보는가?" 혹은 "우리는 우리 자신을 어떻게 보아야 마땅한가?"라고 묻는 것이 더 결정적인 질문일 수 있다.

슬로터다이크의 인류학적 질문은 이미 언급한 것처럼 인간의 본질에 대한 개념적 파악이 소급적으로 작용하는 효과를 겨냥하고 있다. 인간의 본질에 대한 특정한 이해에 관한 해석은 자기 자신에 대한 인간의 시각을 변화시켜서 그의 사고와 행위를 새로운 방향으로 나아가게 할 수 있다는 것이다. 자기해석을 통한 이런 종류의 자기변화를 슬로터다이크는 '인간 기법 Anthropotechnik'이라는 개념으로 설명한다.

"인간을 반복에서 생성되는 생명체로서 밝힐 때가 되었다"[4]는 선언과 더불어 슬로터다이크의 방대한 인류학적 연구는 시작된다. 그에 따르면 인간은 반복하는, 더 정확히 말하면 '연습'하는 생명체이다. 아니, 더 정확히는 "연습하지 않을 수 없는 생명체다. 이때 연습은 하나의 활동 패턴을 계속 반복한 결과 그러한 실행이 다음 반복을 행하게하는 기질을 개선하게 되는 것을 말한다".[5] 어떤 활동 패턴을 계속 반복함으로써 그 행위가 점차 수월해지고 또 개선되어 결국에는 말 그대로 자신의 피와 살이 되게 한다는 것이다. 이 같은 접근 방식은 악기를 연주하거나 스포츠 활동을 하는 사람이라면 누구나 익숙하다. 여기서는 연습, 연습, 연습만이 중요하다. 연습이 특정한 능력을 습득하는 열쇠임은 우리에게 지극히 당연한 사실이다. 하지만 슬로터다이크는 우리 인간에게는 연습 이외에 달리 할 수 있는 것이 없다고 주장한다. 만약 그렇다면 우리에게 연습은 지금껏 생각했던 것보다 훨씬 더 포괄적인 현상이 된다.

슬로터다이크의 설명에 따르면 인간은 연습의 삶을 살아간다. "동일한 다음 작업을 실행할 수 있도록 행위자의 능력을 유지하고 개선하는 모든 작업을 나는 '연습'으로 정의한다. 이것이 연습으로 언명되든 아니든 상관없이 그러하다."[6] 이 정의에서는 우리가 특정한 기술을 습득하기 위해서 하는 활동을 가리키는 일상어의 연습 개념에 두 가지 중요한 보완이 이루어진다. 첫째로 능력의 개선뿐만 아니라 '유지'도 연습에 요구되며, 둘째로 여기에는 '언명된' 연습과 그렇지 않은 연습이 있다는 것이다. 이 관점에서 인간 아이의 발전을 한번 관찰해보자. 처음 세상에 태어났을 때는 할 줄 아는 게 거의 아무것도 없다. 슬로터다이크가 기술한 것처럼 인간 아이는 "다형성(多形性, polymorph) 무능자"[7]이다. 이는 인간 아이가 한편으로는 무기력한 존재이지만, 다른 한편으로는 헤아릴 수 없이 다양한 능력을 연습을 통해 습득할 수 있다는 (또는 습득해야 한다는) 뜻이다. 아이가 해야 하는 연습의 대부분은 당연히 언명된 연습의 영역에 속한다. 왜냐하면 거의 아무것도 할 수 없는 사람은 거의 모든 것을 연습해야 하기 때문이며, 그러므로 대부분의 연습은 명확히 지각된 방식으로 이루어진다. 적어도 아이를 연습시키는 사람들에게는 그렇다. 이렇게 해서 아이는 보호자의 감시와 지도하에 먹고, 기고, 말하고, 걷는 연습과, 자기가 속한 집단의 문화적 특수성에 적응하는 연습을 한다. 이렇게 아이가 능력을 자기 것으로 습득해감에 따라 연습은 차츰 언명된 것의 영역에서 언명되지 않는 것의 영역으로 넘어간다. 다시 말해서 말하기나 걷기 또는 문화적 전통과 관습이 충분히 습득되더라도 연습은 끝나지 않는다. 비록 의식하지는 못해도 연습은 현재 상태를 유지하기 위해 계속된다. 이런 식으로 발전이 진행되면서 언명되지 않는 연습의 범위는 점차 확장되어 결국 "우리 삶의 99%가 반복을 통해서 생겨나는"[8] 지점에 이르게 된다. 이 때 "대부분의 반복은 엄격히 기계적인 성격을 띠게 된다". 이렇게 확장된 내적 연습 공간은 사실상 특정한 능력의 '유지'에 기여하게 되므로, "사람들은 누구나 그들이 지금 순간까지 있어왔던 대로 머무는 데 필요한 준비를 계속해서 하게 된다"[9]고 슬로터다이크는 설명한다. 그 결과 "생명체에게 자기 자신과의 단순한 일치로 보이는 것이 '실제로는' 눈에 보이지 않는 훈련 프로그램에 따른 지속적인 자기 재생산이다".[10] 연습을 하지 않을 수 없는 존재에게는 비교적 안정된 '자아'의 단순한 유지도 끊임없는 연습을 대가로 얻을 수 있는 것이다.

인간은 연습의 삶을 살아가며, 반복적 작업을 통해서 생성되고 유지된다. 그래서 슬로터다이크가 스케치한 '일반 연습론'은 "활력의 모든 연속, 연이어 나타나는 모든 습관, 생활의 모든 이어짐을 포괄한다. 여기에는 언뜻 무정형(無定形)으로 보이는 움직임과 피폐해 보이는 무기력도 포함된다".[11] 어떤 사람이 아직 제 컨디션을 찾지 못한 듯 보여도, 그의 전체 실존이나 그것의 어느 한 (육체적, 심리적, 지적) 측면이 아직 충분히 훈련된 인상을 주지 못하더라도 그것이 실제로는 일련의 연습 결과라는 것이다. "암시적 피트니스 프로그램이 있듯이 암시적 언피트니스Unfitness 프로그램도 있다."[12] 이에 따르면 게으름과 운동 기피도 연습되어지는 것이다. 정신적인 태만함도 마찬가지다. "그 밖에도 명백한 어리석음을 더 이상 단순히 주어진 사실로 받아들여서는 안 된다. 그것은 학습 기피 작업에 대한 오랜 연습을 통해서 얻어진 것이다. 고집스럽게 지속된 일련의 지적 '자기 때려눕히기Self-Knockout'를 거쳐 신뢰할 만한 어리석음의 습관이 자리 잡는다."[13] 즉, 어리석어지려고 연습한 사람이 어리석어지는 것이다. 누군가가 어리석음의 습관을 연습을 통해 계속 유지하고 싶어하는 이유가 무엇이든 간에 "어리석지 않음으로의 복귀",[14] 피트니스로의 복귀는 언제든지 가능하다.

좋은 고행, 나쁜 고행

연습은 단지 달인을 만드는 데서 그치지 않는다. 무능도 연습될 수 있다. 나쁜 버릇도 마찬가지다. 실제로 연습하는 동물로서 인간은 "가장 나쁜 것까지도 자기 것으로 만들어 의심할 바 없이 자명한 것으로 보이게 할 수 있다".[15] 인간의 삶이 제 컨디션을 유지하는 것은 모두 개별적, 집단적 혹은 순차적 형태로 이루어지는 연습 또는 고행 덕분이다. 슬로터다이크는 그리스어 개념인 '아스케시스(askesis=연습, 훈련)'의 본래 의미를 살려 '고행 Askese'이라는 표현을 사용하기도 한다. 그 결과 "고행적인 것으로 밝혀진 세상에서는 자신으로부터 무언가를, 혹은 많은 것을 만들어내는 사람들과 자신으로부터 아무것도, 혹은 조금밖에 만들어내지 못하는 사람들의 차이가 점점 더 확연해진다".[16] 슬로터다이크는 "사람들 사이에 불평등이 생겨나는 이유가 그들의 고행에 있을 수 있다"[17]고 지적한다.

"사람들 사이의 다름의 궁극적 원인"[18]이 그들의 연습 프로그램이라는 주장에 불쾌한 느낌이 들 수도 있다. 하지만 이것은 바로 슬로터다이크가 의도한 바이기도 하다. 그는 우리를 도발하고자 한다. 말 그대로 우리에게 싸움을 걸고, 우리를 촉구하고, 우리를 자극하기를 원한다. 이는 그의 '인간 기법' 프로그램의 일부다. 냉소주의나 엘리트적 사고에 근거한 비난으로 이 같은 도전에서 벗어날 수 있다고 믿는다면 그 사람은 이미 싸움에서 진 것이다. (바꾸어 말하면, 그런 비난으로는 아무런 이득도 얻을 수 없다.) 반대로 도전에 맞서고자 하는 사람은 일단 그 도전을 '개인적으로' 받아들이고, 그것이 자신에게 직접 말을 걸게 해야 한다. 왜냐하면 실제로 슬로터다이크에게는 '한 사람 안의 차이'가 중요하기 때문이다. "이것이 사람들 사이의 차이로 나타나는 것이다."[19] 내가 편견 없이 공정하게 슬로터다이크의 도발에 응한다면 사람들 사이의 연습된 불평등에 관한 명제는 '나에게' 이런 의미가 된다. 즉, 다른 사람들이 고행에서 나를 능가한다면 이는 내가 충분히 혹은 올바르게 연습하지 않았기 때문이라는 것이다. 내가 이러한 생각을 받아들일 준비가 되어 있을 때 그것이 내 안에서 어떤 작용을 하는지에 대해 슬로터다이크는 '수직 긴장' 개념을 가지고서 설명한다. 더 많은 능력과 모든 형태의 '언피트니스' 극복을 추구함으로써 나는 방향을 '위쪽으로', 즉 내가 아직 도달하지 못한 완성을 향해 맞추는 것이다. 그리하여 나는—실제로 혹은 가상으로—위쪽에서 내게 말을 걸게 해야 한다. 이와 같은 "위에서 말 걸게 하기"는 "위에서 하달하는 말 따르기"와 혼동되기 쉽다. 둘의 차이는 말하는 자의 의도에 있기도 하지만 또한 말을 듣는 귀에도 차이가 있다. 위에서 내게 말을 걸게 하는 경우 이 경험은 나를 격려하고 내 안에 수직으로 작용하는 힘을 강화시켜 더욱 열심히 연습하고자 하는 마음을 고조시킨다. 그러나 위에서 말이 일방적으로 하달되고 있다고 믿는 경우 나는 저 미심쩍은 위쪽이 내가 도저히 다다를 수 없는 곳이라는 근거 없는 믿음 속에 스스로 밑바닥에 웅크리고 있게 된다.

비정치적 계급 차별의 궁극적 원인이 연습의 차이에 있다는 슬로터다이크의 언급은 동일한 것의 영원회귀라는 니체의 격언과 비교될 수 있다. 두 사람의 진술을 사실에 대한 기술로 보고자 한다면 둘 다 별로 쓸모가 없다. 하지만 이로부터 개인적인 자극을 받고 자기 내부 가장 깊숙한 곳에 말을 걸게 한다면, 두 진술은 모두 직접적인 '인간기법' 효과를 갖는다. 앞에서 언급했던 변형된 인류학적 물음을 다시 떠올려보자. "우리는 우리 자신을 어떻게 보는가?" 이에 대한 슬로터다이크의 답은, 우리는 우리 자신을 앞으로 지금보다 더 나아질 수 있는 존재로서 본다는 것이다.

슬로터다이크에 따르면 "위에서 말 걸게 하기" 현상은 릴케의 문장 "너는 네 삶을 바꿔야 한다!"에서 그에 어울리는 적절한 언어적 형식을 발견한다. 이 명령은 그 출처와 권위 그리고 구체적인 내용까지 모두 불확실하지만 수신자, 요구의 비타협성, 표현의 극단적인 수직성 등에 대해서는 조금도 의심의 여지를 남기지 않는다. "이것은 절대적 명령이다. (…) 이 명령은 2인칭 단수로 표현된 혁명의 슬로건이다. 이 명령은 삶을 그것의 더 높은 형식과 낮은 형식 사이의 경사면으로 규정한다. 나는 이미 살고 있지만, 그러나 무언가가 내게 거역할 수 없는 권위로 너는 아직 제대로 된 삶을 살고 있지 않다고 말한다."[20] 누가 혹은 무엇이 감히 내게 이렇게 거만하게 강요하는 말투로 말을 걸 수 있을까? 누가 혹은 무엇이 내게 "너는 네 삶을 바꿔야 한다!"라고 말할 수 있을까? 아주 일반적으로—요구된 개선의 구체적인 내용은 여전히 언급되지 않은 채—이런 설명이 가능하다 "그것은 현재의 삶 안에 있는 또 다른 삶이 갖는 권위이다. (…) 그것은 나의 내부 가장 깊은 곳에 있는 '아직 오지 않은 것 Noch Nicht'이다."[21] 나 자신의 내부에 있는 이와 같은 "아직 오지 않은 것"은 "나의 현재 상태에 대해 절대적 이의"를 제기하면서, 나로 하여금 "내 변화는 꼭 필요한 것"[22]임을 알게 한다. "(내게) 타당한 수직 긴장이 (내) 삶을 근본적으로 뒤바꾸는"[23] 순간 나는 곧바로 변화에 대한 이와 같은 확실성과 의지를 감지한다. 이는 "개인은 누구나, 가장 성공적인 사람도 가장 창의적인 사람도 가장 너그러운 사람도 모두, 스스로 진지하게 검토하면 자신이 아직 자기 존재의 능력을 다 발휘하지 못했음을 인정할 수밖에 없다"[24]는 사실에 대

한 확인이다. 나의 '아직 오지 않은 것'이 가진 권위는 나의 편안한 생
활방식과 몸에 익은 게으름과 나태한 자기만족을 포기하고 새로운 노
력에 헌신할 것을 내게 요구한다. 그것은 내게 제 컨디션을 찾으라고,
즉 나의 내적 수직 긴장에 집중하라고 명령한다. 우리는 우리 안에 있
는 '호모에렉투스'(*homo erectus*: 직립인간, 즉 수직으로 일어선 인간이라는
뜻 – 옮긴이)가 출현할 수 있도록 도와야 한다고 슬로터다이크는 말한
다. "인간을 인간으로 만드는 것은 직립보행이 아니다. 그것은 인간이
바로 설 수 있도록 그의 내부에서 작용하는 내적 경사면에 대한 의식
의 발아이다."[25]

습관의 강물에서 벗어나기

슬로터다이크의 주된 관심은 최근 3천 년간의 문화사에 연습자 대
중과 구분되는 "고행의 급진주의자"[26]들이 언제나 존재했다는 사실에
있으며, 이들이 고행을 통해 습관의 수준을 뛰어넘어 도약해왔다는 현
상에 주목한다. 하지만 예외적 인간들에 의한 이와 같은 현상이 무슨
의미가 있다는 것인가? 개인이 습관을 넘어선 방향으로 나아가는 것
은 어떻게 가능한가? "인간이 '습관에 빠진' 존재라는 것은 누구나 인
정하는 지극히 자명한 사실이다. 하지만 개인이 (…) 습관으로부터의
이탈에 성공하는 것은 도무지 자연스럽게 이해되지 않는다."[27]
익숙한 것에서의 이탈, 분리, 탈출은 모든 예외적 생애의 출발점이

다. "정신적 육체적 종류의 모든 상승은 습관으로부터의 이탈에서 시작된다. 습관으로부터의 이탈은 대부분 과거에 대한 거센 반발과 더불어 나타난다."[28] 개개인들은—"혼자서든 일당과 무리를 지어서든"—떨쳐 일어나 익숙하지 않고 있음직하지도 않은 영역으로 넘어가기 전에 먼저 "자신들이 대부분 속해 있는 습관 공동체에서 벗어나야"[29] 한다. 습관의 강물에서 벗어나 뭍에 오르면 "물가에 자리 잡은 자들은 강물에서 헤엄치는 자들을 멀리하게 된다".[30] 슬로터다이크는 이탈자들을 "물가에 자리 잡은 자들"이라고 부르는데, 이는 그들이 강물에서 벗어남으로써 조금 전까지 그들 자신도 속해 있었던 "습관의 강물 속에서 헤엄치는 자들"[31]의 "헤엄치는 모습"을 지켜볼 수 있는 처지가 되었음을 좀 더 확실히 드러내려는 것이다. 사람들이 그 안에 빠져 있는 동안 조금도 의심받지 않던 습관들은 물가에 자리 잡은 자에게는 곧 의심스러운 것이 된다. 이는 오직 물가의 사람이 물속의 사람들과 거리를 두고 그들의 습관적 행위를 아웃사이더로서 관찰하기 때문에 가능하다. 습관의 강물에서 벗어난 사람이 동시에 그 안에서 헤엄치고 있을 수는 없다. 아마도 그는 영원히 그렇게 할 수 없을 것이다. 슬로터다이크는 이와 관련해 똑같은 강물에 발을 두 번 담글 수 없다는 헤라클레이토스 Heraclitus of Ephesus의 유명한 문구를 떠올린다. 이 문구는 흔히 변화의 부단함과 되돌릴 수 없음에 대한 은유로 여겨진다. 하지만 슬로터다이크의 견해에 따르면 "실제로 이 모호한 문장은 더 깊은 비가역성을 상기시킨다. 말하자면 일단 물에서 나온 사람은 더 이상 처음 방식의 헤엄치기로 되돌아갈 수 없다는 것이다".[32] 그런데도, 우리의 주제인 철학적 '치료제'와 관련해서 덧붙이자면, 개인적 위기를 통해 습관의 강물에서 기슭으로 내던져진 사람들에게 제시되는 해결책은 대부분 다시 물에 들어가 함께 헤엄치라는 것이다. 반면에 슬로터다이크의 생각은 확실히 전혀 다른 쪽을 가리키고 있다. 습관의 강물에서 벗어나거나 내던져진 사람은 더 이상 다시 헤엄치는 무리 속으로 뛰어들 수 없으며, 그렇기 때문에 앞으로는 익숙하지 않은 쪽으로 방향을 맞춰야만 한다는 것이다. 일단 밖으로 나온 사람은 '습관의 기쁨'에 다시 접근하기가 어려우며, 어떤 의미에서는 세상과 동떨어진 사람이 되고 마는데, 이는 "더 높은 수직 긴장 속에 살아가는 삶이 치러야 하는 대가에 속한다".[33]

익숙한 것과 범속한 것으로부터 벗어나는 이탈의 몸짓은 "너는 네 삶을 바꿔야 한다!"라는 절대 명령의 특성을 띤다. 이탈이 발생하는 곳은 사람들이 "발견된 사실에 대한 인내의 한계"에 도달한 상태이기 때문이다. "이들은 익숙한 관계도, 그것의 복사판도 더 이상 보고 싶어 하지 않는다."[34] 익숙한 관계는 이탈자에게 (이런저런 이유로) 견딜 수 없는 것이 되어버렸다. 이탈자는 기존의 생활방식에 대해 깊은 불만을 느낀 나머지 그것과의 결별을 선언하고 삶을 혹은 자기 자신을 바꾸기로 한다. 슬로터다이크에 따르면 예외적 인간은 극단적인 태도 변화, 즉 전향conversion을 통해 이를 행한다. 그 과정에서 드물지 않게 "혐오, 회한, 이전 존재 방식에 대한 철저한 배척과 같은"[35] 감정이 이탈자를 사로잡기도 한다. 사실상 기존 방식과의 경계 설정에 다름 아닌 이런 격렬한 거부 반응은 연습 태도에 근본적인 변화를 불러일으킨다.

언명되지 않은 고행은 언명된 고행으로 대체된다. 즉, 습관으로부터 내던져진 사람은 이때부터 '의식적으로' 연습을 행한다. '습관의 강물에서 헤엄치기'는 실제로는 헤엄을 친다기보다 습관의 물결에 몸을 맡기고 떠밀려 다니는 것에 더 가깝다. 반면 일단 강가에 다다른 사람은 자력으로 움직여야 하므로 능동적인 힘을 발휘해야 한다. 이로써 그는 전혀 다른 방식의 삶을 시작하게 된다. 지금까지 자신도 모르게 진행되던 그의 연습 프로그램들은 의식적인 검토를 거쳐 필요한 경우 더 나은 프로그램으로 교체되거나 아예 삭제된다. 그러므로 언명된 의식적인 연습은 무의식적 무반성적 고행을 통해 '살아지던' 수동적 형태의 실존에서 자기 자신을 제 손으로 움켜쥔 능동적인 생활방식으로 넘어가는 이행을 뜻하기도 한다. 슬로터다이크에게 전향은 "하나의 믿음 체계에서 다른 믿음 체계로 넘어가는 이행이 아니다. 본래 개종은 수동형의 존재 방식에서 벗어나 능동적 존재 방식으로 들어설 때 발생한다".[36] 우리는 이렇게 말할 수도 있다. 근본적으로 바뀌는 것은 연습의 '내용'(만)이 아니라 '형식'이다. 평범한 사람들이 부지불식간에 사로잡히는 "격정, 습관, 심상 같은 자동 프로그램들"[37]의 자리에 스스로 행하는 독자적인 사고, 감정, 행위가 들어선다. "이를 통해 점차 주체적 인간이 객체적 인간으로부터 분리된다. (…) 두 번째 위치에서 인간은 예전에 그랬듯이 수동적 존재, 반복된 존재, 저항 없이 제압된 존재로 머물지만 첫 번째 위치에서는 반대로 탈수동적 존재, 반복하는 존재, 싸울 준비가 된 존재로 바뀐다."[38] 여기서 싸울 준비가 되었다는 것은 언명되지 않은 고행에 의해 "사로잡힌 상태"에서 벗어나 "반복의 힘으로 반복에 맞서는"[39] 의지를 갖는 것을 의미한다. 다시 말해서 그것은 자기 자신에 대한, 더 정확히는 지금까지 자신을 이루고 있던 습관과 감정과 심상에 대한 선전포고이다.

습관을 넘어선 도약

하지만 습관에서 이탈한 사람은 원래의 습관 공동체를 벗어나 자신의 옛 자아에 선전포고를 하고 난 뒤에 어디로 방향을 잡아야 할까? 질문을 바꿔보자. '수직 긴장', 즉 '위'를 향해 방향을 맞춘 삶, 습관을 넘어선 '초-습관Über-Gewöhnliche'의 삶이 문제가 될 때 아직 아무런 확실성도 갖추지 못한 이와 같은 '초-판단Über-Urteile'을 위한 기준은 무엇인가? 예외적 인간의 삶에서 중요한 문제가 초-습관적 수준으로 상승하는 것이라면 우리는 다시 이런 질문을 던질 수밖에 없다. 그렇다면 "위로 오른다는 것은 무슨 의미"[40]인가?

슬로터다이크는 이 물음과 씨름하면서 니체의 유명하고 악명 높은 초월적 존재인 '초인Übermensch'을 끌어들인다. "나는 너희에게 초인을 가르친다"고 니체는 현자 차라투스트라를 통해 말한다. "인간은 초극되어야 할 무엇이다."[41] 즉, 인간은 기존의 한계를 극복하고 더 높이 발전해야 한다는 것이다. 여기서 다시 질문이 제기된다. "더 높이"는 무엇이고 "넘어선다"는 것은 무슨 뜻인가? 슬로터다이크는 일단 '초인'에 관한 니체의 주장이나 수직 긴장 속의 인간에 관한 그 자신의 개념에 모두 타당한 한 가지 사실을 분명히 한다. 여기서 중요한 것은 "훈련, 규율, 교육, 자기설계이다. '초인'은 생물학적 프로그램이 아니라 기예적artistic, 더 나아가서 곡예적acrobatic 프로그램이다".[42] 이에 따르면 기예와 곡예는(사육과 선택이 아니다) 우리가 인간의 더 나은 변화, 즉 최적화를 말하고자 할 때 결정적인 개념이 된다.

기예가Artist는 고도로 전문적인 기술을 구사하는 사람이다. 그는 매혹된 관객의 감탄하는 시선을 받으며 이를 행한다. 그는 습관의 한계 바깥에서 고도의 규율을 통해 연습을 거듭하면 무엇이 가능한지를 평균적인 보통 사람들에게 보여준다. 이런 의미에서 기예가는 있음직하지 않은 존재이다. 성공적인 경우 그는 관객에게서 다음과 같은 말을 이끌어낼 수 있다. "믿을 수 없군, 저런 게 정말 가능하다니." 이 말은 특히 기예가의 한 부류라고 할 수 있는 곡예사에게 해당된다. 곡예사 Acrobat는 '초인적인' 연습 능력과 협동 능력을 발휘할 뿐만 아니라, 마치 아무런 두려움과 망설임도 없는 듯이 (신체적) 습관의 흐름을 뛰어넘는다. 그들은 관객의 눈앞에서 줄타기, 공중그네, 연체 곡예 등을 실행하면서 일상의 관성과 습관이 어느 정도까지 극복될 수 있는지를 고행적으로 보여준다. 이 같은 맥락에서 기예와 곡예는 슬로터다이크에게 '초-판단'의 의미 문제에 접근하기 위한 이상적인 비유가 된다. "자기가 행위하는 곳으로 시선을 잡아끄는 기예가는 '초Über-인간'이다. 그에게 현존은 '저 위에 있음'을 뜻한다."[43] '초-인간'이 어떤 분야에서 자신의 훈련 과정을 끝마치는지는 정확히 언급되지 않는다. 다만 분명한 것은 그가 습관의 공통적 기초를 익숙하지도 있음직하지도 않은 고행의 출발점으로 삼는다는 사실이다. "게다가 저 미심쩍은 초인은 그가 원하는 대로 될 수 있다. 그는 줄타기 곡예사가 관객들과 거리를 두듯이 옛 인간들과 자신을 구분 짓는 특징을 가질 수 있다."[44)

'초-인간'은 비유적으로 말하면 위에서, 대중의 머리 위에서 움직인다. 이를 통해서 대중의 시선은 그에 의해 체현된 있음직하지 않은 것을 향해 수직으로 방향을 잡게 된다. 그래서 슬로터다이크는 이렇게 기술한다. "기예는 위로부터의 전복이다. 그것은 '기존'의 것을 넘어서 나아간다. 전복의 원리, 더 정확히 위로부터의 전복의 원리는 '불손 Überheblichkeit'의 'Über', '오만hybris'의 'hyper', '교만superbia'의 'super' 같은 초월 개념에 담겨 있는 것이 아니다. 그것은 '곡예acrobatics'의 'acro'에 감추어져 있다."[45) 곡예, 이 단어를 문자 그대로 풀이하면 발끝으로 걷는다는 뜻이다. 다시 말해서 "가장 단순한 형태의 자연스러운 반(反)자연스러움을 이르는 말이다".[46)

요약해보자. '초-인간'은 습관적인 것들의 강물에서 벗어난 존재다. 이와 더불어 그는 자신의 생활방식을 극단적으로 바꾸었으며 연습을 통해 '위쪽으로', 익숙하지 않은 것, 있음직하지 않은 것을 향해 방향을 맞춘다. '저 위에서' 행동하는 예외적 인간은 서커스 곡예사처럼 '아래'에 있는 자들의 시선을 자신에게로 이끌고, 이를 통해서 최소한 일부 관객들에게 그들 자신의 수직 긴장을, 즉 "위로 향한 활동 공간"을 상기시킬 수 있다. 습관에서 벗어난 것을 통한 이와 같은 도발을 슬로터다이크는 위로부터의 전복으로, 또는 기존의 것을 넘어서 나아감으로 묘사한다. 이때 두 가지 요소는 전과 마찬가지로 불확실하게 남는다. 하나는 '초인'이 습관의 흐름에서 벗어나게 되는 계기 또는 이유이고, 다른 하나는 방향을 위쪽으로 맞춘 그의 새로운 연습의 구체적인 내용 또는 목표이다. 이와 관련해 슬로터다이크는 그의 책『너는 네 삶을 바꿔야 한다!』의 마지막 부분에서 예고된 글로벌 재난의 위협을 언급한다.

글로벌 위기의 권위

왜 습관의 강물에서 벗어나야 하는가? 자신의 삶을, 다시 말해서 지금까지 말한 내용에 따르자면 자신의 '연습'을 극단적으로 바꿔야 하는 이유는 무엇인가? 이에 대한 슬로터다이크의 대답은 '개별적' 상황이 아니라 '글로벌' 상황에 시각을 맞추고 있다. "현 세계에서 보편적이고 윤리적인 의미를 지닌 유일한 사실은 도처에서 확산되고 있는 '이렇게는 더 이상 계속될 수 없다'는 다소 모호한 통찰이다."[47] 이렇게 계속될 수 없는 이유는 우리가 이중의 재난을 향해 나아가고 있기 때문이다. "지금 지구상에서 이루어지고 있는 일은 한편으로는 현실로 다가오고 있는 '통합 재난'이다. (…) 이를 통해서 지금까지 분산되어 살아온 문화라고 불리는 인류의 분파들이 높은 수준의 상호 거래와 갈등이 발생하는 불안정하고 불평등한 하나의 공동체로 바뀌게 된다. 다른 한편으로는 '붕괴 재난'이" "제한된 자원의 맹목적인 과잉 착취"[48]를 통해 지속적으로 진행된다. 글로벌화된 세계에서 함께 살아가는 법을 배우는 일과 "환경에 찍히는 나의 발자국을 깃털의 흔적으로 최소화하는 일",[49] 슬로터다이크는 이 두 가지를 인류가 직면한 더 이상 미룰 수 없는 강력한 과제라고 말한다. 이때 우리는 결코 "도전과 응전의 대칭"[50]을 기대할 수 없다. 당면한 문제들을 현재 우리가 사용할 수 있는 수단들을 가지고 해결할 수 있으리라 믿어서는 안 된다.

지금까지는 내적 수직 긴장에 대한 지각, 습관으로부터의 이탈, 습관을 넘어서 나아가는 도약 등이 연습의 특정한 목표나 내용을 언급하지 않고 지극히 일반적인 수준에서 기술되었다. 이제 슬로터다이크는 우리의 수직 긴장을 고조시키는(또는 이것이 행해져야 하는) 이유가 우리의 공존과 생존 자체에 대한 위협 때문이라고 설명한다. 이를 절대 명령과 관련지어 다시 말하면, "오늘날 '너는 네 삶을 바꿔야 한다!'고 말할 수 있는 유일한 권위는 글로벌 위기다. 이 위기가 이미 자신의 전령들을 보내기 시작했다는 것을 이제는 누구나 다 감지하고 있다. 이 위기는 글로벌 재난의 형태로 출현하는 상상할 수도 없이 끔찍한 상황에 근거한 탓에 막강한 권위를 갖는다".[51] 예고된 글로벌 위기가 나에게 내 삶을 바꾸라는 가차 없는 명령을 내리는 것이다. "나는 자신이 해야만 하는 일이 무엇인지 당장에 알아차린 듯이 행동할 것을 요구받는다."[52] 다시 말해서, 나는 나 자신에 대한 절대적인 과잉 요구에 직면하게 될 테지만 그럼에도 불구하고 그 요구를 거절할 수 없다. 왜냐하면 지금 언급된 상황하에서는 "과잉 요구를 금지하는 인권은 존재하지 않기"[53] 때문이다. 슬로터다이크는 계속해서 이렇게 말한다. "심지어 나는 웃음거리가 되더라도 나 자신을 70억 인민의 일원으로서 이해할 필요가 있어 보인다. 비록 지금의 내 민족만으로도 내게는 충분히 과잉이지만 말이다. 나는 비록 이웃에 사는 사람도 잘 모르고 친구들에게도 소홀하지만 세계시민으로서 내가 해야 할 일에 충실해야 한다."[54]

말하자면 나는 전 인류와 연대해야 하며, 가까운 사람들의 안녕만이 아니라 모두의 안녕을 염려해야 한다. 내가 이처럼 관심을 전 세계 주민에게로 연장해야 하는 이유는 이들이 면역력 약화로 고통받고 있기 때문이라고 슬로터다이크는 설명한다. 이 말은 또 무슨 뜻인가? "면역체계는 자신과 남의 구별에 근거해 예상되는 상해와 손상이 체화되고 조직화된 것이다."[55] 면역성과 면역체계를 말할 때 우리는 대개 개별 기관의 생물학적 무감각이나 방어력을 생각한다. 하지만 슬로터다이크에 따르면 그 외에도 인간 실존의 사회적이고 협동적인 면역체계가 두 가지 더 있는데, 연대적 면역체계와 상징적 면역체계가 그것이다. "연대적 면역체계는 자기 가족의 테두리를 넘어서 법적 안정성, 미래 대비, 동질감 등을 담보하고, 상징적 면역체계는 세계관의 안정성, 죽음의 확실성에 대한 보상, 세대를 뛰어넘는 규범의 불변성 등을 보증한다."[56] 이 두 가지 면역체계는 개별적 유기체가 아니라 전체 집단에 작용하면서 공동체의 생존에 기여한다. 그러므로 개인이 그가 속한 집단의 이익을 위해 자기 이익에 대한 제한을 받아들일 때 우리는 이를 지금 언급한 맥락에서 "더 큰 차원의 이기주의"[57]라고 말할 수 있다. 자신이 속한 문화공동체를 위해 헌신하는 행위에는 이와 같은 "포괄적인 면역학적 계산"[58]이 깔려 있으며, 이는 그러한 행위가 개인에게 어떤 기여를 하는지 설명해준다. 언뜻 보기에 문화적 관습들이 내게 불리하게 작용하는 것 같을 수 있지만 그 문화공동체의 일원이 됨으로써 내가 얻는 면역학적 장점이 분명히 있다는 것이다. 예를 들어 많은 여성들이 그들의 문화공동체 안에서 이루어지는 성적 차별을 감수하고 심지어 그들 자신이 차별에 동참하는 것도 이런 맥락에서 이해될 수 있다. 즉, 그들은 상징적 면역체계—슬로터다이크에 따르면 이것은 다름 아닌 문화이다—에 참여해서 죽음의 확실성과 실존의 부조리라는 악으로부터 보호받고자 하는 것이다. 개인적 손해는 집단적 이득을 통해 상쇄된다. 슬로터다이크의 개념을 사용해서 다시 표현하면, "초-개인적 면역 동맹"은 좁은 의미의 자기 자신에 우선한다. 왜냐하면 사회적 존재로서의 인간에게 "개인적 면역력은 오직 공동면역력 Co-Immunity으로서만 가질 수 있는 것"[59]이기 때문이다.

슬로터다이크가 진단한 '면역력 약화'는 "'세계공동체'의 구성원들을 위한 효율적인 공동면역구조가 존재하지 않는다"[60]는 데 그 원인이 있다. 개개인을 70억의 세계시민들과 연대하도록 만드는 비생물학적 글로벌 면역체계가 필요하다. "가장 높은 차원에서의 연대는 아직 공허한 단어에 불과하다."[61] '자기 것'의 개념에 오직 자기 가족, 자기 집단, 자기 문화공동체만을 포함시키고자 한다면 사람들은 이 개념을 너무 좁은 의미로 파악하는 것이다. 자기 것의 개념은 "개별 문화, 특정 이익, 지역 연대를 존중하는 가운데 글로벌 공동면역구조가 생겨날 때"[62] 비로소 넓게 파악될 수 있다. 연대와 면역력을 가장 높은 차원에서 실현하고 "일상의 연습을 통해 공동 생존을 위한 좋은 습관을 받아들이는 것",[63] 이것이 우리가 현대를 살아가는 사람으로서 마주하게 되는 과제이다. 이와 같은 도전에 맞서는 것은 곧 자기 자신의 수직 긴장을 존중하고 습관에서 벗어나 새로운 고행에 몸을 맡기는 것을 뜻한다.

이 책의 주제와 관련해서 우리는 다음과 같이 요약할 수 있다. 슬로터다이크는 자신의 책 『너는 네 삶을 바꿔야 한다!』에서 특정한 인간상을 언급한다. 즉, 인간의 본질을 연습하는 존재로서 설명한다. 인간의 이와 같은 자기이해는 재난으로 치닫는 듯 보이는 세계 안에서 우리가 느끼는 고통을 치유하는 '치료제'로 여겨질 수 있다. 이때 중요한 것은 철학적 '치료제'가 단지 자기 자신을 지금과 다른 방식으로 관찰하게 하는 데서 그치지 않고, 자기 자신에 대한 이런 새로운 시각이 곧바로 그 사람의 생각과 감정과 행위에 작용할 수 있도록 하는 일이다. 슬로터다이크가 스케치한 이와 같은 인간상은 세계의 개선을 위한 수단이 될 수 있다. 슬로터다이크의 인간상은 우리에게 지금까지보다 더 많은 것을 우리 안에서 이끌어내도록 요구하고 있는데, 이때 더 많은 것, 더욱 향상된 피트니스는 '공동'의 생존에 기여하기 때문이다.

슬로터다이크는 위협적인 글로벌 위기과 관련한 자기변화의 필요를 강조한다. 하지만 그의 언급에는 '개인적인' 위기나 자기변화를 위해 중요한 내용도 담겨 있다. 예를 들어 슬로터다이크의 이야기는 '수평적' 차원에 갇힌 상태가 고통으로 체험될 수 있음을 이해하는 데 도움이 된다. 그것은 영원히 똑같은 고행이 끝없는 반복되는 인생을 살아가는 고통일 수 있다. 계속 반복되는 지루한 작업의 실행, 개인적 발전의 정체 등이 그런 것이다. 자기개선의 가능성이 막혔을 때, 오직 현

상태의 유지를 위한 연습과 언제나 똑같은 구태의연함과 언제나 똑같은 실수에 모든 에너지가 투입되고 있을 때, 수직 긴장이 시야에서 사라졌을 때(아니, 한 번도 시야에 들어온 적이 없을 때), 그럴 때 "너는 네 삶을 바꿔야 한다!"는 절대 명령에 귀를 기울이는 것은 치유의 힘을 가질 수 있다. 언명되지 않은 고행이 우리를 최적의 컨디션에 올려놓지 못하더라도, 혹은 바로 그럴 때 수직 긴장을 높일 필요가 있다. 육체적, 정신적, 심리적 '언피트니스'는 (나쁜) 연습을 명확히 밝히고 훈련방식을 바꿀 것을 요구한다. 그렇게 하고 나면 무반성적이고 퇴보적인 연습 대신 어떤 형태로든 자기개선을 목표로 하는 의식적인 연습이 이루어진다. "편안한 생활방식에 대한 너의 의존성을 포기하라."[64] 습관의 강물을 벗어나 너의 수동적 실존을 능동적이고 자기결정적인 실존으로 만들고, 방향 설정을 익숙하지 않은 쪽으로 맞추라! 이때 내부의 증인이 도움을 주고 트레이너의 형태로 외부 지원도 받을 수 있는 사람은 행복하다. 랠프 월도 에머슨Ralph Waldo Emerson이 말한 것처럼 "우리에게 가장 필요한 것은 우리가 할 수 있는 것을 실행도록 우리를 강요하는 사람이다". 달리 말하면 우리는 도발자가 필요하다. 그는 우리에게 "너는 더 잘할 수 있어!"라고 말하는 사람이다. 도발과 촉구, 잠재력에의 호소는 연습하는 생명체에게 어울리는 적절한 태도이며 박애적인 행위로 여겨진다.

더 나아가서 슬로터다이크의 인류학적 관점은 타의에 의해 습관의 강물로부터 내던져진 사람들을 위한 철학적 '치료제'로 기여할 수 있다. 일단 습관의 흐름에서 벗어난 사람은, 슬로터다이크가 헤라클레이토스에 빗대어 설명한 것처럼 더 이상 처음 방식의 헤엄치기로 되돌아 갈 수 없다. 그러므로 개인적 위기를 통해 느닷없이 습관의 강물 밖으로 내던져졌다고 느끼는 사람은 지금까지 언급한 맥락에 따르자면 일종의 전화위복으로 완전히 새로운 방향으로 나아갈 수 있다. 그리하여 다시 습관적으로 헤엄치는 무리 가운데로 들어가는 대신 습관을 넘어선 도약을 하게 되는 것이다. 이때 위기는 도전으로 해석되고, 절대로 습관과 익숙함에서 벗어나려 하지 않던 소망에서 벗어나 자신의 내부에서 들려오는 절대 명령에 복종하게 된다. "너는 네 삶을 바꿔야 한다!" 너는 지금까지 한 것보다 더 많은 것을 네 안에서 이끌어내야 한다. "인간은 오직 불가능을 향해 나아갈 때만 발전한다."[65]

1947년	슬로터다이크는 독일 카를스루에에서 태어난다.
1968~1974년	뮌헨 대학에서 철학, 독문학, 역사학을 공부한다. 1975년에 함부르크 대학에서 박사학위를 받는다.
1978~1980년	인도 푸네에 있는 바완 시리 라즈니시의 아시람(공동체)에서 생활한다.
1980년 이후	자유기고가로 활동.
1989년	베를린 장벽 붕괴와 냉전시대 종말.
1992년	카를스루에 조형대학의 교수로 임용된다. 2001년에 총장에 오른다.
2002~2012년	뤼디거 자프란스키와 함께 독일 제2공영방송 ZDF의 인기 토론 프로그램 〈철학 4중주〉를 진행하다.

- 34%의 독일인은 최소한 일주일에 세 번 스포츠 활동을 한다.
- 82.6%의 독일인은 여가 시간에 아무런 멘탈 트레이닝도 하지 않는다.
- 1.9%의 독일인은 정기적으로 멘탈 트레이닝, 요가, 명상 등을 수행한다.
- 16.4%의 독일인은 피트니스에 각별한 관심을 가지고 있다.
- 14%의 독일인은 지속적인 교육을 전혀 중요하게 여기지 않는다.
- 15%의 독일인은 지속적인 교육을 대단히 중요하게 여긴다.
- 54%의 독일인은 정치가들에게 당면 문제들이 과잉 요구가 아닐까 우려한다.
- 38%의 독일 청소년은 20년 뒤의 세계 상황을 생각할 때 대단히 걱정스러워한다.
- 36%의 독일인이 2009년에 자발적으로 중장기적 시민 참여에 나섰다.

삶의 근심을 덜어주는 철학자 '안티폰'
일상의 골칫거리들로
머리가 아플 때

1) Anke Sparmann, Mit Sokrates durch die Lebenskrise, in: Berliner Zeitung, 19.8.1998, www.berliner-zeitung.de

2) 같은 곳.

3) Gerd B. Achenbach, Kurzgefaßte Beantwortung der Frage: Was ist Philosophische Praxis?, www.achenbach-pp.de

4) Platon, Gorgias, in: Ders., Sämtliche Werke, Band Ⅰ, übersetzt von Friedrich Schleiermacher, neu herausgegeben von Ursula Wolf, Reinbek bei Hamburg 2002.

5) Klaus Meister, 'Aller Dinge Maß ist der Mensch'. Die Lehren der Sophisten, München 2010.

6) 위의 책.

7) Christoph Horn, Antike Lebenskunst. Glück und Moral von Sokrates bis zu den Neuplatonikern, München 1998.

8) William D. Furley, Antiphon der Athener: Ein Sophist als Psychotherapeut, Rheinisches Museum 135/1992.

9) Klaus Meister, 'Aller Dinge Maß ist der Mensch'. Die Lehren der Sophisten, München 2010.

10) Wilhelm Schmid, Unglücklich sein: Eine Ermutigung, Berlin 2012.

11) William D. Furley, Antiphon der Athener: Ein Sophist als Psychotherapeut, Rheinisches Museum 135/1992.

12) 같은 곳.

13) 같은 곳.

14) 같은 곳.

15) Klaus Meister, 'Aller Dinge Maß ist der Mensch'. Die Lehren der Sophisten, München 2010.

16) William D. Furley, Antiphon der Athener: Ein Sophist als Psychotherapeut, Rheinisches Museum 135/1992.

17) 같은 곳.

대화를 통해 치유하는 철학자 '소크라테스'
죽음이 두렵게 느껴질 때

1) Tiziano Terzani, Das Ende ist mein Anfang. Ein Vater, ein Sohn und die große Reise des Lebens, München 2007.

2) Rafaela von Bredow/Annette Bruhns/Manfred Dworschak/Laura Höflinger/Anna Kistner/Conny Neumann, Zu Blau der Himmel, in: Der Spiegel, 22/2012, 110-120.

3) 같은 곳.

4) 같은 곳.

5) Platon, Apologie, Sämtliche Werke,

Bände Ⅰ und Ⅱ, übersetzt von
Fridrich Schleiermacher, neu
herausgegeben von Ursula Wolf,
Reinbek bei Hamburg 2002.

6) 위의 책.

7) 위의 책.

8) 위의 책.

9) 위의 책.

10) 위의 책.

11) 위의 책.

12) 위의 책.

13) Platon, Phaidon, Sämtliche Werke,
Bände Ⅰ und Ⅱ, übersetzt von
Fridrich Schleiermacher, neu
herausgegeben von Ursula Wolf,
Reinbek bei Hamburg 2002.

14) 위의 책.

15) 위의 책.

16) 위의 책.

17) 위의 책.

18) 위의 책.

19) 위의 책.

20) 위의 책.

21) 위의 책.

22) 위의 책.

23) 위의 책.

24) 위의 책.

25) 위의 책.

26) 위의 책.

27) 위의 책.

28) 위의 책.

29) 위의 책.

30) 위의 책.

31) 위의 책.

32) 위의 책.

33) 위의 책.

34) 위의 책.

35) 위의 책.

36) 위의 책.

37) 위의 책.

38) 위의 책.

39) 위의 책.

40) 위의 책.

41) 위의 책.

42) 위의 책.

43) 위의 책.

44) 위의 책.

45) Platon, Apologie, Sämtliche Werke,
Bände Ⅰ und Ⅱ, übersetzt von
Fridrich Schleiermacher, neu
herausgegeben von Ursula Wolf,
Reinbek bei Hamburg 2002.

46) Platon, Phaidon, Sämtliche Werke,
Bände Ⅰ und Ⅱ, übersetzt von
Fridrich Schleiermacher, neu
herausgegeben von Ursula Wolf,
Reinbek bei Hamburg 2002.

47) 위의 책.

48) 위의 책.

49) 위의 책.

50) Platon, Symposion, Sämtliche
Werke, Bände Ⅰ und Ⅱ, übersetzt
von Fridrich Schleiermacher, neu
herausgegeben von Ursula Wolf,
Reinbek bei Hamburg 2002.

51) Platon, Apologie, Sämtliche Werke,
Bände Ⅰ und Ⅱ, übersetzt von
Fridrich Schleiermacher, neu

herausgegeben von Ursula Wolf,
Reinbek bei Hamburg 2002.

52) Platon, Phaidon, Sämtliche Werke,
Bände I und II, übersetzt von
Fridrich Schleiermacher, neu
herausgegeben von Ursula Wolf,
Reinbek bei Hamburg 2002.

53) 위의 책.

54) 위의 책.

55) 위의 책.

56) 위의 책.

57) 위의 책.

58) 위의 책.

59) 위의 책.

60) Platon, Apologie, Sämtliche Werke,
Bände I und II, übersetzt von
Fridrich Schleiermacher, neu
herausgegeben von Ursula Wolf,
Reinbek bei Hamburg 2002.

최악의 상황에서도 지적이었던
철학자 '보이티우스'

극한의 불운이 찾아왔을 때

1) Svenja Flaßpöhler, Denken hinter
Gittern, in: Philosophie Magazin,
03/2012.

2) Jens Peter Brune, Eine neue
Perspektive auf das eigene Leben,
Gespräch mit Svenja Flaßpöhler, in:
Philosophie Magazin, 03/2012.

3) 같은 곳.

4) 같은 곳.

5) Boethius, Trost der Philosophie,

übersetzt und herausgegeben von
Karl Büchner, mit einer Einführung
von Friedrich Klingner, Stuttgart
2002.

6) 위의 책.

7) 위의 책.

8) 위의 책.

9) 위의 책.

10) 위의 책.

11) 위의 책.

12) 위의 책.

13) 위의 책.

14) 위의 책.

15) 위의 책.

16) 위의 책.

17) 위의 책.

18) 위의 책.

19) 위의 책.

20) 위의 책.

21) 위의 책.

22) 위의 책.

23) 위의 책.

24) 위의 책.

25) 위의 책.

26) 위의 책.

27) 위의 책.

28) 위의 책.

29) 위의 책.

30) 위의 책.

31) 위의 책.

32) 위의 책.

33) 위의 책.

34) 위의 책.

35) 위의 책.

36) 위의 책.

37) 위의 책.

38) 위의 책.

39) 위의 책.

40) 위의 책.

41) 위의 책.

42) 위의 책.

43) 위의 책.

44) 위의 책.

45) 위의 책.

46) 위의 책.

47) 위의 책.

48) 위의 책.

49) 위의 책.

50) 위의 책.

51) 위의 책.

52) 위의 책.

53) 위의 책.

54) 위의 책.

55) 위의 책.

56) 위의 책.

57) 위의 책.

58) 위의 책.

59) 위의 책.

60) 위의 책.

61) Philippa Perry, Wie man den Verstand behält. Kleine Philosophie der Lebenskunst, herausgegeben von

Alain de Botton und der School of Life, München 2012.

62) 위의 책.

63) 위의 책.

64) 위의 책.

65) 위의 책.

66) Wilhelm Schmid, Unglücklich sein: Eine Ermutigung, Berlin 2012.

67) Philippa Perry, Wie man den Verstand behält. Kleine Philosophie der Lebenskunst, herausgegeben von Alain de Botton und der School of Life, München 2012.

68) Eduard Zwierlein, Dank und Verwandlung. Vom Trost der Philosophie, in: Leidfaden. Fachmagazin für Krisen, Leid, Trauer, 0/2011.

자유의지에 대해 탐구한 철학자 '존 로크'

나쁜 습관과 이별하고 싶을 때

1) John Locke, Versuch über den menschlichen Verstand, 5., durchgesehene Auflage, Hamburg 2000, Buch Ⅱ.

2) 위의 책.

3) 위의 책.

4) 위의 책.

5) 위의 책.

6) 위의 책.

7) 위의 책.

8) 위의 책.

9) 위의 책.

10) 위의 책.

11) 위의 책.

12) 위의 책.

13) 위의 책.

14) 위의 책.

15) 위의 책.

16) 위의 책.

17) 위의 책.

18) 위의 책.

19) 위의 책.

20) 위의 책.

21) 위의 책.

22) 위의 책.

23) 위의 책.

24) 위의 책.

25) 위의 책.

26) 위의 책.

27) 위의 책.

28) 위의 책.

29) 위의 책.

30) 위의 책.

31) 위의 책.

32) 위의 책.

33) 위의 책.

34) 위의 책.

35) 위의 책.

36) 위의 책.

37) 위의 책.

38) 위의 책.

39) 위의 책.

이성적 희망을 보여준 철학자
'임마누엘 칸트'
세상의 부당함이
납득되지 않을 때

1) Immanuel Kant, Kants Werke VIII,
   Ausgabe der Preußischen Akademie
   der Wissenschaften, Berlin 1902 ff.

2) Immanuel Kant, Kritik der reinen
   Vernunft, Kants Werke, Ausgabe
   der Preußischen Akademie der
   Wissenschaften, Berlin 1902 ff.

3) 위의 책.

4) 위의 책.

5) 위의 책.

6) 위의 책.

7) 위의 책.

8) 위의 책.

9) 위의 책.

10) 위의 책.

11) Immanuel Kant, Kants Werke IV,
   Ausgabe der Preußischen Akademie
   der Wissenschaften, Berlin 1902 ff.

12) Immanuel Kant, Kritik der
   praktischen Vernunft, Kants Werke,
   Ausgabe der Preußischen Akademie
   der Wissenschaften, Berlin 1902 ff.

13) 위의 책.

14) 위의 책.

15) 위의 책.

16) 위의 책.

17) Immanuel Kant, Kants Werke IV,
   Ausgabe der Preußischen Akademie
   der Wissenschaften, Berlin 1902 ff.

18) 위의 책.

19) 위의 책.

20) Immanuel Kant, Kritik der praktischen Vernunft, Kants Werke, Ausgabe der Preußischen Akademie der Wissenschaften, Berlin 1902 ff.

21) 위의 책.

22) 위의 책.

23) 위의 책.

24) 위의 책.

25) Immanuel Kant, Kants Werke X XVIII, Ausgabe der Preußischen Akademie der Wissenschaften, Berlin 1902 ff.

26) 위의 책.

27) 위의 책.

28) Immanuel Kant, Kritik der praktischen Vernunft, Kants Werke, Ausgabe der Preußischen Akademie der Wissenschaften, Berlin 1902 ff.

29) Immanuel Kant, Kritik der Urteilskraft, Kants Werke, Ausgabe der Preußischen Akademie der Wissenschaften, Berlin 1902 ff.

30) 위의 책.

31) Immanuel Kant, Kritik der praktischen Vernunft, Kants Werke, Ausgabe der Preußischen Akademie der Wissenschaften, Berlin 1902 ff.

32) Immanuel Kant, Kants Werke VI, Ausgabe der Preußischen Akademie der Wissenschaften, Berlin 1902 ff.

33) Immanuel Kant, Kritik der praktischen Vernunft, Kants Werke, Ausgabe der Preußischen Akademie der Wissenschaften, Berlin 1902 ff.

34) Immanuel Kant, Kants Werke VI, Ausgabe der Preußischen Akademie der Wissenschaften, Berlin 1902 ff.

망치로 우리의 정신을 후려치는
철학자 '프리드리히 니체'

인생의 방향을 상실했을 때

---

1) Ulrike Bartholomäus, Eine Generation brennt aus, in: Focus Magazin 37/2011.

2) Fridrich Nietzsche, Werke. Kritische Gesamtausgabe, herausgegeben von Giorgio Colli und Mazzino Montinari, Berlin/New York 1967ff.

3) Lou Andreas-Salomé, Fridrich Nietzsche in seinen Werken, Wien 1894.

4) Fridrich Nietzsche, Werke. Kritische Gesamtausgabe, herausgegeben von Giorgio Colli und Mazzino Montinari, Berlin/New York 1967ff.

5) 위의 책.

6) 위의 책.

7) 위의 책.

8) 위의 책.

9) 위의 책.

10) 위의 책.

11) 위의 책.

12) 위의 책.

13) 위의 책.

14) Martin Heidegger, Nietzsche II, in: Ders.: Gesamtausgabe. I. Abteilung: Veröffentlichte Schriften 1910-

1976, herausgegeben von Brigitte Schillbach, Bd. 6.2, Frankfurt am Main 1997.

15) Fridrich Nietzsche, Werke. Kritische Gesamtausgabe, herausgegeben von Giorgio Colli und Mazzino Montinari, Berlin/New York 1967ff.

16) 위의 책.

17) 위의 책.

18) 위의 책.

19) 위의 책.

20) Richard Dawkins, Das egoistische Gen, Heidelberg/Berlin/Oxford 1996.

21) Fridrich Nietzsche, Werke. Kritische Gesamtausgabe, herausgegeben von Giorgio Colli und Mazzino Montinari, Berlin/New York 1967ff.

22) 위의 책.

23) 위의 책.

24) 위의 책.

25) 위의 책.

26) 위의 책.

27) 위의 책.

28) 위의 책.

29) 위의 책.

30) 위의 책.

31) 위의 책.

32) 위의 책.

33) 위의 책.

34) 위의 책.

35) 위의 책.

36) 위의 책.

37) 위의 책.

38) 위의 책.

39) Wilhelm Schmid, Unglücklich sein: Eine Ermutigung, Berlin 2012.

40) Fridrich Nietzsche, Werke. Kritische Gesamtausgabe, herausgegeben von Giorgio Colli und Mazzino Montinari, Berlin/New York 1967ff.

41) 위의 책.

42) 위의 책.

43) 위의 책.

44) 위의 책.

현대철학의 인기 스타 '장 폴 사르트르'

타인이 지옥처럼 느껴질 때

1) Jean-Paul Sartre, Briefe an Simone de Beauvior und andere, Band II 1940-1963, herausgegeben von Simone de Beauvior, Reinbek bei Hamburg 1985.

2) Jean-Paul Sartre, Geschlossene Gesellschaft. Stück in einem Akt, in: Ders., Gesammelte Werke, Theaterstücke, herausgegeben von Traugott König, Reinbek bei Hamburg 1991.

3) 위의 책.

4) 위의 책.

5) 위의 책.

6) 위의 책.

7) 위의 책.

8) 위의 책.

9) 위의 책.

10) 위의 책.

11) 위의 책.

12) 위의 책.

13) 위의 책.

14) 위의 책.

15) 위의 책.

16) 위의 책.

17) 위의 책.

18) Jean-Paul Sartre, Das Sein
und das Nichts. Versuch einer
phänomenologischen Ontologie,
herausgegeben von Traugott König,
Reinbek bei Hamburg 1993.

19) 위의 책.

20) 위의 책.

21) 위의 책.

22) 위의 책.

23) 위의 책.

24) 위의 책.

25) Jean-Paul Sartre, Der
Existentialismus ist ein Humanismus,
in: Ders., Gesammelte Werke,
Philosophische Schriften I,
herausgegeben von Vincent von
Wroblewsky, Reinbek bei Hamburg
1994.

26) Jean-Paul Sartre, Das Sein
und das Nichts. Versuch einer
phänomenologischen Ontologie,
herausgegeben von Traugott König,
Reinbek bei Hamburg 1993.

27) Jean-Paul Sartre, Geschlossene
Gesellschaft. Stück in einem Akt,
in: Ders., Gesammelte Werke,
Theaterstücke, herausgegeben
von Traugott König, Reinbek bei
Hamburg 1991.

28) Jean-Paul Sartre, Das Sein
und das Nichts. Versuch einer
phänomenologischen Ontologie,
herausgegeben von Traugott König,
Reinbek bei Hamburg 1993.

29) Jean-Paul Sartre, Entwürfe für
eine Moralphilosophie, Reinbek bei
Hamburg 2005.

30) Jean-Paul Sartre, Der
Existentialismus ist ein Humanismus,
in: Ders., Gesammelte Werke,
Philosophische Schriften I,
herausgegeben von Vincent von
Wroblewsky, Reinbek bei Hamburg
1994.

31) 위의 책.

32) Jean-Paul Sartre, Entwürfe für
eine Moralphilosophie, Reinbek bei
Hamburg 2005.

33) Jean-Paul Sartre, Geschlossene
Gesellschaft. Stück in einem Akt,
in: Ders., Gesammelte Werke,
Theaterstücke, herausgegeben
von Traugott König, Reinbek bei
Hamburg 1991.

34) Jean-Paul Sartre, Entwürfe für
eine Moralphilosophie, Reinbek bei
Hamburg 2005.

현대 여성운동의 핵심 철학자
'시몬 드 보부아르'
'여자답게'라는 말에
주먹을 날리고 싶을 때

---

1) Simone de Beauvior, Memoiren einer
Tochter aus gutem Hause, Reinbek
bei Hamburg 2001.

2) 위의 책.

3) 위의 책.

4) Simone de Beauvior, Der Lauf der
Dinge, Reinbek bei Hamburg 1996.

5) 위의 책.

6) Simone de Beauvior, Das andere
Geschlecht. Sitte und Sexus der Frau,
Reinbek bei Hamburg 1987.

7) 위의 책.

8) 위의 책.

9) 위의 책.

10) 위의 책.

11) 위의 책.

12) 위의 책.

13) 위의 책.

14) 위의 책.

15) 위의 책.

16) 위의 책.

17) 위의 책.

18) 위의 책.

19) 위의 책.

20) 위의 책.

21) 위의 책.

22) 위의 책.

23) 위의 책.

24) 위의 책.

25) 위의 책.

26) 위의 책.

27) 위의 책.

28) 위의 책.

29) 위의 책.

30) 위의 책.

31) 위의 책.

32) 위의 책.

33) 위의 책.

34) 위의 책.

35) 위의 책.

36) 위의 책.

37) 위의 책.

38) 위의 책.

39) 위의 책.

40) 위의 책.

41) 위의 책.

42) 위의 책.

43) 위의 책.

44) Colette Dowling, Der Cinderella-
Komplex. Die heimliche Angst der
Frauen vor der Unabhängigkeit,
Frankfurt am Main 1984.

45) 위의 책.

46) 위의 책.

47) 위의 책.

48) Simone de Beauvior, Das andere
Geschlecht. Sitte und Sexus der Frau,
Reinbek bei Hamburg 1987.

49) 위의 책.

50) 위의 책.

51) 위의 책.

52) 위의 책.

53) 위의 책.

54) 위의 책.

리스본행 야간열차에 올라탄
철학자 '페터 비에리'

인생에서 좀 더 자유롭고 싶을 때

1) Peter Bieri, Das Handwerk der
   Freiheit. Über die Entdeckung des
   eigenen Willens, Frankfurt am Main
   2009.
2) 위의 책.
3) 위의 책.
4) 위의 책.
5) 위의 책.
6) 위의 책.
7) 위의 책.
8) 위의 책.
9) 위의 책.
10) 위의 책.
11) 위의 책.
12) 위의 책.
13) 위의 책.
14) 위의 책.
15) 위의 책.
16) 위의 책.
17) 위의 책.
18) 위의 책.
19) 위의 책.
20) Peter Bieri, Wie Wollen wir leben?,
    St. Pölten/Salzburg 2011.
21) 위의 책.
22) 위의 책.
23) 위의 책.
24) 위의 책.
25) 위의 책.
26) Peter Bieri, Das Handwerk der
    Freiheit. Über die Entdeckung des
    eigenen Willens, Frankfurt am Main
    2009.
27) 위의 책.
28) 위의 책.
29) 위의 책.
30) 위의 책.
31) 위의 책.
32) Peter Bieri, Wie Wollen wir leben?,
    St. Pölten/Salzburg 2011.
33) 위의 책.
34) Peter Bieri, Das Handwerk der
    Freiheit. Über die Entdeckung des
    eigenen Willens, Frankfurt am Main
    2009.
35) 위의 책.
36) Peter Bieri, Wie Wollen wir leben?,
    St. Pölten/Salzburg 2011.
37) Peter Bieri, Das Handwerk der
    Freiheit. Über die Entdeckung des
    eigenen Willens, Frankfurt am Main
    2009.
38) 위의 책.
39) 위의 책.
40) 위의 책.
41) 위의 책.
42) 위의 책.
43) 위의 책.
44) 위의 책.
45) 위의 책.
46) 위의 책.

47) 위의 책.

48) 위의 책.

49) 위의 책.

50) 위의 책.

51) 위의 책.

52) 위의 책.

53) 위의 책.

54) 위의 책.

55) Peter Bieri, Wie Wollen wir leben?, St. Pölten/Salzburg 2011.

56) Peter Bieri, Das Handwerk der Freiheit. Über die Entdeckung des eigenen Willens, Frankfurt am Main 2009.

57) 위의 책.

58) 위의 책.

59) 위의 책.

60) 위의 책.

현대철학의 트레이너
'페터 슬로터다이크'
생존을 위한 호신술이 필요하다 느낄 때

---

1) Andreas Sentker, Der Volle Planet, in: Die Zeit, 44/2011.

2) Peter Sloterdijk, 'Das Leben ist ein Zehnkampf', Gespräch mit Wolfram Eilenberger, in: Philosophie Magazin, 05/2012.

3) 위의 책.

4) Peter Sloterdijk, Du mußt dein Leben ändern. Über Anthropotechnik, Frankfurt am Main 2011.

5) 위의 책.

6) 위의 책.

7) Peter Sloterdijk, 'Das Leben ist ein Zehnkampf', Gespräch mit Wolfram Eilenberger, in: Philosophie Magazin, 05/2012.

8) Peter Sloterdijk, Du mußt dein Leben ändern. Über Anthropotechnik, Frankfurt am Main 2011.

9) 위의 책.

10) 위의 책.

11) 위의 책.

12) 위의 책.

13) 위의 책.

14) 위의 책.

15) 위의 책.

16) 위의 책.

17) 위의 책.

18) 위의 책.

19) 위의 책.

20) 위의 책.

21) 위의 책.

22) 위의 책.

23) 위의 책.

24) 위의 책.

25) 위의 책.

26) 위의 책.

27) 위의 책.

28) 위의 책.

29) 위의 책.

30) 위의 책.

31) 위의 책.

32) 위의 책.

33) 위의 책.

34) 위의 책.

35) 위의 책.

36) 위의 책.

37) 위의 책.

38) 위의 책.

39) 위의 책.

40) 위의 책.

41) Fridrich Nietzsche, Also sprach
Zarathustra. Ein Buch für Alle und
Keinen, in: Ders., Werke. Kritische
Gesamtausgabe, herausgegeben
von Giorgio Colli und Mazzino
Montinari, Berlin/New York 1967ff.

42) Peter Sloterdijk, Du mußt dein Leben.
ändern. Über Anthropotechnik,
Frankfurt am Main 2011.

43) 위의 책.

44) 위의 책.

45) 위의 책.

46) 위의 책.

47) 위의 책.

48) 위의 책.

49) 위의 책.

50) 위의 책.

51) 위의 책.

52) 위의 책.

53) 위의 책.

54) 위의 책.

55) 위의 책.

56) 위의 책.

57) 위의 책.

58) 위의 책.

59) 위의 책.

60) 위의 책.

61) 위의 책.

62) 위의 책.

63) 위의 책.

64) 위의 책.

65) 위의 책.

행복을 찾아가는 자기돌봄(원제 : Besser leben mit Philosophie)

1판 1쇄 2016년 3월 20일

지 은 이 크리스티나 뮌크
옮 긴 이 박규호

발 행 인 주정관
발 행 처 더좋은책
주　　소 경기도 부천시 원미구 길주로 1 한국만화영상진흥원 311호
대표전화 032-325-5281
팩시밀리 032-323-5283
출판등록 2011년 11월 25일 (제387-2011-000066호.)
홈페이지 www.ebookstory.co.kr
이 메 일 bookstory@naver.com

ISBN 978-89-98015-15-2　03100

※더좋은책은 북스토리(주)의 임프린트입니다.
※잘못된 책은 바꾸어드립니다.

이 도서의 국립중앙도서관 출판시도서목록(CIP)은
서지정보유통지원시스템 홈페이지(http://www.seoji.nl.go.kr)와
국가자료공동목록시스템(http://www.nl.go.kr/kolisnet)에서 이용하실 수 있습니다.
(CIP제어번호 : CIP2015034680)